U0895649

优秀汉语教师要素研究

——基于学习者个体差异

黄启庆 著

2020年 · 北京

图书在版编目(CIP)数据

优秀汉语教师要素研究：基于学习者个体差异/黄启庆著. —北京：商务印书馆，2020
ISBN 978-7-100-17932-4

Ⅰ.①优… Ⅱ.①黄… Ⅲ.①语文教学—师资培养—研究 Ⅳ.①H19

中国版本图书馆CIP数据核字(2019)第251166号

优秀汉语教师要素研究
——基于学习者个体差异
黄启庆 著

商 务 印 书 馆 出 版
(北京王府井大街36号 邮政编码100710)
商 务 印 书 馆 发 行
北京艺辉伊航图文有限公司印刷
ISBN 978-7-100-17932-4

2020年1月第1版 开本880×1230 1/32
2020年1月北京第1次印刷 印张10⅝
定价：38.00元

目　录

第一章　绪论

第一节　为什么研究优秀汉语教师?

经过60余年的发展,汉语国际教育事业取得了举世瞩目的成就,这是中华人民共和国成立以来在文化传播、推广与合作领域的一件大事。今天,国家政治、经济和文化建设进入了一个全新的时代,世界各国人民了解中国、听懂中国声音的愿望比以往任何时候都显得更为迫切。毫无疑问,新的时代给汉语国际教育带来了新的发展机遇,但也同时对汉语国际教育提出了新的要求和挑战,其中最为突出的依然是国际汉语教师这一问题。首先,国际汉语教师数量还远远不够。虽然经过多年的教师队伍建设,无论是中国籍汉语教师,还是近年来大力培养的海外本土汉语教师,其数量都达到了空前的规模,在一定程度上缓解了多国的"教师荒"问题,但是,依然不能满足日益增长的汉语学习者数量的需求。其次,国际汉语教师质量有待提高。21世纪以来,汉语国际教育人才培养体系日益完善,人才培养层次日益丰富,国际汉语教师质量有了较大提高。但近年来,汉语学习者的文化背景更加多元,学习目的更加多样,学习内容更加丰富,学习者对汉语学习时效有着更高的追求,对汉语教师的素质、能力和意识有着更高的要求。由此,我们认为，今后我国国际汉语教师教育的重点应该是，在重视培养数量的同时，保证和提高培养的质量。

一、汉语教师问题是制约汉语国际教育事业快速发展的根本因素

（一）汉语师资数量依然短缺

自20世纪中期起，尤其是改革开放后，来华学习汉语的人数逐渐增多，对外汉语教学界出现了“教师荒”，如何培训汉语教师并尽快建立一支稳定的汉语教师队伍成为当时汉语教学界关心的核心话题之一。进入21世纪以来，海内外汉语学习者数量猛增，原来的汉语“教师荒”更“荒”了。许多高校开设了对外汉语本科专业，部分高校挂靠汉语言文学专业或应用语言学专业招收并培养对外汉语方向的研究生。2007年，国务院学位委员会办公室下达《关于开展汉语国际教育硕士专业学位教育试点工作和推荐全国汉语国际教育硕士专业学位教育指导委员会委员人选的通知》，首先批准北京大学、中国人民大学、北京师范大学等25所研究生培养单位开展汉语国际教育硕士专业学位教育试点。2009年又批准了39所可以招收汉语国际教育硕士专业的高校。“目前设有汉语国际教育专业学位的院校110所，累计培养研究生4万人。”（《项目看孔院：孔子学院项目一览》，第十二届孔子学院大会，2017年12月11日）培养单位增多了，教师数量增加了，但还是不能满足海内外汉语学习者数量快速增长的需要。这一点单从孔子学院和孔子课堂的师生比就不难看出。孔子学院总部2015年统计的汉语教学师生比为1:47.5，据当时估算，对外汉语教师缺口达到500万以上

(《首个孔子学院教师培训中心成立》,中国新闻网,2015 年 4 月 9 日);2017 年的师生比则是 1∶50.1(《数读孔院:孔子学院介绍及全球孔子学院发展概况》,第十二届孔子学院大会,2017 年 12 月 8 日),师生比更小了,从某种程度上说明汉语教师更“荒”了。

(二)汉语师资质量亟待提升

在对外汉语专业是个“小儿科”的认知时代里,“对外汉语”便是“会说普通话的人都能教”的一种工作。许多汉语教学单位都曾聘用过社会其他职业人员甚至无业人员教授一部分汉语课程,当时的教学质量可想而知。教师一直是制约汉语国际教育发展的三大瓶颈之一。然而,时至今日,汉语教师素质的提升依然是时代所迫,大势所趋。相比以往,国际汉语教师的人才培养层次得到了较大丰富,国际汉语教师的培养质量有了较大的提高,但是,在新的时代背景下,学习者的文化背景、学习目的、学习环境、学习要求比以往任何时候都显得更为多元、复杂,专门用途汉语学习者越来越多,来华专业学习者也越来越多,通用的汉语听说读写能力显然不能满足当前汉语学习者的多元需求。另外,在信息时代背景下,学习者对学习时效性的要求也越来越高。再者,一些国家的汉语教师素质和教学能力还处于较低的水平,“没有其他工作先教学”“小学毕业教小学”“中学毕业教中学”“把汉语教学作为副业”的现象依然存在。新需求和旧问题告诉我们,若要保证汉语国际教育的持续深入发展,国际汉语教师的质量建设需要得到应有的重视。

(三)国际汉语教师是打破“三教”瓶颈、提升教学质量的关键

自汉语国际教育兴起之初,教师、教材和教法,即所谓的“三教”问题就一直“伴随左右”,在汉语国际教育事业迅速发展之时,“三教”问题便成了“瓶颈”问题。在教学实践中成长起来的汉语

国际教育界很快认识到，“三教”问题其实是“一教”问题，即教师问题。如赵金铭(2007)认为，汉语作为外语教学，教师的教学能力左右着教学质量和学习效率。崔希亮(2010)说，在“三教”问题中，最核心的问题是教师问题，因为好的教材是好的教师编写出来的，教学法也要靠教师来实践。郑通涛(2011)认为所谓的“三教”，其实就是“一教”，根本仍然在“人”，即教师的问题。吴应辉(2013)认为，如果有了好的教师，教材、教学法等问题都可以迎刃而解。可见，教师问题尤其是教师的质量问题不解决好，汉语国际教育质量的有效提高和中华优秀文化的国际推广就势必会受到影响。许嘉璐(2013)说，教师的素质和水平是国际汉语教育的关键，现在则是瓶颈，需要重视，需要研究，需要实践。李泉(2009)认为，没有一支专业化、高水平的国际汉语教师队伍，不仅汉语教学质量会直接受到影响，学科的学术建设以及汉语的国际化进程也必然会受到影响。“教师”在汉语国际教育中的关键作用是显而易见的，因为，教师是教育行为的实施者，教师是教学法的执行者，教师是教材的使用者或编写者，教师是学习者的直接互动者。教师的关键作用决定了教师质量的重要性，教师质量的提高是汉语国际教育持续深入发展的主要因素和关键因素。

二、国际汉语教师研究取得较多成绩但依然不够

自 20 世纪中期起，汉语教师就成了对外汉语教学界研究的主要内容之一。经过 60 多年的发展，国际汉语教师研究主要经历了三个阶段：教师素质构成和培训研究，汉语教师素质、能力和意识研究，教师主体性研究。前两个阶段主要关注汉语教师的素质、能

力和培训，汉语教师给人们的主要印象是一种工作或身份，专业化和职业意识都较弱。自2010年以后，随着汉语教师队伍建设的持续推进，汉语教师的专业意识、职业意识、专业情意、个人情感、跨文化适应等问题进入了人们的研究视野。

目前，国际汉语教师研究呈现出两大趋势：一是国际汉语教师研究内容更加细腻深入，不仅包括教师的专业素质、能力和意识，还包括教师的专业情意（如教学信念、情感焦虑、个性要素、教学理想、教学态度、教学动机等）、言语行为、非言语行为、外在形象、师生关系、同事合作等；二是汉语教师作为一种职业的成长发展研究受到了前所未有的关注，比方说，如何从一个新手教师逐渐成长为熟手教师和专家型教师的问题，如何从一个合格的国际汉语教师逐渐成长为优秀的国际汉语教师的问题。

但是，纵观国际汉语教师研究历程，除了总体研究规模相对较小以外，①还有许多细致的问题尚待厘清，如对教师队伍建设用力较多，却对教师个体的思想、个性、情感、动机、需求或其他专业情意方面的问题缺少足够的关注；对教师培训模式和素质的静态研究较多，却对教师主体的专业发展动态研究重视不够；制定出了宏观性和指导性较强的国际汉语教师标准，但缺乏层次性，操作性也大打折扣，因为教学过程中体现出来的问题或需求比这个标准

① 我们对从1985年始召开的十二届国际汉语教学研讨会提交的论文内容进行了分析，结果发现前几届提交的论文本体研究内容较多，后几届汉语教学方面的文章渐渐多了起来，其中不乏教师方面的研究。第三届研讨会有一个汉语师资专题，其他几届没有教师方面的研究要求。2012年的第十一届会议将汉语师资培训确定为全会的主题。可见，汉语国际教育界对汉语教师重要性的认识和关注走过了一段较长的路。

要复杂得多；经验介绍或总结性研究成果较多，但基于调查和实证的研究却相对较少；对国际汉语教师标准的制定、教师教学评价等研究“一厢情愿”的多，结合汉语学习者对汉语教师尤其是优秀汉语教师进行的研究却不多。与其他学科教师一样，汉语教师也有血有肉有灵魂，需要学界和社会给予平等的关注。

三、从学习者角度研究并建立一支优秀汉语教师队伍是时代所需

根据笔者所在单位来华留学生的生源结构和近年的学术研究资料，我们发现，最近几年，东南亚、南亚和中亚一些国家的汉语学习者数量猛增，非华裔汉语学习者日益增多，诸多华文学校出现了华裔与非华裔“并驾齐驱”的趋势。华裔和非华裔汉语学习者的民族背景更为多样，笔者目前所教的一个班级有20位同学，华裔与非华裔学生数量几乎“平分秋色”，他们分别来自越南、老挝、泰国、缅甸、乌克兰五个国家，有越南京族和傣族、缅甸克钦族、泰国泰族等。一言以蔽之，新的时代，汉语学习者背景更为多样，多样的汉语学习者有着多样的个体差异，多样的个体差异对汉语的“教”和“学”又有着多样的需求，简单的或通用的汉语教学无法满足多样学习者的多样需求，这就对汉语教师的素质和能力提出了更高的要求。因此，基于学习者的多元需求对优秀汉语教师要素进行系统研究，并在此基础上建立一支高质量的优秀汉语教师队伍比以往任何时候都显得更为迫切。

何为优秀汉语教师？这个问题学界没有现成的答案。学界在表述教师队伍的理想标准时，常用的修饰语为“高素质”“高水平”

“专业化”，但何为“高素质”“高水平”“专业化”，并没有令人满意的解释。

我们认为，要找到这一问题的答案，需要从学习者的角度入手。无论是“对外汉语教学”还是“汉语国际教育”，都是一种教育行为。既然是一种教育行为，那么就离不开学习者和教师两大直接的行为主体。许嘉璐（2008）说，汉语教学不是研究汉语，它研究的是“汉语 + 人”。优秀汉语教师要素的研究显然也离不开“人”的因素，尤其是汉语学习者的评价和需求，因为，学习者是衡量与评价教师教学质量的“权威发言人”。以往对学习者和教师的研究都取得了一定的成绩，但将二者结合起来进行深入研究的文章却为数不多，从教育心理学、社会心理学、人格发展心理学、语言习得心理学等角度来研究二者之间关系的则更少。

四、优秀汉语教师研究的意义

我们调查、统计和分析具有不同个体差异的汉语学习者对优秀汉语教师要素的期待，这对丰富汉语国际教育理论和指导教学实践都有着重要的参考价值。

（一）理论意义

1. 有利于丰富汉语教师研究内容，认清优秀汉语教师内涵

从汉语学习者的个体差异出发研究优秀汉语教师要素，一可丰富国际汉语教师研究内容，二可认清“优秀汉语教师”的本质和内涵，厘清国际汉语教师这一群体的层次性和发展阶段性。就国际汉语教师层次性来说，我们至少可以分为不合格、合格与优秀三个层次；就教师职业发展阶段来说，我们可以更清楚地了解新手、

熟手和专家型汉语教师的发展阶段和发展目标。

2. 有利于在汉语国际教育领域深入认识因材施教、差异教学的内涵

个体差异是第二语言习得研究领域的重要内容之一,研究证明,学习者的性别、年龄、态度、动机、策略、风格、效能、焦虑情绪等,对其学习成绩都有着不同程度的影响。那么就第二语言教学来说,不同学习者对教师教学风格、方法、能力、教师素质甚至外在形象等是否也有不同的评价和需求呢?实践经验告诉我们,答案是肯定的。那么又有何不同?学界没有现成的答案。如果基于调查和实证,条分缕析地将不同学习者对教师的需求呈现出来,那么,反过来,对我们如何根据语言学习者的需求在第二语言教学领域有效地实施差异教学将有重要的启发和借鉴意义。

3. 有利于深入认识第二语言习得和第二语言教学的深层过程

从不同学习者对优秀汉语教师要素的期待中可以更加深入地了解其第二语言习得的心理过程。比如我们发现,学习者的期待主要围绕"理解"和"提高"两个核心需求展开。"理解"与 Krashen(1985)提出的"可懂输入"和 Widdowson(1990)提出的"意义协商"不谋而合,印证了这些理论的科学性;"提高"说明第二语言学习者有意识"学习"并"提高"自己语言水平的内心需求。我们还发现,第二语言教学的主要外在形式是一种跨文化交际过程。跨文化交际过程是一种在教师和学习者的主动参与下,以师生双方的意义理解为前提,以提高学习者的语言表达能力为目标的教育行为,它与自然环境中的第二语言自然习得过程在本质上是一致的。这告诉我们,正规的学校语言教育应遵循自然环境下的二语习得规律。

（二）实践意义

1. 为国际汉语教师教育、选拔和教学评价提供依据

教师教育包括教师职前、职中与职后的长短期培训和长期的系统培养两个方面的内容，在此统一称为教师教育。既然是教育，就一定有教育目标。教育目标如何制定？依据何在？如果不了解学习者的内心期待和需求，仅凭经验或直觉，恐难保科学。本研究的研究结果或许难以直接一一对应使用，但可以告诉我们在制定教师教育目标的时候，首先要有预期教学对象的针对性，其次要具体细致。书中罗列出来的要素皆经过规范的调查和统计，可为教育目标的细化提供参考。

自2001年云南师范大学派出第一位海外汉语教师志愿者后，国家汉办及国内一些高校每年都会选拔和派出大量的志愿者和公派汉语教师。那么该如何选拔呢？显然，应该根据预期对象国学生的期待和需求。如果不能事先了解学习者个体差异或具有某种差异的群体性特点，那么在选拔时定会出现阴差阳错、送出即被遣回的老问题。为教师或志愿者选拔提供参考正是本研究的初衷之一。

教学评价是教学环节的重要组成部分，也是教学质量检测的重要手段之一，但教学单位的普遍做法是，用同一个标准或同一份问卷就教师教学情况对学习者进行评价性调查，虽省力经济，但欠科学。如果能够根据具有某一共性的差异群体的期待和需求进行教学评价，如按国籍、汉语水平、母语文化背景设置不同的教师标准对教师进行教学评价，毫无疑问则更为科学，且也有实现的可能，因此，本研究结果可以作为完善教学评价体系的一个参考依据。

2. 为有效实施差异教学提供数据参考和方法指导

刘珣（1992）认为，“学习活动必须通过学习者来实现，学习者

的个人差异对语言学习起着决定性的作用,应该加强对学习者进行个体差异的研究”,但遗憾的是,国内对个体差异的研究主要在英语界(施家炜,2004)。汉语作为第二语言习得的学习者个体差异研究自 20 世纪 90 年代以来也陆续出现了一些,如高彦德(1993)对学习者的基本属性、学习动机、心理特点、学习难点等进行了大规模的调查;江新(2000)探讨了汉语作为第二语言的学习策略;杨翼(1998)、钱旭菁(1999)等也对外国学习者学习汉语时的焦虑以及学习策略等进行了考察。但从总体来看,国内这方面的研究还远未形成规模,更毋庸说在该领域如何实施差异教学了。研究涉及的个体差异因素也很有限,多集中在学习策略、焦虑感、态度与动机等几方面。本研究从汉语学习者的年龄、性别、国籍、母语所属语系、家庭背景(是否华裔)、汉语学习时长、汉语水平、学习焦虑、学习动机、学习策略、学习风格等个体差异出发,审视优秀汉语教师的个性要素和教学要素,研究结果可以更理性地指导我们在教学中如何更好地实施差异教学。

3. 为丰富强化《国际汉语教师标准》的层次性和针对性提供参考

2007 年,国家汉办发布了《国际汉语教师标准》,广受关注和积极评价,后经修订,形成了《国际汉语教师标准》(2012)。该标准由“汉语教学基础”“汉语教学方法”“教学组织与课堂管理”“中华文化与跨文化交际”和“职业道德与专业发展”五部分组成,具有一定的实用性和可操作性。但用李泉(2012)的话说,该标准“并没有明确区分是合格汉语教师的标准,还是优秀汉语教师的标准。这看起来似乎不是什么大问题,但是从教师培训或能力认证的角度看,就有些缺乏实用性和可操作性。《国际汉语教师标准》

(2007)存在的一个突出问题是:对国际汉语教师需要具备的知识、能力和素养的描写过于平均用力,相关规定缺乏层次性,即没有明确和突出哪些知识、能力和素养是一个合格的国际汉语教师必须具备的,哪些是教师不断完善自身知识和提高自身能力的努力方向"。尽管这段话是对旧版汉语教师标准做出的评价,但我们认为对新版仍然适用。

后续的研究结果告诉我们,有许多学习者期待的优秀汉语教师要素并未见于两个版本的《国际汉语教师标准》,如教学语言的使用、教师外在形象、教师的沟通意识、教师的讲解能力、教师的作业布置情况、教师的公平意识等等。这些要素对语言教学来说十分重要,《国际汉语教师标准》在修订时应该参考现有研究成果,丰富细化标准的层次性,从而提高标准的实用性、可操作性和针对性。

第二节 国际汉语教师研究30年回顾与展望

自20世纪五六十年代,尤其是21世纪以来,国际汉语教师无疑是活跃在世界舞台上一支蓬勃的新生力量,也是让世界更好地了解和学习优秀中华文化、促进世界文化多元化的主要力量。然而,时至今日,汉语教师问题却依然是制约汉语国际教育的主要瓶颈之一,也一直是汉语国际教育界研究的热点问题之一。为了对以往国际汉语教师研究有一个全面深入的回顾,笔者利用中国知网检索系统,以"汉语教师""汉语师资""华文教师""华文师资"为"篇名"关键词对知网所有期刊论文进了搜索,排除新闻消息、介绍说明类以及有关国内少数民族汉语教师研究的文章，共获取 205 种国内学术期刊（1985—2015 年）①的相关研究文献 395 篇。本节将从文献的时间分布、研究内容、发展脉络、研究方法、研究趋势等角度进行梳理，以期能够对以往国际汉语教师研究进行全方位的回顾并对今后国际汉语教师研究提出一些展望。

为了解国际汉语教师研究文献的数量情况，我们按照文献发表的时间进行了统计，结果如图 1－1：

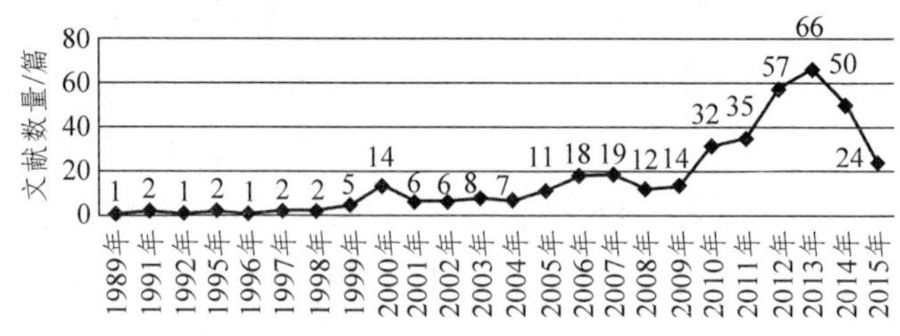

图 1－1　国际汉语教师研究期刊文献数量统计

从上面的统计中不难看出，国际汉语教师研究相关期刊论文数量基本呈递增趋势，但真正引起重视的时间是在 21 世纪初，尤其是 2010 年以后。原因在于，进入 21 世纪以来，海内外汉语学习者数量猛增，汉语教师的数量和质量都受到了较大的考验，尤其是 2004 年国家开始组织实施和外派汉语国际教师志愿者，并于全球大力推广孔子学院建设以来，教师问题一直是制约汉语国际教育发展的瓶颈，引起海内外汉语教学界较大的关注是必然的。

① 这 205 种国内学术期刊收录国际汉语教师相关研究文献最多的依次为《云南师范大学学报（对外汉语教学与研究版）》（32 篇）、《海外华文教育》（31 篇）、《世界汉语教学》（12 篇）、《语言教学与研究》（11 篇）、《华文教学与研究》（曾用名《暨南大学华文学院学报》）（8 篇）、《民族教育研究》（7 篇），其他刊物恕不一一列举。

根据研究内容，我们把国际汉语教师研究分为三大阶段，即初步探索阶段（2000 年以前）、全面探索阶段（2000—2010 年）和教师主体性研究深化阶段（2011 年至今）。

一、以“素质”和“培训”为焦点的初步探索阶段（2000 年以前）

自 20 世纪五六十年代开展对外汉语教学以来，学界就开始了对国际汉语教师的关注，但文献检索告诉我们，国际汉语教师真正进入学术视野并进行针对性研究的时间应始自改革开放初期。1979 年“数十名汉语教师陆续出国任教”（教专处，1979），1982 年北京语言学院（现北京语言大学）开始培训海外汉语教师，1989 年吕必松先生首次全面讨论汉语教师的专业素质，由此，国际汉语教师研究拉开了序幕。1989—1999 年，关于国际汉语教师研究的 16 篇文章无不是围绕教师的“素质”和“培训”两个中心议题进行探讨的。

在教师素质研究方面，吕必松（1989）根据国际汉语教学任务，即教学、科研、教学科研领导三个方面将教师分为七个类型或层次：胜任课堂教学、胜任多种教学任务、教学艺术高超、既胜任教学又能从事科研、科研能力特别强、兼任教学科研组织领导工作、特别受欢迎和尊敬的教师，并对各类型教师所需要的素质进行了讨论，包括语言学、心理学、教育学、语言教学法、文学、文化等知识，也包括语言表达、文字书写、板书设计、外语水平、课堂教学与管理、教学经验丰富、电教使用、言行举止、应急处理、其他教学工作（课程设置、教材编写、试题编制）、教学艺术、文艺才能、逻辑思维、研究能力、观察能力、综合分析、组织领导等能力，还包括事业心、献身精神、团结合作、热爱学生等。这篇文章内容全面，可谓国际汉语教师素质研究史上的一座丰碑。其后，戴桂英(1992)、周正兴(1995)、苟承益(1999)还分别提到了汉语教师的人格素质与心理素质、使命感和责任心、政治修养和特殊意志等。

本阶段在汉语国际教育界树立起的另一座丰碑是刘珣(1996)对汉语教师培训进行的全方位探讨。刘文从国际汉语教师队伍的现状、建设的迫切性入手，叙述了以往汉语教师培训的历史，讨论了教师培训的目标、培训班的类型、课程设置、教学特点和教学原则等。刘晓雨(1999)进一步论述了汉语教师培训的原则、内容、方法和评估途径。

无论是汉语教师素质研究还是培训探讨，这一阶段的相关研究为此后国际汉语教师队伍的建设及学科的定位与发展都做出了巨大的基础性贡献。但这一阶段研究尚处在初步探索阶段：就研究内容来说，这一阶段的研究所提出的观点纲领性强，但轮廓较粗，尚未就汉语教师的具体素质、能力和汉语教师培训理念或模式进行深入探讨。就研究方法来说，经验介绍多，实证研究少。当然，经验未必不科学，但若基于经验形成理论，科学实证这一环节亦绝非可有可无。就研究视角来说，研究者主要根据自己的理论和经验对教师的素质和培训进行研究，关注的焦点主要是教师教学的能力，该阶段鲜有将汉语学习者个体或群体差异考虑在内、真正以学习者为中心的研究成果。

二、全面探索阶段(2000—2010年)

与第一阶段相比，21世纪以来，国际汉语教师的数量和质量面临的考验更为严峻，学界对国际汉语教师的研究也随之进入了全面探索阶段。本阶段主要集中于专业素质和技能、师资培训培养和教师自主发展、教学评价三大部分。

（一）国际汉语教师专业素质和技能研究

1．专业知识和专业技能研究

面对多元文化背景的汉语学习者及复杂多变的国际汉语教学环境，这一阶段研究者对国际汉语教师素质的要求更高了，主要表现为许多学者认为汉语教师须具备综合素质，最好是一位“杂家”，如陈绂（2005）、计道宏（2006）、张和生（2006）、茅海燕和唐敦挚（2007）、吴应辉和郭骄阳（2007）、张洁（2007）、张治（2008）、刘元满（2009）等。《国际汉语教师标准》（2007/2012）也对教师的综合素质做了明确要求。具体而言，所谓的综合素质，包括一直以来较为重视的专业知识和专业技能，如汉语本体知识、语言学理论知识、相关学科如教育学、心理学和社会学知识、语言教学理论和能力、文化知识、跨文化交际知识和能力、教学研究能力、教学资源开发能力、网络技术应用能力、教学监控能力、教学胜任力等（王宏丽和陈海平，2009）。在技能素质方面，这一阶段讨论较多的主要是教师的教学语言，如课堂评价语言（张文莉和池会军，2006）、师生交际语言（郝琳，2003）、课堂教学语言的话语场域、语言变异和双语使用等。这一阶段有关教师专业知识和专业技能的探讨可谓是前期研究的延续，不同的是，这一阶段研究在单项素质方面的论述更为具体详细。

2．专业情意研究

唐玉光（1999）、教育部师范教育司编（2001）及陈琦和刘儒德主编（2011）等都将专业情意作为教师基本素质的三个基本范畴之一。海外将专业情意分为专业理想、专业情操、专业性向和专业自我四个次范畴，我国教育界一般将专业情意分为专业意识、专业态度与专业精神等（刘秀荣和王晓霞，2004；焦文铭，2007；李世讴，2010）。专业情意分类系统尚不统一，但研究范畴基本明确。就21世纪第一个10年的国际汉语教师研究而言，教师的职业意识、专业意识和专业自我三个方面受到了较多的关注。

职业意识和专业意识　学界常笼统地将职业意识等同于专业意识，其实不然，职业意识是教师对自身地位、价值、素养和活动方式的认识、评价及态度，是教师自觉能动性的观念表现，更多地体现了教师对所从事职业的体认与把握，并由此衍生出的一种角色意识和服务意识。而教师的专业意识主要表现出来的是一种专业自主意识，岳刚德（2009）认为，专业自主意识是通过专业自觉和自律实现的，它是指教师对所从事的专业性质有必要的认知，对专业的知识内容有较全面系统的掌握，对专业对象的认知心理要素有一定把握，并且清楚应当通过怎样的方式、方法在专业活动中有效地传授知识、道德示范和促进学习者（按：原文为“儿童”）健康人格的养成。我们不妨简单将前者理解为与教师这一职业有关的意识，将后者理解为与专业认知和发展有关的意识。

国际汉语教师职业意识的研究内容较为笼统，刘春立（2000）对教师职业道德、人品、平等意识进行了论述；李艳娟（2008）提出国际汉语教师应做到细心、耐心、热心和诚心；梁社会（2008）认为汉语教师应有奉献的职业精神、热忱的工作态度，为人师表，谦虚谨慎，互助协作。在职业意识研究中，职业角色意识研究稍多。学界普遍认为汉语教师应从知识的传递者这一传统角色转变为教学组织者、引导者、语言教师、文化传播者、涉外人员、语言研究者、文化使者、纽带、学习向导、参谋、设计者、帮助者、管理者等。上述有关国际汉语教师职业角色的研究足以证明学界对国际汉语教师主导地位和学习者主体地位的角色认识更加明确了。

专业意识，即多与国际汉语教师提高教学效率和专业发展有关的意识，其相关研究成果较为突出的有黄宏（2002）、周健（2004）、陆俭明（2005）、孙永红（2007）、王珍（2007）、易丹和邓杏华（2009）、陈荷荣（2010）等，他们从不同角度提出了国际汉语教师应具备学科意识、课程性质意识、课堂教学意识、教学效率意识、学习意识、研究意识、实践意识、双文化意识、跨文化交际意识、创新意识、民族意识、时代意识、国际意识、自主意识、自尊自重意识、批判精神、平视心态等。专业意识的觉醒和研究主要围绕国际汉语教师如何在国际上不卑不亢地进行学习、研究、交际和教学，从而有效提高汉语教学和文化传播效率这一核心问题而展开。

专业自我　专业自我是教师在职业生活中创造并体现符合自身志趣、能力与个性的独特的教育教学生活方式，以及个体自身在职业生活中形成的知识、观念、价值体系与教学风格的总和，主要包括自我认识、自我体验和自我调控三个方面。教师专业自我是教师发展的原动力（陈淑萍和颜秀红，2008）。汉语国际教育界对教师专业自我的研究主要体现在教师的教学效能感方面。

自我效能感（Self-efficacy）是个体对自己能否在一定水平上完成某种活动的能力判断，是自我概念、自我评价的综合表现，是自信心、胜任感、自尊等的综合感受（徐彩华和程伟民，2007）。徐彩华和程伟民（2007）对20位新手型教师和20位专家型教师进行了对比调查，结果发现专家型教师的自我教学效能感显著优于新手型教师，汉语教师的自我教学效能感来源于教学经验，包括对课堂的控制感、对教学风格的自我认同感以及对事业的积极情绪体验。徐彩华(2009)用因子分析的方法考察了对外汉语教师教学效能感的特点,结果发现教学效能感由八个主成分构成,其中最核心的因素是对语言教学(尤其是语言点讲解)的自我评价和对教学的情感体验(教学没有压抑感)。教师个体对自我所从事教学工作的感受、接纳和肯定的心理倾向,将显著地影响到教师的教学行为和教学工作效果。自我效能感的研究对汉语教师的教学认知、专业发展、教师选拔、培训培养等都有着较强的理论意义和实践价值。

除教学效能研究外,一些过去较少重视的志愿者心理状况(吴应辉和郭骄阳,2007)、教师职业压力(杨德明和高慧臣,2009)、自信心(江新和郝丽霞,2010)、教学观等心理或态度方面的研究亦陆续出现。这些研究尽管尚不成系统,但也充分说明了汉语国际教育界突破了教师知识和技能的研究视野,走上了将"教师"作为富有思想性、主动性和鲜明个性的主体进行研究的道路。

(二)国际汉语师资培训培养和教师自主发展研究

如果说国际汉语教师素质研究主要探讨的是教师拥有什么知识、技能和情意,那么师资培训培养和教师发展研究探讨的则是教师如何才能拥有这些知识、技能和情意,并从新手型教师成长为熟手型教师或专家型教师。下面从教师发展的外部因素即培训或培养和内部因素即教师的自主发展两个方面进行综述。

1. 师资培训培养研究

海外汉语教师本土化培训研究渐成热点 恰如吴勇毅(2007b)所说,长期以来,西方各国开设中文课程的高校都很欢迎中国派来的汉语教师,但是,当汉语作为第二语言走进中小学课堂,从中国"进口"的汉语教师不再符合这些国家的需求。"输血"

治其标，"造血"固其本，后者是根本之道，是世界汉语教学可持续发展的可靠保证。海外本土教师是汉语国际推广的前沿力量和主要力量渐成共识，因此，这一阶段的海外汉语教师培训研究逐渐增多，如蔡贤榜(2005)、李嘉郁(2008)、张杰(2008)、刘元满(2009)、朱勇(2009)、陈青妮和骆小所(2010)、王瑛(2010)、袁礼(2010)、朱华和曾昭聪(2010)等学者，他们分别对印度尼西亚、新加坡、日本、南美、泰国、法国等的本土汉语教师培训现状、问题、形式和理念进行了探讨。从培训对象看，有大学和中小学及幼儿园汉语教师；从培训形式看，主要有"走出去""请进来"和远程函授三种；从培训模式看，有传统讲授模式、视频案例教学和反思渐进模式等；从培训时间看，有长期学历教育和短期速成培训；从培训内容看，有传统的知识和技能培训，也有专门或专题的培训等；从培训理念看，主要以受训者的需求为起点和归宿，注重实践性、特殊性、规范性和科学性。这些探索无疑为此后的海外汉语教师本土化进程奠定了理论基础，提供了实践经验。

汉语教师培训研究内容渐趋全面　本阶段培训内容研究更为全面，如培训教师队伍建设(周小兵,2007)、培训教师跨文化适应或交际能力(刘晶晶,2006；孙雷和安然,2010)、培训标准和大纲(李嘉郁,2008)、远程培训(李坚和唐燕儿,2007；卢伟,2007；陈水胜,2008；李嘉郁,2008)、培训教材(陈荣岚,2000、2001；李金钞,2000)等。除此之外，还有志愿者思想教育等。这一阶段有关培训内容的研究相比第一阶段全面了许多，尽管如此，还是缺少受训教师评价与考核研究、受训教师的专业情意研究等。

多数学者已经认识到国际汉语教师的个体需求差异，建议或已经实行根据不同群体、个体特性进行多元能力培训、分类分层分科分需求培训、专门领域培训等（吴勇毅，2007b；周小兵，2007；李嘉郁，2008；郝丽霞，2010；袁礼，2010）。多元能力和细化的培训研究也恰好反映出了国际汉语教学过程及教学对象的复杂性、层次性和差异性。

2. 教师自主发展研究

进入21世纪，国际汉语教师需求持续增长，国内高校争相开设与汉语国际教育相关的学士、硕士或博士教育专业，学界逐渐认识到汉语教师所从事的职业不是一种简单的“代课”行为，而是一个需要长期全面发展的职业。传统的、通用的教师培训模式正让位给新型的、以教师为中心的、自主式的教师发展模式（周玉林，2005）。因此，本阶段主要围绕国际汉语教师为什么要发展、要发展什么、怎么发展三大核心问题展开讨论。

新手型教师拥有教师资格证却不会教学也不能教学的情况屡有发生（茅海燕和唐敦挚，2007），研究和实践证明，新手型教师在培训中接受的知识或技能短时间内并不能形成相应的教学能力，知识丰富的学者也未必适合登上汉语教学的讲台，这说明从常识性知识或理论性知识到形成教学能力之间尚有一道需要跨越的鸿沟。Elbaz 和 Clandinin 分别提出“实践性知识”和“教师个人实践性知识”概念（转引自孙德坤，2014），这种知识是教师通过自己的实践以自己独特的方式拥有的一种具有个人色彩的知识，主要包括教师的观念、教师的自我知识、关于学生的知识、情境知识、策略性知识和批判反思知识（陈向明，2003）。教师实践性知识在教学活动中起关键作用，它依赖于教师过去的经验，存在于教师当前的教学生活中，并预测着教师未来的教学活动。教师实践性知识是教师专业发展的主要知识基础（江新和郝丽霞，2010）。那么如何发展教师的实践性知识呢？多位学者（王晓华，2006；黄晓颖，2007；孙德坤，2008；朱勇，2009；江新和郝丽霞，2010；孙德金，2010；王添淼，2010）进行了探讨，普遍认为教师实践性知识是教师在自主地不断实践和反思中逐渐形成的，于是，成为"反思性实践者"是国际汉语教师专业发展的一个必然要求。

同时，黄晓颖（2007）、孙德坤（2008）和王添淼（2010）也就汉语教师如何培养反思能力并成为一位"反思性实践者"进行了研究，他们建议的方法有：撰写反思日志或建立自身成长档案袋、反思性教学、微格教学、行动研究、叙事研究、教师专业共同体、教学研讨、观摩分析、课堂调查等。在实践中反思，在反思中实践，并辅以行动研究是教师发展的主要建议途径。

受国际上教育学、心理学、社会学等相关理论影响，这一阶段有关国际汉语教师的研究出现了新的转向：第一，将教师培训或师资教育与教师的职业发展和专业发展紧密联系起来，即国际汉语教师这一群体的职业性和专业性逐步得到社会和学界的认可。第二，从影响教师发展的外部培训因素研究逐渐过渡到关注教师自我成长的主体意识、自我发展能力和内在实践性知识，即教师的主体性受到了关注和认可。

（三）国际汉语教师教学评价研究

教学评价研究一直是汉语国际教育界关注较少的领域，从学生角度对国际汉语教师进行教学评价方面的研究则更少。王学松（2008）就在华普林斯顿大学汉语学习者对八位教师的评价进行了研究，结果发现学习者对教师跨文化的意识和沟通能力、教师的个性魅力、丰富有效的课堂教学方法、职业精神和基本功等较为关注。曹贤文和王智（2010）调查了对外汉语教师和欧美学习者对多媒体技术运用、语法教学、学习评估、文化教学、错误纠正、目的语使用、交际性语言教学策略等七类24项“有效教师行为”的评价。调查结果显示，教师组和学生组在24项评价中有13项表现出显著性差异。这两项研究都是从学习者的角度对国际汉语教师教学进行的评价研究，充分体现了学界对国际汉语教师主导角色和学习者主体角色的认识。我们认为教学效率和学习者的身心发展是教学评价行为和研究的根本出发点，而教学效率主要体现为学习者的学习效率或习得效率，因此，学习者应是教师教学评价的主体。

（四）全面探索阶段的主要特点

研究视野从教师培训和素质的静态研究拓宽到教师发展的动态研究，研究视角从教师逐步转换到学习者，即基于受训者或学习者的需求或评价的研究渐渐增多。研究视野和视角的变化充分体现了以人为本的研究观念。

研究方法更为丰富，更有利于探讨教师的内心认知、精神和灵魂，诸如自陈评定量表和自传式调查研究（徐彩华和程伟民，2007）、刺激性回忆报告（江新和郝丽霞，2010）、问卷调查、开调查会、个别访谈（吴应辉和郭骄阳，2007）、教育叙事研究（孙德金，2010）、行动研究法（王添淼，2010）等。实证研究亦越来越多。

除上述特点外，这一阶段还将国际汉语教师研究的目光投向了网络这一便捷的信息技术，即将网络应用于教师教学或培训的研究相对增多。

三、教师主体性研究深化阶段（2011年至今）

教师主体性研究深化阶段的研究在传统课题的基础上体现出

了新的趋势，研究内容主要集中于本土教师培训培养、教师本土化意识、教师个体发展、教师跨文化交际和传播能力等几个方面。

（一）国际汉语教师培训培养研究更为深入

1．理论介入和模式探讨

国际汉语教师培训培养依然是这一阶段研究的主要热点。在理论介入方面较有特色的是程乐乐和李向农（2012）、郭凌云（2013），他们将支架式教学理论与关键教学事件理论引入汉语教师培训，并讨论了国际汉语教师培训中的教师介入。邵滨和邵辉（2013）、央青（2013）探讨了如何将案例教学法用于教师培训之中。鲁承发和李艳丽（2013）探讨了反思性教学理论在教师培养中的作用。这些理论的介入研究对国际汉语教师教育起到了较强的指导作用，如案例教学法和反思性教学理论在汉语教师培训中得到了广泛运用，并于2015年12月9—10日在华东师范大学专门召开了以案例教学法为主要内容的第十二届国际汉语教学研讨会，目前案例教学法既是一种教学法理论，也是一种语言教学和教师培训途径。

与理论介入相比，这一阶段国际汉语教师培训培养研究更为注重的依然是模式探讨。央青（2011）讨论了5P国际汉语师资培养模式的创造性使用。丁安琪（2012）分析了美国夏威夷大学沉浸式汉语师资培训模式并建议实现国内汉语教师志愿者的国外本地化培养。孟长勇（2013）介绍了哈萨克斯坦汉语教师培养的不同类别及模式。诸如此类的研究较多，但多是介绍某国或某一高校的培训培养模式，这些模式在规模宏大的海内外汉语教师培训培养实践中究竟占有多大比重？何种模式更具效率？国内外培训培养模式究竟有哪些？现在还没有一个清楚的答案，亦缺少相关宏观研究。但肯定的是,不同国别的汉语教师培训培养模式理应有不同的针对性和适切性。

2. 海外教师本土化研究

与前两阶段明显不同的是,本阶段海外教师本土化研究成为热点,学界普遍认识到海外教师本土化才是解决国际汉语教师瓶颈的根本出路,也是汉语国际教育和中华文化传播持续深入发展的根本出路,如李东伟(2014)认为大力培养本土汉语教师是解决世界各国汉语师资短缺问题的重要战略;吴坚(2014)认为,与中国外派的汉语教师相比较,海外本土汉语教师更加了解当地的环境、文化、教育等方面的情况,可避免外派汉语教师“水土不服”现象的出现,并能够更好、更快地打开工作局面,有效开展教学工作,文章同时认为加快孔子学院本土汉语教师培养迫在眉睫。现阶段有关汉语教师本土化的研究多只针对某个孔子学院或某个国家的师资培训,如丁安琪(2012)介绍了美国夏威夷大学沉浸式汉语师资培训模式,邱睿和张家政(2013)、赵燕华和韩明(2013)等分别介绍了泰国本土汉语教师培训的问题。其他各文对韩国、蒙古国、秘鲁、哈萨克斯坦、印度尼西亚、马来西亚、墨西哥、新加坡、非洲各国等地本土汉语教师培训的情况或模式做了介绍。总结上述研究成果,我们发现每个国家的汉语教师培训途径、模式和经验都各不相同,这是由每个国家汉语教学的复杂性所决定的。

3. 特色化针对性培训需求明显,培养意识清晰

由于各国汉语教学的复杂性和多元性,汉语教师培训的针对性和特色需求日益受到重视。李琳(2011)认为国际汉语教师的培训或培养应“注重特色人才培养,以适应多领域多层次汉语专业人才需求”。杨江和林春龄(2012)认为现行培养模式不适应市场需

求的因素之一是缺乏特色。张淑慧和曲江川(2015)认为如何在国际汉语师资培养上实现与国外师资需求的对接,以国外需求为导向,进行相应的师资培养,成为汉语国际推广的一个重要课题。林奕高(2011)、王炯和洪明(2011)分别就印度尼西亚和菲律宾的师资现状及需求进行了分析。翟保军(2015)调查了秘鲁利马本土教师的需求。黄启庆等(2013、2014)从学习者角度探讨了各国学习者对汉语教师的需求。

除了上述研究外,亦有学者在培训教材(郑通涛,2011)、培训规格(李泉,2012)、注重培训实践(丁安琪,2012;郭风岚,2012)、远程培训等方面进行了探讨。

(二)国际汉语教师跨文化交际、适应能力和文化传播能力研究备受重视

国际汉语教师素质或能力研究历来受学界重视,这一阶段亦然,但不同以往的是,相关文献除了对教学能力、教材使用能力、话语能力、课堂观察能力、行为能力给予探讨外,更为重视汉语教师的跨文化交际、适应能力和文化传播能力,相关学者有江傲霜和吴应辉(2012)、张杨(2012)、范慧琴(2013)、彭军(2013)、赵丽玲和舒路萍(2013)等。对跨文化交际、适应能力和文化传播能力的重视,恰恰说明了汉语教育事业由国内对外汉语教学到汉语国际教育的转变,也说明了赴海外汉语教师或志愿者所遇到的文化适应问题和担负的文化传播使命。事实证明,跨文化交际能力是赴海外汉语教学的基础能力之一,也是能否胜任语言教学、实现文化推广或传播的基础性因素。因此,这类研究的增多是新形势下汉语国际教育发展的必然趋势。

（三）国际汉语教师专业发展研究进一步深入

如果说国际汉语教师培训培养、跨文化交际及适应能力和文化传播能力是汉语国际教育的外在要求的话，那么教师的专业发展则是站在教师个体成长或发展的角度来谈的，其动力主要来自于教师内部的自我需求。初步探索阶段偶有成果出现，这一阶段研究则进一步深化和系统化。

1. 教师实践性知识调查及研究

专业知识发展是教师专业发展的重要组成内容，在专业知识发展中具有重要意义和个人特色的是教师实践性知识的发展。与前一阶段的理论探讨相比，本阶段研究主要体现为教师实践性知识的具体运用。江新和郝丽霞（2011）经过调查发现，对外汉语教师所考虑和运用的七个领域的教学知识中，使用频率最高的为一般教学知识和语言教学知识，语言学知识和文学文化知识使用频率较低；与熟手型教师相比，新手型教师报告的跨文化交际知识、关于学生的知识和语言教学知识的频率较低。孙德坤（2014）对两名国际汉语教师个人实践性知识进行个案研究后发现，这两名教师都有各自的核心理念来指导教学实践，并发现两名教师的个性、成长过程、学习经历、文化背景以及她们对自己身份的意识均在不同程度上影响其核心理念的形成。作者希望有更多这方面的研究，因为对国际汉语教师个人实践性知识的研究不仅能为师资教育和培训提供参考，而且会丰富教育界和第二语言教学界对教师知识的研究与认识。

亦有学者就如何形成实践性知识、促进教师专业发展提供了借鉴性研究，其中有代表性的两项成果是：盛双霞（2015）主张采用互助反思的课堂观察方法，认为该方法是教师成长和发展的重要途径,它可以培养教师在教学、评价、观察和反思等具体任务上探究问题与解决问题的能力,同时提供机会让他们将学习与实际的课堂教学密切联系,即"互助 + 反思 = 教师高质量的成长"。王添淼(2015)主张构建国际汉语教师专业发展理念,充分发挥国际汉语教师的自主性,让其通过终身学习,不断扩展专业技能,实施专业自主,修养专业品质,成长为一个学习型、反思型、研究型的汉语国际教育专家。

2. 教师专业情意研究

这一阶段的教师专业情意研究主要有教师意识、教学动机、教师认知、教学信念、教师职业倦怠研究等,如:原一川等(2011)调查了泰国和韩国本土汉语教师的教学动机;王晓华(2011)认为国际汉语教师应是"东西方价值的传递者,中国社会众生相的解读者,校内外生活的被咨询者,以及实践教学的指导者";王添淼(2011)讨论了国际汉语教师文化定势对中华文化传播的影响,认为文化定势主要基于自我有限的教学经验、中国文化和自我所崇尚的文化而形成。

这一阶段专业情意研究中,教师意识研究较多,如教师反思意识的培养(鲁承发和李艳丽,2013)、教师的文化自觉意识(唐智芳,2013)、教师的学术自觉意识(崔希亮,2013)等。卢淑芳(2014)认为国际汉语教师还应持有不同于母语教学的针对外国人的汉语作为第二语言教学的专业意识、与时代精神相一致的国际意识和教学理念、跨文化交际意识、不断反思并不断实践的教学反思意识、终身学习和全面发展的意识。与前期主要站在汉语教学角度探讨的教师意识研究相比,本阶段教师意识的研究主要是站在教师发展的角度来探讨的。

3. 教师管理制度保障研究

李琳(2011)认为,管理水平已成为影响国际汉语教学质量和发展最重要的因素。汉语国际教育处在一个动态的多元文化环境中,所有的规章制度首先要适应特定的教学目标。另外,汉语国际教育包括教学体制在内的规章制度还必须积极合理开发各种教学资源,并加以有效地配置和利用。管理体制要实现动态管理,汉语国际教育的发展规模也应关注从量向质方向上的转化。具体研究成果如侯颖(2012)的汉语教师资格制度、高爱辉(2012)的归国保障机制研究、刘汉银(2014)和刘香露(2014)的志愿者管理研究等。这些管理制度的探索虽比较初步,但也比较重要,因为它关系到汉语教师队伍的建设和稳定、教师的专业发展和教学效率的提高。

(四)其他研究

近几年对国际汉语教师的研究越来越细致,如教师教学语言研究、教师形象研究等。

1. 教师教学语言研究

教师教学语言是否清楚易懂直接关系到教学效率的提高。这一阶段对教师教学语言的研究较多,如:王祖嫘(2012)对教师语言的形式、结构、组织原则和影响因素、调整策略、接触和迁移以及能力评估等六个方面进行了研究;刘弘和王冰(2013)对汉语教师课堂积极反馈语进行了探讨;姜有顺(2013)对西南某大学对外汉语教师的话语标记语进行了调查。也出现了教师语言语用方面的研究,如:张译方和彭爽(2014)对教师话语中的礼貌策略进行了调查和分析;郭睿(2014)采用课堂教学录像分析的方法,结果发现曾获得初级综合课教学一等奖的两位教师在课堂话语方面存在以下优点和长处——教师话语量比重低、讲解性话语少、操练性话语比例高、教师角色多元化、积极性反馈多等，但也存在一些问题和不足——类型上参考性提问比例低、教师提问后等待回答时间比较少、话语性反馈太少、表扬后点评比例太低、自我或同伴修正比例低以及课堂交际偏低等。

2. 教师形象研究

教师形象是国际汉语教师在世界舞台上不可忽视的一个细节，它是一个国家形象或文化的代表或缩影，教师形象也是影响教学效率的因素之一，因此，有关教师形象的研究逐渐增多，其中最具代表性的是陈振艳（2011）和亓华等（2013）对教师着装的调查研究。

（五）教师主体性研究深化阶段的研究内容特点

第一，研究对象逐渐转向国外汉语教师。国外汉语教师既包括国内派出的汉语教师志愿者或公派汉语教师，亦包括海外本土汉语教师，这两大群体在国外汉语教育过程中的跨文化交际、适应与文化传播、制度保障、能力素质、角色意识等成为研究的热点。恰如崔希亮（2013）所说，来华学习者在中国学习汉语这是在目的语环境中学习，我们的教学安排、教材内容、教案设计、教学语言、教学法和教学模式都已积累了相当多的经验，形成了切实可行的套路。然而，走出去之后我们却发现，我们的这个套路在学习者的母语环境中不见得行得通。因此，非汉语环境下的汉语教师研究顺理成章地成了这一阶段研究的热点之一。当然，这也与海外汉语师资需求不断扩大的现实不无关系。

第二，研究内容更为细化。教师语言、教师着装、教学礼仪、单项能力的研究都逐渐增多。

第三,跨文化意识和交流能力渐成研究热点。随着国外汉语教师增多,这类研究随之增多是新形势下汉语国际教育发展的必然趋势。

第四,教师个体的专业发展受到重视。孙德坤(2014)认为,"长期以来,在课程改革、师资教育和教师专业发展领域存在着忽视甚至轻视教师主体作用的现象。在课程改革方面,常规做法是决策者和专家学者制定政策和各种教改、教学方案,然后由一线教师去实施。在师资培养方面,常见做法也是向受训者传输各种理论知识、教学法和教学技巧,很少考虑受训者的个人、社会背景和工作环境等因素对他们教学理念和实践的影响。兴起于20世纪80年代的关于教师知识的讨论目的在于提请正视教师在整个教学活动中的主体性,探讨教师知识的特点及其成因,从而调动和发挥教师在教育教学改革、在教师专业发展中的主观能动性,教师个人实践性知识这一理论框架就是在这种背景下提出来的。然而,教师个人实践性知识这一理论框架的前提是承认教师是教师知识的创造者和拥有者,强调教师知识的实践性,认可教师知识的个体性,重视教师知识的整体性"。无疑,从上面的论述中可以看出,在汉语教师研究界出现了一种从重视"外铄"式培训到"内生"式发展的转变。如果从教师发展阶段角度来说,这种转变可以视作从重视职前或在职培训和培养到入职后自我如何进一步发展的转变。同时,这也体现了国际汉语教师从追求数量到追求质量这一观念的转变。

(六)教师主体性研究深化阶段的研究方法特点

研究方法对科学研究来说极为重要,最为合适的研究方法才是最好的方法。本阶段研究方法呈现出两大特点:

第一,建立在科学统计基础之上的定量研究越来越多。李红宇等(2011)利用灰色系统理论的灰色关联分析模型来进行定量分析。灰色关联分析的目的是定量地表征诸因素之间的关联程度,从而揭示灰色系统的主要特性。这种分析方法弥补了采用数理统计方法做系统分析所导致的缺憾,它对样本量的多少和样本有无规律都同样适用,而且计算量小,十分方便,更不会出现量化结果与定性分析结果不符的情况。原一川等(2011)使用李克特五度量表对教师教学动机进行了问卷调查。刘弘和王冰(2013)就对外汉语教师课堂积极反馈语进行了统计分析等。

第二,案例分析研究越来越多。如刘弘和周力群(2015)对五位中学国际汉语教师的课堂提问进行了研究;刘红英(2015)对韩国本土汉语教师来华培训创新的案例进行了分析。案例分析法增多的一个典型外在标志是"以……为例"副标题的大量出现。

四、国际汉语教师研究成就、趋势与不足

(一)成就和趋势

基于我国30多年国际汉语教师的研究情况及当下轰轰烈烈的汉语国际教育现状,我们认为,经过多年发展,国际汉语教师的实践和研究主要取得了两大成就:一是国际汉语教师队伍培训培养和建设已形成规模,已经并正在包括中国在内的世界各地发挥着汉语教学和文化传播的巨大作用,这种局面史无前例。二是有关教师素质要求、能力构成、应有意识等与教师教学有关的研究成果十分丰富,并在汉语国际教育中发挥着丰富理论和指导实践的作用。这两大成就是此后汉语国际教育尤其是汉语教师理论研究和

教育实践的重要基础。

同时,国际汉语教师研究也呈现出两大趋势:一是国际汉语教师研究内容更加细腻深入,不仅包括教师的专业素质、专业知识和能力,还包括教师的专业情意(如教学信念、情感焦虑、个性要素、教学理想、教学态度、教学动机等)、言语行为、非言语行为、外在形象、师生关系、同事合作等。二是教师群体尤其是教师个体的发展研究受到重点关注。在国际汉语教师队伍建设取得一定规模的前提下,教师群体或个体的专业与职业发展问题便成为进一步提高汉语国际教育及中华文化传播效率的终极关怀问题。这些问题包括:如何从一个新手型教师逐渐成长为熟手型教师和专家型教师?如何从一个合格的国际汉语教师逐渐成长为优秀的国际汉语教师?这种研究趋势,是汉语国际教育所需,也是时代所需。

(二)不足

国际汉语教师研究取得了有目共睹的骄人成绩,较大程度上解决了国际汉语师资短缺的问题,但展望今后汉语国际教育事业的发展趋势,国际汉语教师研究还存在一些亟待解决的问题:

第一,国际汉语教师教学实践或实习目标缺少理论根据。

无论《国际汉语教师标准》(2007/2012)还是汉语国际教育需求,二者对国际汉语教师最为突出的要求都是教师高超的教学能力,因此,目前学界针对国际汉语教师不同阶段的培训培养模式、教师素质、意识和能力探讨比较多,理论引进相对丰富。但实际上,我们目前的培训或培养仍然是"传授—接受"式的批量生产,实践环节安排较少,实习并未受到重视。黄娇瑛(2009)认为:"国内培养出来的对外汉语教师,在知识或实践上都达不到当地教师资格的标准,其中培养方案的教学实践环节是最大也是最重要的不同点……对外汉语教师的实践性能力严重不足，缺乏足够的课堂实训，仅凭课堂观察还不足以有效提升他们的实践能力。要达到真正提高实践能力的目标，实习生在实习前必须有充分的技能培训，学校才有信心让他们走上讲台开展教学。”该类培训或培养，常存在着理论和实践的距离、互动和参与的缺乏，容易造成知识内化不足，导致教师“知行脱节”。从本研究搜集的文献中可以看出，进入21世纪，学界对实践的重视程度越来越高，但在培训或培养中，如何快速地通过实践或实习有效提高汉语教学能力？何时切入教学实践？何种实践模式有效？如何检测培训者或准教师教学能力的提高？教学实践在教师个人专业发展中的地位和作用如何？目前，就上述问题，学界仅有感性经验，还缺少深度实证探讨。

第二，教师发展目标即优秀国际汉语教师要素研究不够。

从30年的回顾与展望来看，国际汉语教师研究从单纯的素质、能力、意识和培训研究逐渐过渡到教师的个体发展研究。无论从国际汉语教师队伍来看，还是从教师个体来看，总要有一个发展的目标或标准。目标或标准的制定显然离不开“教学效率”这一核心议题，而教学效率的提高应该建立在“教”与“学”匹配的基础之上，那么就更离不开学习者和教师两大主体。可现已制定出的《国际汉语教师标准》（2007/2012），恰如李泉（2012）所说，“对国际汉语教师需要具备的知识、能力和素养的描写过于平均用力，相关规定缺乏层次性，即没有明确和突出哪些知识、能力和素养是一个合格的国际汉语教师必须具备的，哪些是教师不断完善自身知识和提高自身能力的努力方向”。那么符合国际汉语教师标准的教师是合格的汉语教师还是优秀的汉语教师？优秀的汉语教师有哪些要素？作为教师个体，理想的发展目标和途径又是什么？这些问题都需要我们对优秀汉语教师进行探讨和研究。国内对语言类优秀教师的研究主要集中在英语教学界,在汉语教学界我们仅搜索到13篇,且主要集中于亓华等(2013)、亓华和陈振艳(2014)、亓华(2015a、2015b)的优秀汉语教师文化传播和非言语行为研究,黄启庆等(2013、2014)和黄启庆(2015)基于学习者个体差异的优秀汉语教师要素研究。其他几篇有关优秀汉语教师素质和发展的研究多是以往研究成果的简单重复,并无新意。由此看来,国内有关优秀汉语教师的研究还处于初步探索阶段。

第三节　优秀汉语教师要素研究的内容、目的与方法

一、研究内容

本书主要研究内容为具有不同个体差异汉语学习者对优秀汉语教师要素的期待,具体内容如下:

1. 具有不同个体差异汉语学习者期待哪些优秀汉语教师要素?

2. 具有不同个体差异汉语学习者期待的优秀汉语教师要素是否有所不同?如果有所不同,这些不同之间是否存在显著性差异?如果存在显著性差异,那么又有哪些显著性差异?原因又是什么?

3. 调查统计和分析结果能否用于包括教师教育、选拔、教学评价、差异教学、国际汉语教师标准制定在内的汉语国际教育实践活动?

二、研究目的

1. 调查和归纳汉语学习者对优秀汉语教师要素的期待，这些要素主要从教师的个性要素和教学要素两部分展开。

2. 调查、统计和分析不同个体差异汉语学习者期待的优秀汉语教师要素的不同。

3. 探讨统计和分析结果的理论意义与实践价值，即如何将期待要素研究结果应用于理论和实践。

三、研究方法

本书综合采用文献研究、实证调查、个别访谈等方法，在定量研究的基础上，综合学界研究成果和笔者个人教学经验，对当前汉语学习者期待的优秀汉语教师个性要素和教学要素进行多方面研究。

（一）优秀汉语教师要素析取

根据优秀汉语教师要素的前期调查，我们共总结出621条要素，为易于统计和分析，在后期大规模调查中将621条要素合并为98条，其中包括24条教师个性要素和74条教师教学要素。

（二）确定汉语学习者个体差异因素理论框架

个体差异是指“每个人所具有的、持续的个体要素的维度，个体由此在一定程度上表现出不同。换言之，它们是相对于标准蓝图的稳定持续的变异”（Dörnyei，2005）。这是一个笼统的界定，其实，学界至今尚没有一个内涵和外延十分明确的概念。Ellis

(1999)认为问题在于:一是不同研究者区分出来的个体因素较多;二是不同个体因素的术语表达不尽一致,各术语所涵盖的内容之间界限模糊。二语习得领域研究者在研究中做过一些分类,如表1-1:

表1-1　以往研究个体差异分类表

Altman(1980)	1. 年龄; 2. 性别; 3. 语言学习经验; 4. 母语熟练度; 5. 个性因素; 6. 语言学能; 7. 态度和动机; 8. 一般智力(IQ); 9. 感觉通道偏好; 10. 社会心理偏好; 11. 认知风格; 12. 学习策略
Skehan(1989)	1. 语言学能; 2. 动机; 3. 学习策略; 4. 认知和影响因素(a. 外/内向,b. 冒险,c. 智力,d. 场独立,e. 焦虑)
Larsen-Freeman & Long(1991)	1. 年龄; 2. 社会心理因素(a. 动机,b. 态度); 3. 个性倾向(a. 自尊,b. 外向,c. 焦虑,d. 冒险,e. 拒绝敏感性,f. 移情,g. 压抑,h. 模糊容忍度); 4. 认知因素(a. 场独立/依存,b. 范畴宽度,c. 审慎与冲动,d. 视觉与听觉方式,e. 分析与格式塔方式); 5. 脑半球侧化; 6. 学习策略; 7. 其他因素如记忆和性别等
Robinson(2002)	1. 智力; 2. 语言学能; 3. 工作记忆; 4. 动机; 5. 焦虑感
Dörnyei (2005)	1. 语言学能; 2. 动机; 3. 学习策略; 4. 学习和认知风格; 5. 性格; 6. 交际意愿; 7. 焦虑感; 8. 学习者信念; 9. 自尊; 10. 创造力
Ellis (2008)	1. 智力; 2. 语言学能; 3. 工作记忆; 4. 动机; 5. 学习策略; 6. 学习风格; 7. 性格; 8. 交际意愿; 9. 焦虑感; 10. 学习者信念

注:Altman(1980)、Skehan(1989)、Larsen-Freeman & Long(1991)转引自 Ellis(1999),Robinson(2002)、Dörnyei(2005)、Ellis(2008)转引自戴运财(2012)。

从表1－1所列的个体差异分类可以看出,各家主张并不完全一致。学界对个体差异的分类大概分为心理因素和社会因素,但多数情况下,心理因素和社会因素并非界限分明,如 Larsen-Freeman & Long(1991)将动机和态度归为了社会心理因素。

就二语习得中的个体差异研究方面,Rod Ellis 提出的研究框架影响较大,在我国亦应用较多。如图1－2:

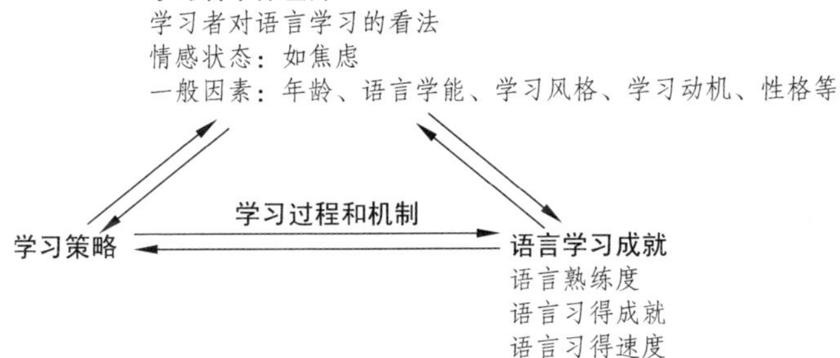

图1－2　学习者个体差异调查研究框架

以上是第二语言习得领域个体差异研究的分类和框架,主要研究个体差异与语言学习最终结果、语言习得效率、语言熟练度之间的相关性。而本书则主要研究不同个体差异学习者对优秀汉语教师要素的期待和需求,主要考察不同个体差异与优秀汉语教师要素之间的相关性。我们在选择要调查的学习者个体差异因素时,主要从优秀教师教学的角度进行筛选。另外,在个体差异分类时,我们无法参照上述研究成果,因为多数研究者并没有将这些个体差异归类,有些归类也令人费解,如 Rod Ellis 将年龄、语言学能、学习风格等归为一般因素(General Factors),究竟什么是一般因素,不得而知。我们综合参考教育心理学、认知心理学、普通心理学及第二语言习得个体差异研究文献，将本书考察的学习者个体差异分类如下：

心理发展因素：年龄、性别

社会文化背景因素：国籍、母语所属语系、家庭背景（是否华裔）

学习经历因素：汉语学习时长、汉语水平

情感因素：学习焦虑

认知因素：学习动机、学习策略、学习风格

需要说明的是，上述分类是站在学习者个体、社会和认知心理发展的角度来谈的。年龄和性别属于心理发展的不可控时间因素、生理因素和社会因素，因为性别既有生理性别（Sex）问题也有社会性别（Gender）问题。社会文化背景因素属于个体发展的不可控环境因素，包括国籍（国家制度、经济和意识形态背景等）、母语所属语系（母语文化背景）、家庭背景（是否华裔）三个方面。学习经历因素主要指汉语学习时长和汉语水平，两种因素对学习者的汉语学习和汉语文化认知都有影响。情感因素主要包括学习者焦虑程度和类型。认知因素主要指目前已形成的相对稳定的汉语学习动机、学习策略、学习风格等。五种分类界限基本明确，也体现了第二语言教学或外语教学的基本过程和因素，如增加了社会文化背景因素和学习经历因素，一是因为汉语国际教育离不开教学环境和现有汉语水平两大前提条件，二是因为二语习得个体差异的两大研究趋势，即首先应“重视个体差异因素和情景的相互作用以及个体差异的情景化要素，不应把个体差异研究孤立于具体的

学习任务和环境”,其次应“提倡个体差异研究和具体二语习得过程的不同阶段相结合的研究”(杨连瑞和李绍鹏,2009)。

(三)实施调查统计和分析

本研究的主要调查对象是在华学习汉语的各国留学生,这些留学生主要是云南师范大学、云南大学、云南财经大学、云南民族大学、昆明理工大学的汉语学习者;也包括一些国内其他高校的汉语学习者,如新疆大学、华东政法大学等。三期共调查600余位学习者。调查对象的具体信息将在各章节中给予说明。本研究主要使用SPSS 19.0软件进行数据描述统计、相关性分析、单因素方差分析、均值比较、因子提取等工作。

第二章 学习者期待的优秀汉语教师要素调查与分析

汉语国际教育是人类教育的一个部分，自然会受到教育学领域一些先进教育理念的影响。在汉语国际教育领域，“以学生为主体，以学习为中心”的教育理念早已深入人心。近年来，“以学为中心”的教育理念也在汉语国际教育领域有一些拥趸。无论是过去的“以教师为中心”或“以教为中心”，还是“以学生为主体，以学习为中心”，甚或是“以学为中心”，都离不开“教师”的“教”和“学生”的“学”。那么，教师怎么教？学生怎么学？“教”与“学”怎么才能高度融合，实现真正的教学相长？至少汉语国际教育界还没有现成的答案。

不知“学”，焉知“教”？本章从学习者的基本个体差异即学习者心理发展因素（年龄、性别）、社会文化背景因素（国籍、母语所属语系、家庭背景）、学习经历因素（汉语学习时长、汉语水平）、情感因素（学习焦虑）和认知因素（学习动机、学习策略、学习风格）五个方面，探讨具有不同个体差异的汉语学习者对优秀汉语教师要素的期待情况。这些基本的个体差异是第二语言或外语教学界研究的热点，也是第二语言或外语教学和管理过程中最为关注的影响因素。探讨这些个体差异因素与教师教学之间的关系，对丰富语言教学理论和提高教学实践效果有着重要的意义。

第一节　调查过程

为深入探究学习者的内心需求，我们主要采用了问卷调查和访谈的研究方法。问卷调查主要有问卷制作前的开放式调查、尝试性调查和规模调查；访谈主要针对研究过程中出现的一些争议问题与任课教师和学习者进行交流。

一、开放式调查

在问卷制作前，我们以开放式问答形式调查了“我心目中最优秀的汉语教师”，主要从学生的个人信息（包括姓名、性别、国籍、汉语学习时长、汉语水平）、学习者心目中的优秀汉语教师要素和存在的问题三部分进行调查。

本次调查共发放问卷 140 份，有效问卷 126 份，问卷有效率为 90.0％。被调查的 126 位留学生共来自 23 个不同的国家，其中男性被调查者为 44 名，女性为 82 名。年龄最大者为 67 岁，最小者为 16 岁，平均年龄为 23.57 岁。除个别被调查者已经学了 20 余年的汉语外，其他多数被调查者的汉语学习时长从 1 个月到 6 年左右不等。从汉语水平来看，初级水平者有 28 名，中级水平者有 73 名，高级水平者有 25 名。

从调查结果中共抽取出 621 条优秀汉语教师要素，为易于后期调查与统计，我们根据要素的相关性将这些要素合并为 98 条优秀汉语教师要素，其中包括 24 条教师个性要素和 74 条教师教学要素。这98条要素是尝试性调查和规模调查问卷的重要组成部分。

二、尝试性调查

（一）调查目的和意义

尝试性调查主要基于开放式调查结果，从学习者的心理发展因素（年龄、性别）、社会文化背景因素（国籍、母语所属语系、家庭背景）和学习经历因素（汉语学习时长、汉语水平）出发，考察具有不同个体差异的学习者对优秀汉语教师要素的期待是否有着统计学意义上的显著性差别，如果存在显著性差别，那么又有哪些显著性差别，差别的原因是什么。这是本书进行该项调查研究的直接目的。本书的最终目的是全面了解汉语学习者对教师教学的内心需求，从而提高国际汉语教师教育的针对性和汉语国际教育的有效性。

上文已述，从学习者的个体差异出发，探讨不同学习者对优秀汉语教师要素的期待，是真正在汉语国际教育领域贯彻不同教育理念的基础性研究。具体地说，在语言教学方面，有助于我们在汉语国际教育领域有理有据地实施“因材施教”，从而有效提高汉语国际教育效率。在国际汉语教师教育方面，有助于增强国际汉语教师教育和选拔的针对性和有效性。在国际汉语教师专业或职业发展方面，有助于汉语教师充分了解学习者的内心需求，从而明晰教师个人专业或职业发展的方向。在教学管理方面，可作为教学分班、课程设置、课堂管理、生活管理等方面的理论依据。本章调查的个体差异多是“显”而易“见”的，且具有较强的稳定性，使得本章的调查结果更易于应用于教学实践与管理之中。

（二）调查对象和工具

1. 调查对象

尝试性调查对象主要是在云南师范大学、云南大学、云南财经大学、云南民族大学、昆明理工大学五所大学学习汉语的305名留学生，共发放问卷305份，有效问卷295份，问卷有效率为96.7%。有个别问卷存在着信息和数据不完整的情况，对这些缺失值的处理，我们本着忠实于原始数据的原则进行统计分析，因此，下文有关调查对象信息的描述中，各类统计出来的数据之和未必是295。

从被调查者的填写信息来看，此次被调查的对象有男生118人，女生173人，信息缺失4人；亚洲192人，欧洲55人，北美洲43人，南美洲2人，非洲2人，大洋洲1人；华裔学生42人，非华裔学生252人，信息缺失1人；年龄最大者65岁，最小者12岁，平均年龄23.30岁。从母语所属语系①看，汉藏语系111人，印欧语系102人，南亚语系49人，日韩语②24人，阿尔泰语系和乌拉尔语系各3人，闪-含语系2人，南岛语系1人。从汉语学习时长来看，最长者为17年，最短者为3个月。从被调查者主观认定的汉语水平来看，初级95人，中级142人，高级53人，信息缺失5人。初级

① 语系分类依据徐通锵和胡吉成主编（2001）。

② 关于日语和韩语所属语系的问题尚无定论，有学者将二者归为阿尔泰语系。鉴于"日语和韩语在句法结构类型上具有内在的一致性，都是话题和主语并重的语言"（曹秀玲等，2006），且汉语教学研究习惯以日韩学习者为一个共同体，因此，本书亦将日语和韩语视为一体，并以"日韩语"名之。

水平者主要是五所大学入门班和初级班的留学生,中级水平者主要是中级班和个别高级班的学生,而高级水平者主要是在高级班学习和部分在云南师范大学攻读汉语国际教育专业的硕士研究生。

2. 调查工具

将开放式调查得来的98条要素作为选项设计成调查问卷,以李克特七度量表的形式进行调查。在后期统计中,按照重要程度赋予1—7分。

(三)调查信度

我们对本期调查的信度利用SPSS 19.0软件进行了克隆巴赫系数检验,克隆巴赫系数为0.971,处于0.700—0.980区间且接近其上限,这说明本期调查信度是非常高的。

三、规模调查

本研究调查内容多,调查数量大,无法一次性调查完成,只得分为三期。上文已述,第一期为收集教师要素进行的调查。第二期尝试性调查是从学习者的年龄、性别、国籍、母语所属语系、家庭背景、汉语学习时长和汉语水平等角度进行的调查。而第三期规模调查则是从学习者的学习焦虑、学习动机、学习策略、学习风格等角度进行的调查。

(一)问卷制作及调查过程

本期调查的目的是从汉语学习者的学习焦虑、学习动机、学习策略、学习风格四个角度考察优秀汉语教师的组成要素。在问卷制作时,我们借鉴了国内外语教学研究界常用的调查量表,并根据调查需要做了一些调整。具体的问卷制作过程将在相关各章详细说明。

第三期规模调查前期,我们用初步制成的问卷对部分留学生进行了预调查,在调查中发现了一些问题,如个别用语稍难、英语表达欠准确、调查条目有所重复等。为弥补前期调查中中亚留学生的不足,我们特对在新疆大学学习的 29 名中亚学习者进行了调查。

(二)问卷回收

第三期调查自 2014 年 5 月开始,至 7 月初结束,共调查了云南师范大学、云南大学、云南财经大学、云南民族大学、昆明理工大学、新疆大学等六所高校 200 余名来华留学生,共发放问卷 230 份,实际收回问卷 198 份,问卷回收率为 86.1%;其中有效问卷 190 份,问卷有效率为 96.0%。问卷回收率相对较低,主要原因有两点:一是问卷内容多,条目烦琐;二是临近期末,被调查者忙于复习考试。但问卷有效率较高,说明多数被调查者态度认真,这为后期的有效统计与分析奠定了基础。

(三)调查对象

190 份有效问卷中,4 人国籍信息缺失,其余 186 人分别来自 25 个国家:亚洲被调查者共 160 人,其中东南亚 114 人(泰国 54 人,老挝 26 人,越南 24 人,缅甸 7 人,印度尼西亚 2 人,柬埔寨 1 人),中亚 29 人(吉尔吉斯斯坦 14 人,哈萨克斯坦 10 人,土库曼斯坦 4 人,阿富汗 1 人),东亚 13 人(韩国 12 人,日本 1 人),南亚 4 人(孟加拉国 2 人,尼泊尔 1 人,斯里兰卡 1 人);而欧美被调查者共

26 人(欧洲 17 人,北美洲 9 人)。4 人性别信息缺失,其余 186 人中男性 78 人,女性 108 人。9 人年龄信息缺失,其余被调查者平均年龄 23.60 岁,最小者 16 岁,最大者 74 岁,年龄集中在 18—26 岁。被调查者平均汉语学习时长为 2.7 年,其中较长者 18 年,较短者半年或三四个月,汉语学习时长集中在 1—4 年(学习 1 年者 48 人,2 年者 38 人,3 年者 26 人,4 年者 20 人)。汉语水平由被调查者主观认定,4 人信息缺失,其余 186 人中,初级学习者 63 人,中级学习者 85 人,高级学习者 38 人。

(四) 调查信度

为节省问卷篇幅,提高应答率,减轻被调查者的压力,第三期调查采用李克特五度量表。Preston & Colman(2000)、安胜利和陈平雁(2002)、吴永泽和王文绢(2010)等研究表明,两种应答等级(李克特七度量表和五度量表)的分析结果不具有统计学意义上的差别。我们利用 SPSS 19.0 软件对调查表的信度进行了克隆巴赫系数检验,结果为 0.922,处于0.700—0.980 区间且接近其上限,调查信度较高。

第二节　调查结果与分析

一、学习者期待的优秀汉语教师个性要素数据描述与分析

现将学习者期待的优秀汉语教师个性要素调查统计结果描述如表 2－1:

表 2－1　学习者期待的优秀汉语教师个性要素数据描述

序号	个性要素	*N*	均值	标准差	方差
1	易交流	294	6.1190	1.106 66	1.225
2	耐心	292	6.1010	1.261 74	1.592
3	思想开放	295	5.9271	1.137 16	1.293
4	情绪可控	290	5.9155	1.114 83	1.243
5	友好	294	5.8827	1.241 63	1.542
6	自信	294	5.7925	1.142 33	1.305
7	热情	294	5.7874	1.222 60	1.495
8	真诚	292	5.7603	1.211 65	1.468
9	亲切	292	5.7363	1.210 91	1.466
10	有创造力	293	5.6212	1.093 17	1.195
11	聪明	292	5.6027	1.226 73	1.505
12	微笑	294	5.5680	1.421 60	2.021
13	善良	292	5.5068	1.245 59	1.551
14	开朗	294	5.4184	1.216 41	1.480
15	灵活	293	5.3584	1.254 27	1.573
16	幽默	290	5.2845	1.264 75	1.600
17	乐观	291	5.2096	1.367 37	1.870
18	风趣	294	5.1463	1.322 83	1.750
19	温和	294	5.1088	1.397 85	1.954
20	坦率	289	5.0986	1.221 11	1.491
21	大方	293	4.8891	1.396 72	1.951
22	好看	293	3.9539	1.846 53	3.410
23	可爱	295	3.7322	1.698 18	2.884
24	年轻	290	3.4034	1.684 24	2.837

从表 2－1 数据可知，除了“大方”“好看”“可爱”“年轻”外，其他要素的均值都在 5.0000 分以上，即被调查者认为这些要素至少是比较重要的。其中，被调查者认为最为重要的 5 个教师个性要素是“易交流”“耐心”“思想开放”“情绪可控”“友好”。不同于其

他学科教学，语言教学本是一种师生互动性极强的教学活动，是一种通过语言（学习者母语、目的语或其他媒介语）交流来“教”“学”语言（目的语）的教学活动，因此，学习者把教师的“易交流”“耐心”“情绪可控”放在第一位是不难理解的。被调查者们对教师“思想开放”和“友好”有着较高的期待也在意料之中，因为留学生在新的文化环境中学习和生活，因语言障碍或文化适应问题，必定存在不同程度的感情缺失或焦虑问题，而教师无疑是他们最为期待的能够给予帮助或安慰的对象。其他要素如“自信”和“有创造力”，笼统地讲，教师的自信态度和创造精神是学习者学习自信心的重要来源之一，也是教师赢得汉语学习者尊重和信任的重要因素。“热情”“真诚”和“亲切”反映了留学生对美好和谐师生关系的真诚期待。据已有研究，师生关系是影响学生认知和情感的重要因素。如果教师耐心引导学生、态度友善并且善于体察学生的细微变化，将会大大增加学习者的学习积极性和自信心。

从表2－1也不难看出，唯独“好看”“可爱”“年轻”三个要素均值低于4.0000分，即汉语学习者认为教师的这三个外在相貌要素不太重要。学界对教师外在形象的研究比较多，对教师相貌的研究仅有一篇硕士学位论文，该文认为“高中汉语教师的身材和相貌是一个吸引学生喜欢学习汉语的条件”（林太荣，2015）。根据我们后文的研究结果，个别国家的汉语学习者确实比较在意教师的相貌要素。

表2－1统计数据也告诉我们，汉语学习者对教师个性要素的期待程度与这些要素和教师教学的紧密程度有关。表中前10条要素多与教师有效教学和师生语言交流有关，中间11条要素多与教师的固有才智和语言风格有关，最后3条与相貌有关。这启发我们，在国际汉语教师教育或培训中，应当重视与教学和师生语言

交流相关要素的教育或培训。

二、学习者期待的优秀汉语教师教学要素数据描述与分析

汉语学习者对教师个性要素期待的程度之高是我们始料未及的，他们对教师教学要素的期待又怎么样呢？现将学习者期待的优秀汉语教师教学要素得分情况描述如表2-2：

表2-2 学习者期待的优秀汉语教师教学要素数据描述

序号	教学要素	*N*	均值	标准差	方差
1	愿意回答学生问题	293	6.1553	1.082 53	1.172
2	知识丰富	290	6.1207	1.040 32	1.082
3	不会看不起学习不好的学生	293	6.0990	1.290 28	1.665
4	讲解清楚易懂	293	6.0956	1.065 21	1.135
5	愿意帮助学生	294	6.0918	1.055 65	1.114
6	平等对待学生	292	6.0890	1.117 93	1.250
7	汉语知识丰富	292	6.0308	1.088 40	1.185
8	不会放弃学习不好的学生	293	6.0290	1.272 74	1.620
9	多给学生练习的机会	294	6.0238	1.137 08	1.293
10	热爱汉语教学工作	294	6.0017	1.143 69	1.308
11	负责任	292	5.9777	1.063 46	1.131
12	常常关心学生	294	5.9150	1.157 96	1.341
13	师生关系很好	293	5.9130	1.087 02	1.182
14	上课前准备得很好	294	5.9082	1.068 51	1.142
15	关心学生理解情况	288	5.8958	1.044 94	1.092
16	常给好的学习建议	292	5.8870	1.095 56	1.200
17	普通话标准	294	5.8673	1.179 79	1.392
18	课堂内容丰富有趣	293	5.8601	1.039 07	1.080
19	课堂教学专业	294	5.8588	1.112 13	1.237
20	学期教学进度不快不慢	294	5.8537	1.072 80	1.151

续表

序号	教学要素	N	均值	标准差	方差
20	创造语境让学生练习	294	5.8537	1.100 28	1.211
22	听取、尊重学生意见	291	5.8299	1.096 75	1.203
23	胜任对外汉语教学	292	5.8082	1.153 60	1.331
24	熟悉中国文化	292	5.8065	1.216 04	1.479
25	常常纠正学生的错误	293	5.8020	1.219 87	1.488
26	有很多好的教学方法	294	5.7993	1.109 47	1.231
27	用容易的词解释新内容	293	5.7918	1.287 85	1.659
28	板书清楚	292	5.7911	1.227 21	1.506
29	令学生很感兴趣	294	5.7772	1.176 65	1.384
30	上课时和学生交流多	293	5.7679	1.176 57	1.384
31	给很多生活中的例子	294	5.7551	1.211 95	1.469
32	用心	295	5.7220	1.199 78	1.439
33	学期教学计划清楚	293	5.7218	1.156 55	1.338
34	让学生复述学习内容	294	5.7211	1.134 52	1.287
35	上课时精神饱满	293	5.7031	1.180 85	1.394
36	上课有意思	290	5.6983	1.416 47	2.006
37	教学安排合理	288	5.6910	1.077 16	1.160
38	了解学生情况	292	5.6764	1.161 62	1.349
39	上课轻松快乐	295	5.6542	1.199 11	1.438
40	按时上下课	292	5.6524	1.258 60	1.584
41	给学生问问题的时间	293	5.6109	1.218 64	1.485
42	详细批改学生作业	291	5.5653	1.234 92	1.525
43	语言学知识丰富	292	5.5599	1.354 26	1.834
44	上课时表情丰富	291	5.5120	1.238 34	1.533
45	教学方法科学有效	292	5.5086	1.229 27	1.511
46	不只讲课本上的	295	5.4695	1.280 71	1.640
47	教学经验丰富	294	5.4507	1.267 25	1.606
48	多问学生课文内容	294	5.4388	1.124 35	1.264
49	教学内容系统	293	5.4300	1.146 49	1.314
50	常常鼓励、表扬学生	291	5.4296	1.282 92	1.646

续表

序号	教学要素	N	均值	标准差	方差
51	了解学生国家文化	295	5.3898	1.296 48	1.681
52	每课教学计划清楚	293	5.3276	1.350 48	1.824
53	每周教学计划清楚	292	5.3082	1.292 67	1.671
54	上课时保持目光接触	294	5.2925	1.283 72	1.648
55	下课常跟学生聊天儿	293	5.2594	1.250 05	1.563
56	认真	294	5.1224	1.586 62	2.517
57	不跟别的班比成绩	295	5.1051	1.603 29	2.571
58	上课时声音大一点儿	295	5.0847	1.235 64	1.527
59	作业不太多	293	4.9352	1.423 59	2.027
60	偶尔室外上课	292	4.9212	1.505 08	2.265
61	上课时说得慢	294	4.9065	1.481 60	2.195
62	常常给学生作业	293	4.8771	1.403 98	1.971
63	不在班上批评学生	292	4.8425	1.536 22	2.360
64	不用或少用英语上课	295	4.8051	1.525 34	2.327
65	常用实物教汉语	293	4.7850	1.341 45	1.799
66	通过玩游戏学习汉语	293	4.7696	1.533 53	2.352
67	常用图片教汉语	292	4.6113	1.449 77	2.102
68	上课时声音有变化	290	4.6086	1.402 95	1.968
69	英语水平比较高	290	4.5224	1.527 27	2.333
70	穿着打扮合适	291	4.4674	1.556 34	2.422
71	严格	293	4.4590	1.450 68	2.104
72	常让学生看电影	295	4.2186	1.616 40	2.613
73	常用 PPT 上课	292	4.2055	1.574 25	2.478
74	上课时大家很紧张	282	3.3422	1.695 95	2.876

（一）被调查者高度期待的优秀汉语教师教学要素

从表 2－2 中可以看出，恰有 10 条要素得分均值超过了 6.0000 分，在被调查者看来达到了“重要”的程度。这 10 条要素分别是“愿意回答学生问题”“知识丰富”“不会看不起学习不好的学生”“讲解清楚易懂”“愿意帮助学生”“平等对待学生”“汉语知识丰富”“不会放弃学习不好的学生”“多给学生练习的机会”“热爱汉语教学工作”。本研究将这10条教学要素按照意义之间的关联程度归并为五点。

1. 热爱汉语国际教育事业

我们把“愿意回答学生问题”“愿意帮助学生”“热爱汉语教学工作”归并为“热爱汉语国际教育事业”。一是因为“热爱汉语国际教育事业”是成为优秀汉语教师的起点和持续动力,教师只有热爱汉语国际教育事业,才会乐意回答学生问题,帮助学生解决问题。二是因为“热爱汉语国际教育事业”也是《汉语国际教育硕士专业学位设置方案》(2007)的培养要求和目标之一。

本研究的调查对象为来昆汉语学习者,他们身处一个较为陌生的文化环境中,由于语言障碍和文化差异,在生活、学习和情感方面都存在着诸多困难和问题,其中最核心的问题依然是汉语学习和交流的问题。在生活和情感方面,他们较为依赖同乡好友,但在语言学习方面,他们最为依赖和信任的则是任课教师。因此,他们对任课教师回答并帮助解决问题的意愿和行为充满期待是可以理解的。另外,在教学过程中,或由于汉语现象复杂,或由于解释能力不够,或由于教学态度问题,一部分汉语教师不仅不太愿意回答学生提出的问题,甚至还有些教师对学生提出的问题常采取回避(如口头答应“回去查资料”,但一去便不了了之)或忽悠(如“习惯说法”“中国人就这样说”“没原因”)的态度。这样的教学行为和态度也让一部分汉语学习者对教师的工作热情和教学能力产生了质疑。经过文献检索我们发现,至少在汉语国际教育界,人们普遍存在着“教师提问,学生回答问题”的思维固势,很少有人就语言教师回答学生问题的情况进行研究。教学实践经历告诉我们，语言教师对学习者的问题进行科学有效的回答是最为重要的，也是最具有挑战性的，也正是这个原因，汉语学习者对汉语教师知识丰富程度的期待也就不难理解了。

2．知识丰富

74条要素中，“知识丰富”“汉语知识丰富”和“语言学知识丰富”与教师知识素质有关。第一条与第二条和第三条是包含与被包含的关系，但之所以又在调查中将第一条独立出来，主要有两点原因：一是在第一期调查中单纯填写“老师知识丰富”的人数较多；二是教师的知识不仅包括汉语文化知识、语言学理论知识，还包括与语言教学有关的第二语言习得、第二语言教学、教育学、心理学、管理学、跨文化交际、海内外文化/政治/地理等知识。总之，汉语国际教育对汉语教师的知识素质要求是非常高的，汉语国际教育绝非“小儿科”。

3．教育公平

在前10条要素中就有三条与教师教学公平性有关，这一调查结果是我们始料未及的。学习者高度期待教师“不会看不起学习不好的学生”“平等对待学生”和“不会放弃学习不好的学生”，充分说明来华汉语学习者对教师教学公平态度的渴望。如果说“不会看不起学习不好的学生”体现的是教学情感的公平性，那么“不会放弃学习不好的学生”则体现了教学行为的公平性。被调查者对上述三条要素的高度期待也反映了汉语教学过程中存在着不公平的教育问题。部分教师的课堂提问、积极反馈和情感交流常倾向于汉语水平较高的学生，而对水平较低、进度较慢或存在学习障碍的学生关注不够。教育不公平问题常常导致汉语水平高者更高,低者更低,语言水平差距无形拉大,这显然不利于汉语教学的顺利开展。从某种意义上讲,学习者对教学公平的高度期待也反映了一部分汉语学习者在一个陌生语言环境下学习语言的内心焦虑。"留学生特别希望老师能够公平地对待每一个学生"(戴云娟,2006)的愿望是可以理解的,也是汉语国际教育界近几年才引起重视的一个问题。

4. 讲解清楚易懂

在第一期调查中,对优秀汉语教师讲解能力提出要求的被调查者数量是最多的(黄启庆等,2013)。此次调查结果与第一期调查基本一致。汉语学习者对教师"讲解清楚易懂"有较高的要求与第二语言习得的过程有关,因为第二语言是学习者"通过理解信息或通过接收'可理解性输入'(Krashen,1985)而习得的","教师的主要角色是保证学生接收到可理解性输入"(盖苏珊和塞林克,2011)。可见,对第二语言或外语教师来说,"讲解清楚易懂"是最基本的一项要求。但在语言教学实践中,由于理论水平有限、语言解释能力不足、教学内容过于复杂等原因,"讲解清楚易懂"这一要求对多数语言教师来说都是非常具有挑战性的。国际汉语教师亦然。讲解能力是国际汉语教师基本素质的重要组成部分,理应是汉语国际教育本科专业和硕士专业培养、国际汉语教师职前和在职培训过程中的重要内容,也应该是工作在第一线的国际汉语教师们应时刻努力的方向。

5. 多给学生练习的机会

被调查者非常期待"多给学生练习的机会",这也与第二语言习得过程有关。前文谈到了"输入"对教师语言讲解能力的要求,但"输入本身不足以导致习得,因为人们在听语言时,常常无须使用句法就能够解释意思”(盖苏珊和塞林克,2011)。而“输出”则“会迫使学习者由语义加工转到句法加工”(Swain,1985)。“输出”在句法和形态发展中扮演着重要角色,是语言习得过程中不可缺少的环节。对课堂语言教学来说,“输出”主要表现在各种形式的语言练习方面。汉语学习者对语言练习机会的期待恰恰反映了学习者通过学习和练习掌握汉语的内心期待。一句话,就第二语言或外语教学来说,学习者既需要教师的“可理解性输入”,更需要自己的“可理解性输出”(Swain,1985)。但遗憾的是,在一些语言课堂上,一些教师只做语言知识的搬运工,学习者没有任何互动练习机会,教学效果可想而知。

上述调查结果与《国际汉语教师标准》(2007/2012)泛泛罗列的教师素质和能力有所不同,但与哈默(2000)对英语教师教学的调查结果有着较高的一致性。哈默就“怎样才算是一个好老师”的问题对英国、西班牙和芬兰的一些英语教师、教师培训师和教学法专家进行了调查,并访谈了一些在英国私立语言学校学习的不同国籍的学生和一些在剑桥综合学校学习的中学生。哈默列了十一条有代表性的要素,其中与上文所谈内容一致或接近的有以下六条:

A teacher must love her job.(一个老师要热爱她的工作。)

I like a teacher who has lots of knowledge, not only of his subject.(我喜欢有很多知识的老师,而不是只懂学科知识的老师。)

It's important that you can talk to the teacher when you have problems and you don't get along with the subject.(重要的是,当

你遇到问题或者跟不上教学进度的时候，你可以和老师谈一谈。)

A good teacher is ... somebody who has an affinity with the students that they are teaching. (一个好的老师是……跟他们所教学生保持着密切关系的老师。)

A good teacher should try and draw out the quiet ones and control the more talkative ones. (一个好的老师应该努力让喜欢沉默的学生说话，并对那些健谈的学生有一些约束。)

A good teacher is ... someone who helps rather than shouts. (一个好的老师要帮助学生而不是对学生大喊大叫。)

哈默所列的其他要素与本书调查的其他要素亦大同小异。可见，不同国籍的第二语言学习者对优秀或好的语言教师的期待基本是一致的。

上文总结出来的五大要素涵盖了国际汉语教师专业情意、专业知识、专业能力、专业态度和专业意识五个方面，这些要素是优秀国际汉语教师所具备的基本要素，也是国际汉语教师有效提高教学效率、胜任这一职业最基本的条件，理应受到国际汉语教师教育、选拔和培训等研究和实践领域的重视。

（二）被调查者较为期待的优秀汉语教师教学要素

为体现被调查者所期待的教师教学要素重要程度的层次性，我们将均值处于 5.0000—5.9999 分区间的教学要素整理出来。这一区间有“负责任”“常常关心学生”“师生关系很好”“上课前准备得很好”等 48 条教学要素。这些要素反映了汉语学习者对国际汉语教师教学有七个方面的期待。

1. 认真、自信、负责任

从"负责任""上课前准备得很好""用心""详细批改学生作业""认真"这几条要素可以看出，学习者对教师认真、负责任的教学态度的期待。从"上课时精神饱满""上课时表情丰富""上课时保持目光接触""上课时声音大一点儿"这几条要素可以看出，学习者对教师自信的教学态度和教学能力的期待。需要指出的是，"上课时表情丰富"是保证第二语言或外语教学真实性、生活性和趣味性的重要因素，也是中西方外语或第二语言教学界常常关注的一个问题。

2. 建立在"以学习者为中心"①教学理念之上和谐、融洽的师生关系

由"常常关心学生""师生关系很好""听取、尊重学生意见""了解学生情况""下课常跟学生聊天儿"这些要素可以看出被调查者对和谐、融洽师生关系的期待程度。汉语国际教育中，汉语学习者与教师的师生关系不同于其他学科的师生关系，尽管都追求和谐与融洽，但前者对和谐、融洽师生关系的追求主要源于学习过程中的情感焦虑和语言习得机制。学习者在陌生的环境中学习汉语，由于语言文化差异，学习者与目的语即汉语族群形成了或大或小的社会距离和心理距离，常出现语言休克、文化休克和不同程度的情感焦虑等问题。在这种心境下，学习者无疑更希望通过和谐、融洽的师生关系减少种种情感问题的影响。在部分学习者看来，和谐、融洽的师生关系可以使他们对教师的课程内容更感兴趣，更愿意配合并积极回答教

① 坚持"以学习者为中心"的教育理念主要是因为：外语或第二语言学习者的个体差异对语言学习或习得有着较为复杂的影响，本书主要考察外语或第二语言学习过程中学生与教师两大教学主体之间的关系，我们认为"以学习者为中心"至少在表达方面比"以学为中心"关注的内容更为全面。

师提出的问题,也更容易与教师创建一个轻松快乐的课堂气氛。Brown & McIntyre(1993)总结出来的代表良好教学的十项要素之首便是“在课堂上创造一种放松享受的氛围”。刘君栓(2006)认为:“若环境氛围轻松愉悦,学习者则能接受和吸取大量的语言信息,同时也能积极有效地进行语言输出活动。”

如果说上面所列举的要素是对良好师生关系的一种宽泛期待的话,那么“关心学生理解情况”“常给好的学习建议”“常常纠正学生的错误”“常常鼓励、表扬学生”“不跟别的班比成绩”这几条要素则是学习者就汉语学习过程中对良好师生关系的具体期待,他们期待来自教师的关心、建议、纠错、鼓励、表扬。

以5.0000—5.9999分区间中的48条要素为代表,反映了学习者对教师的期待和要求;那么站在教师的角度,教师需要真正坚持“以学习者为中心”的教学理念,主动关心、理解、尊重、鼓励和表扬学习者,并给予学习者一些科学的建议和及时的纠错。

3. 具备基本能力和丰富的文化知识

前文已述,汉语国际教育对教师的知识素质有着非常高的要求。在被调查者看来比较重要的还有“普通话标准”“熟悉中国文化”“板书清楚”“了解学生国家文化”等要素。这几条要素是作为国际汉语教师最基本的知识素质和能力素质,它们直接与教学过程有关,直接关系着教学质量和效率的提高。“普通话标准”和“板书清楚”是对国际汉语教师语言表达能力和书写能力的要求;“熟悉中国文化”和“了解学生国家文化”是对教师跨文化交际能力的要求。调查结果告诉我们,在国际汉语教师教育中,既要重视基本语言表达能力和书写能力的培养,也要重视海内外文化知识的培养。

4. 具备较强的汉语教学能力

从"课堂教学专业""胜任对外汉语教学""教学经验丰富"这几条要素可以看出,汉语学习者希望国际汉语教师具有较强的汉语教学能力。这几条要素各有侧重,都难以在短时间内实现,这也是从新手型教师成长为熟手型或优秀教师需要较长周期的原因。

5. 具备较强的教学计划性

"凡事预则立,不预则废。"正式的学校教学应有明确的教学计划与合理的教学安排。被调查者对每学期、每周和每课的教学计划有着明确的期待和要求,如"学期教学进度不快不慢""学期教学计划清楚""每课教学计划清楚""每周教学计划清楚"等。不仅如此,他们对每堂课的教学安排也有所要求,如"教学安排合理""按时上下课"和"给学生问问题的时间"三条要素。上课之前,设计一套明确的教学计划或许并不难,但由于实际教学过程的复杂性和不确定性,上课之时,将事先设计好的教学计划恰如其分地付诸行动却并不是一件易事。

"给学生问问题的时间"是一条重要但又常被忽略的要素。正如书画作品上需要"留白",一堂课亦不能上得太满,应为学生留出一些问问题的时间。这是学习者主动学习和建构语言能力的内心需求。但实际教学中,多数教师们都有意或无意地忽略了这个问题。

6. 教学方法丰富、科学、有效、真实

由"创造语境让学生练习""有很多好的教学方法""用容易的词解释新内容""上课时和学生交流多""给很多生活中的例子""让学生复述学习内容""教学方法科学有效""多问学生课文内容"这些要素可以得知,学习者对教师丰富、科学、有效、基于真实意义交流的教学方法有比较高的期待,这是符合实际情况的,符合汉语教学的几个重要环节。具体地讲,"用容易的词解释新内容"是对教师讲解方法的期待,"给很多生活中的例子"是对教师举例的期待,"创造语境让学生练习"是对练习方式的期待,"让学生复述学习内容""多问学生课文内容"是对巩固方法的期待,"上课时和学生交流多"则是对整个教学过程中师生多量交流的期待。

"创造语境让学生练习""给很多生活中的例子"是语言教学的最高境界,也是对语言教学的最基本要求。因为:其一,语言的生命力和活力在于其基于真实意义的交流或表达;其二,第一语言也是儿童在解读别人交际意图和探求语言模式的过程中习得的(Tomasello,2010);其三,我们认为每个语言构式都有其最期待的语用环境,也只有在以典型语境为核心的具有"家族相似性"的语境里,构式的语义表达和语用功能才得以实现;其四,无论是一语习得还是二语习得,只有在真实的例子或语境中,语言学习者才需要占用较大的思维空间进行意义加工,并在心理词典中形成语义关联。显然,第二语言习得和教学不能脱离语言的真实使用,即使在语言课堂上也不例外。如此,才能真正打破教室那堵有形的墙,也才能真正避免像国人学英语那样在教室里会说、出了教室就成哑巴的现象。无疑,将生活中的真实事件引入课堂语境是实现真实的重要途径。

7. 教学内容丰富,教学过程富有趣味性

学习者对教师的教学内容也是有所期待的:一是教学内容的丰富性,如"课堂内容丰富有趣""不只讲课本上的";二是教学内容的系统性,如"教学内容系统"。作为一位优秀的汉语教师,显然不能过分依赖教材,而应该根据学习者的学习程度和兴趣灵活适当地补充教材以外的内容。教材内容一般都有较强的系统性,基本能够保证教学内容的系统性,但任课教师也应该有系统观念或意识,从而使得教学内容更加系统,教学环节衔接更加紧密,教学过程更加连贯。

教学趣味性是教学过程中集中学习者注意力、提高教学效率的一个重要影响因素,也是汉语国际教育研究界关注度较高的一项内容,知网上谈到汉语教学趣味性的文章有800多篇。本次调查显示,学习者对“令学生很感兴趣”“上课有意思”“上课轻松快乐”等要素提出了明确的要求。在哈默(2000)的调查中,学习者对好教师的期待更加直白:“应该让他们的课程富有趣味性,这样你才不会在课上睡觉。”

(三)被调查者认为不太重要的优秀汉语教师教学要素

得分均值小于5.0000分的一些教学要素多介于“一般”和“比较重要”之间,即被调查者认为不太重要的一些教学要素。根据各要素间的关联程度,我们归并为以下几点:

第一,作业多少。两个看似矛盾的要素“作业不太多”和“常常给学生作业”得分都不高。

第二,教学媒介。被调查者对教学媒介的期待程度较低,我们在平时教学过程中也已察觉,学习者更喜欢“听”老师讲,不愿意“看”老师读PPT。其他教学媒介如常用的“实物”和“图片”,被调查者的期待程度亦不高。语言教学研究中,“实物教学”和“图片教学”是提得相当多的两种教学方法,但实际教学中,“实物教学”远没有“图片教学”用得多,因为前者的限制因素太多。我们也利用知网对“图片教学”的研究结果进行了考察,结果发现,多数学者都经验性地肯定了“图片教学”的效果,但也有个别研究认为,“在时间有限的条件下,图片的学习效果并不比文字所产生的效果好……同样是采用双通道编码进行教学信息混排,文字比图片更易被学生直接加工"(陈静等,2016)。关于这个看似细小实则复杂的问题,我们初步认为,"图片教学"对入门班和初级班的学习者学习一些实词的时候可能要好于语言的直接学习,但对高级汉语学习者来说,或对各阶段的虚词学习来说,其效果未必好于用语言练习语言的直接教学方法。这一点还需要进一步证实。

第三,教学形式。国际汉语教师参加教学比赛、试讲、公开课等教学活动时,为了活跃课堂气氛常设计种种语言游戏。可第二期调查结果显示,留学生对"通过玩游戏学习汉语"并没有很高的期待。另外,许多国际汉语教师认为让学生看电影是取悦学生既合乎"情"又合乎"理"的一种语言教学方法,但学生对"常让学生看电影"的期待也非常低。"偶尔室外上课"的期待也不高。这些教学形式属于语言教学的外在影响因素,对教学效率或习得效率的提高并无直接的影响。如果说上面三条要素属于教学形式的话,那么教师的"穿着打扮合适"则属于教师的外在形象。学习者对教师外在形象的期待也不高。期待程度不高并不代表国际汉语教师就不必注意自己的形象问题,因为教师的外在形象对学生的学习也有着一定的影响(亓华等,2013)。

第四,教学语言。许多人认为英语水平高的人才可以胜任国际汉语教学,但学习者对"英语水平比较高"和"不用或少用英语上课"的期待都不高,这意味着教师用不用英语或用多少英语,学习者并不太关心。原以为,这样的结果可能与被调查者多数不是来自英语为母语的国家有关,到后来我们发现,即便是以英语为母语的汉语学习者,也不太期待汉语教师过多地使用英语进行教学。就语速而言,学习者对"上课时说得慢""上课时声音有变化"并无较高期待。

（四）结论与启示

1. 学习者对优秀汉语教师教学要素的期待层次鲜明

从第二期调查结果和分析来看，学习者对优秀汉语教师教学要素的期待有着鲜明的层次性。首先，在学习者看来，作为一位优秀的汉语教师，最为重要的是教师的职业热情、知识丰富、公平意识、语言能力、练习意识。这是对优秀汉语教师的总体要求或宏观要求，既是最高要求也是最低要求，之所以说是最高要求，是因为这些要求不经时日和磨炼难以达到；之所以说是最低要求，是因为这些要求是成为一位优秀汉语教师的基础和前提。这是对优秀汉语教师教学要素期待的第一层次。

其次，在学习者看来比较重要的是一些与语言教学直接相关的教学要素，如教师的教学态度、师生关系、教学能力、教学计划、教学方法、教学内容、教学过程等。这是对优秀汉语教师教学要素期待的第二个层次。

最后，在学习者看来，一些教学要素并不太重要，如作业多少、教学媒介、教学形式、教学语言等。这是对优秀汉语教师教学要素期待的第三个层次。

上述三个层次，显然第一层次和第二层次是最为重要的，也是国际汉语教师教育和国际汉语教师教学中应认真对待和参照的。

2. 高度的工作热情和职业意识与扎实全面的知识和专业能力是优秀汉语教师的两条腿

尝试性调查得分均值较高的几条教学要素是教师的工作热情，即教师是否热爱本职工作；还有职业意识，如公平意识、责任意识、和谐的师生关系意识、轻松愉快的教学氛围意识、语言练习意识等。从宏观角度来讲，工作热情和职业意识是优秀汉语教师的一条腿，理应受到国际汉语教师教育者、培训者、选拔者以及职前职后国际汉语教师的高度重视。

从微观角度来讲，优秀汉语教师还需要另一条腿，那就是扎实全面的与“汉语”“国际”“教育”有关的基础知识和较强的语言解释能力、书写能力、跨文化交际能力等。如果说教师的工作热情和职业意识是优秀汉语教师的前提条件的话，那么扎实全面的知识和专业能力则是优秀汉语教师的必要条件，二者缺一不可。

3. 计划性、科学性、有效性、趣味性是汉语教学的基本要求

学习者对汉语教学计划性的期待程度较高反映了两个方面的问题：第一，同其他专业教学一样，汉语国际教育应该有一个明确的教学计划。就学校来说，应有一个教学整体规划，包括年级类别、教材选配、教师安排及培训、教学法引导、学历层次规划、汉语学习者管理等；就每个班级来说，教材使用、教师配备、教学内容安排也应事先周密安排；就开设课程来说，各学习阶段每学年、每学期、每周和每课的教学计划都应清楚明了。第二，实际教学中，随意改变教学计划甚或没有教学计划的现象时常可见。学期结束时，未能按照计划完成教学任务的情况也较多。这也许是汉语学习者对此期待较高的原因之一。

教学科学性主要体现在教师能使用科学的语言习得理论、普通语言学理论、汉语基本知识和理论、教学法和教学方法，根据教学对象的心理变化规律、跨文化交际情况、认知风格或学习策略等个体差异等实施系统、科学、趣味的教学。教学科学性是教学有效

性的前提条件。教学科学性对国际汉语教师来说极具挑战性，它要求国际汉语教师在理论积累的基础上积极地进行语言教学实践，并在实践的基础上进行积极深入的反思和钻研。吕必松（1989）、刘珣（1996）、赵金铭（2007）、陆俭明（2009）、郭风岚（2012）等曾一再强调国际汉语教师的研究意识或钻研意识，这是不无道理的。

趣味性是激起和保持学习者学习兴趣的源泉和动力，主要体现在教师幽默、风趣、诙谐的语言，教师丰富、滑稽、可爱的表情，富有争议性、挑战性和真实性的教学内容，丰富多彩的课堂互动活动，融洽、和谐的师生互动关系等。影响语言教学趣味性的因素很多，教师的基本知识、基本能力和基本意识是提高教学趣味性的重要基础，但最主要的依然是语言得体的可懂输入。

三、学习者期待的优秀汉语教师要素因子提取分析

（一）教师个性要素因子提取分析

为提高研究结果在教师教育、选拔和培训、汉语教学质量评估、及时解决课堂教学问题等实践过程中的可操作性，我们对24条教师个性要素进行了基于主成分分析法的因子分析。KMO和Bartlett的检验值为0.920，符合因子分析条件（结果见本书附录一）。从24条要素中提取出7个主因子，但由于个别因子与其他因子之间的共性较低，抑或样本数量有限，7个主因子的累积贡献率为68.850%。如表2－3：

表2－3　优秀汉语教师个性要素7个公共因子

序号	公共因子	主要决定变量要素	贡献率/%	累积贡献率/%
1	表达因子	幽默、风趣、微笑、开朗	12.473	12.473
2	活力因子	思想开放、有创造力、自信、情绪可控、易交流	12.209	24.682
3	形象因子	年轻、可爱、好看、大方	11.872	36.554
4	待人因子	善良、友好、热情、真诚、亲切	10.981	47.535
5	处世因子	坦率、乐观	7.771	55.306
6	处事因子	耐心、灵活、温和	7.129	62.435
7	才智因子	聪明	6.415	68.850

由表2－3可以看出,教师幽默风趣、面带微笑、性格开朗的表达因子贡献率最高,其次是教师思想开放、有创造力、自信、情绪可控、易交流的活力因子。这两大因子都和语言教学过程密切相关,对国际汉语教师来说非常重要。有趣积极的表达因子是通过师生交际提高教学效果的催化剂,自信开放且富有创造性的活力因子是教师职后持续发展、提高教学质量的根本保障。

除此之外,形象因子和待人因子也较为重要。部分学习者对教师的外在形象有一定要求;而待人因子反映了语言教学或学习其实就是一种由师生双方共同参与的社会活动,学习者在陌生的语言学习环境中对教师善良、友好、热情、真诚、亲切的待人因子有一定要求是可以理解的。

处世因子、处事因子和才智因子相比其他4个公共因子,对语言教学的影响相对间接。表中7个公共因子尽管累积贡献率不高,但对国际汉语教师教育、选拔和考核等都有着一定的借鉴意义,比如,我们在国际汉语教师志愿者、公派教师或汉语国际教育硕士选拔时可以从这七个方面入手面试,亦可根据贡献率高低给予相应的面试权重。

(二) 教师教学要素因子提取分析

我们也对 74 个教师教学要素进行了因子分析。KMO 和 Bartlett 的检验值为 0.912,符合因子分析条件(结果见本书附录二)。我们共提取出 15 个公共因子,累积贡献率为 67.584%。如表 2-4:

表 2-4　优秀汉语教师教学要素 15 个公共因子

序号	公共因子	主要决定变量要素	贡献率/%	累积贡献率/%
1	专业情意、教学素质	对待学生和工作的态度、教学素质	17.230	17.230
2	知识素质、教学仪态	知识丰富,表情、穿着等	7.263	24.493
3	练习方式	练习机会多,语境练习、举例、复述等	5.840	30.333
4	教学媒介	电影、图片、实物、PPT、游戏等	5.454	35.787
5	教学计划	每学期、每周、每课计划清楚,课前准备等	4.732	40.519
6	教学态度	教学态度严格、认真	3.473	43.992
7	作业环节、教学安排	常常给学生作业、按时上下课、安排合理、详细批改作业	3.387	47.379
8	教学内容	不只讲课本上的	2.886	50.265
9	教学经验	经验丰富、方法科学有效、板书清楚	2.798	53.063
10	教学语言、教学气氛	英语水平高、语速慢、气氛紧张	2.650	55.713

续表

序号	公共因子	主要决定变量要素	贡献率/%	累积贡献率/%
11	作业布置、教学趣味	作业不太多、上课有意思	2.576	58.289
12	教师声音、提问内容	声音有变化、比较大，多问学生课文内容	2.403	60.692
13	面子维护	不跟别的班比成绩、不在班上批评学生	2.369	63.061
14	少用英语	不用或少用英语上课	2.361	65.422
15	教学能力	胜任对外汉语教学，教学系统、专业	2.162	67.584

从提取出的15个公共因子可以看出，学习者对优秀汉语教师教学要素的期待非常全面，最为重要的是专业情意、教学素质因子，如“不会放弃学习不好的学生”“不会看不起学习不好的学生”“听取、尊重学生意见”“愿意回答学生问题”“平等对待学生”“愿意帮助学生”“师生关系很好”“讲解清楚易懂”“热爱汉语教学工作”“常给好的学习建议”“上课时和学生交流多”“了解学生情况”“负责任”“有很多好的教学方法”“课堂内容丰富有趣”“关心学生理解情况”“用心”“常常鼓励、表扬学生”“常常纠正学生的错误”“上课轻松快乐”“令学生很感兴趣”“给学生问问题的时间”“学期教学进度不快不慢”“常常关心学生”“普通话标准”“下课常跟学生聊天儿”等。这些要素主要是教师对待学生和工作的态度，是一位优秀汉语教师最应该做到的。

其他因子，如教师的素质仪态、练习方式、教学媒介、教学计划、教学态度、教学安排、教学内容、教学经验、教学语言、教学能力等等，都非常重要，提取出来的这些教学要素因子也是一位优秀汉语教师应该学习、锻炼和具备的。

第三章　基于学习者年龄和性别差异的优秀汉语教师要素

年龄和性别是人类固有的两个个体特征，是人口统计学常常使用的两个概念，也是其他学科如教育学、心理学、社会学、经济学、管理学等常常考察的两个基本的个体特征。第二语言教学和习得研究界也常将学习者年龄和性别作为考察相关问题的基点。年龄和性别之所以成为许多学科考察相关问题的变量因素，主要是因为年龄和性别与个体心智发展之间存在着错综复杂的相互性关系。汉语国际教育领域亦常将年龄和性别作为考察学习者学习成绩、学习态度、学习动机、学习策略、学习风格、学习焦虑、学习偏误、学习效能、语言使用、文化认同等方面的变量因素。那么，不同年龄和性别的汉语学习者对优秀汉语教师要素是否有着相同或不同的期待呢？相同或不同的期待要素主要有哪些？原因是什么？本章从学习者年龄和性别两个角度考察优秀汉语教师的个性要素和教学要素。

第一节　基于学习者年龄差异的优秀汉语教师要素

一、基于学习者年龄差异的优秀汉语教师个性要素

由于年龄连续变量的特点，我们考察了年龄与教师个性要素

之间的相关性，结果发现，除了“思想开放”“真诚”“聪明”呈非显著性正相关以外，其余皆呈负相关，即学习者年龄越大，对教师个性要素方面的要求越低。学习者年龄与教师个性要素呈显著负相关的有“风趣（$P=0.003$）”①“年轻（$P=0.021$）”“大方（$P=0.030$）”“善良（$P=0.023$）”“坦率（$P=0.044$）”“乐观（$P=0.045$）”等要素。结果表明，年龄较大的学习者汉语学习目的更明确，对直接或间接影响语言教学和跨文化交际能力的一些教师个性要素关注度较高，对人们生活交往中关注的“风趣”“年轻”“大方”“善良”“坦率”“乐观”等要素关注度并不高。

为深入考察学习者年龄和优秀汉语教师个性要素之间的关系，我们依据埃里克·埃里克森人格发展的八个阶段理论即心理社会发展阶段（Psychosocial Stages of Development）（转引自伯格，2010），将被调查者年龄分为 A1（$12<Age\leq18$ 青少年期）、A2（$18<Age\leq25$ 成年早期）、A3（$25<Age\leq65$ 成年期）三个年龄区间，并就三个年龄区间学习者对教师个性要素的期待情况进行单因素方差分析。方差齐性检验显示，除“友好（$P=0.045$）”“热情（$P=0.016$）”外，其他要素皆符合方差分析条件。单因素方差分析结果显示，各年龄区间对“风趣（$P=0.012$）”“年轻（$P=0.019$）”“可爱（$P=0.003$）”“好看（$P=0.016$）”“热情（$P=0.026$）”②“坦率（$P=0.039$）”等个性要素的期待存在显著性差异。经对各年龄区间多重均值比较后，结果如表 3－1：

① 本书在相关性和方差分析中，“＊”表示在 0.050 水平上显著性（双侧）相关；“＊＊”表示在 0.010 水平上显著性（双侧）相关。

② 在方差分析时，凡不具有方差齐性的要素，本文在统计时皆采用“不假设等方差（Does not assume equal variances）”条件下的统计结果。

表3－1　三个年龄区间学习者期待的教师个性要素比较

年龄	均值比较结果(差异显著者)	
	前者	后者
A1 & A2	可爱($P=0.003$)　好看($P=0.011$)　坦率($P=0.013$)	—
A1 & A3	年轻($P=0.006$)　可爱($P=0.001$)　好看($P=0.006$)　坦率($P=0.033$)	—
A2 & A3	风趣($P=0.003$)　易交流($P=0.039$)　年轻($P=0.048$)　善良($P=0.034$)　热情($P=0.022$)	—

与A2和A3年龄区间相比,A1年龄区间即18岁以前的汉语学习者显著期待的要素是“年轻”“可爱”“好看”“坦率”等个性要素。在埃里克森看来,青少年期是一个同一性对角色混乱的阶段,是人们开始有意识地认识和关注自我、探索“我是谁”的一个阶段。进入青少年期,“身体的急剧变化导致了青少年急切地要认识自己。也许正是这个缘故,这一时期的青少年总是花很多时间对着镜子左顾右盼,或者耗费不少时间整理自己的仪容”(黄希庭,2002)。对自己和他人外在形象的关注是青少年时期的典型特点之一,教师的相貌要素理所当然地成为他们主要关注的内容。此外,就社会心理来说,“当其他条件相同时,我们更喜欢美丽的人(在特定文化的标准下)”(Hatfield & Sprecher,1986),一个原因是人们的刻板印象,认为“外表好的人也会有其他优秀品质。长得较好的人通常被认为社会交往能力更强、更友善……美貌能使人愉悦”(戴维・迈尔斯,2006)。曾有研究得出结论,“学生在给一位女教师打分时,如果她打扮得很漂亮,与她素面朝天的情况相比,学生将会认为她的课讲得更有趣,是一位更好的老师”(泰勒等,

2004)。由此看来,18 岁以前的汉语学习者对教师相貌要素的显著期待是青少年期的正常要求和表现之一。

这一时期也是青少年心理发展的重要阶段,同一性的建构不仅包括外在形象,也包括“价值观、意识形态、对他人的承诺及看法等方面”(安妮塔·伍尔福克,2012)。在埃里克森看来,该阶段最重要的关系是同伴群体和领导榜样。出于自我同一性概念建构的需要,对于刚进入青少年期涉世未深的学习者来说,在与教师的互动交流中,学习者更期待“坦率”的教师帮助他们形成自我同一性。

与 A3 年龄区间相比,A2 年龄区间即 18—25 岁阶段的汉语学习者显著期待的是“风趣”“易交流”“年轻”“善良”“热情”五个要素。根据埃里克森的观点,这一阶段是“亲密对孤独”的时期,“年轻人寻求一种特殊的关系以发展亲密感和情感方面的成长”(伯格,2010)。而据访谈,多数汉语学习者反映,在整个留学生涯中,程度不同的“孤独感”是他们难以彻底摆脱的心理阴影。为了摆脱孤独感,多数留学生十分渴求拥有较多的朋友,并能够得到朋友的热情帮助和安慰。在目的语环境中,汉语学习者关注的对象除了朋友以外就是与他们朝夕相处的汉语教师了。因此,他们对汉语教师期待的“风趣”“易交流”“善良”和“热情”这些要素多与情感和交际有关,反映了他们“在另一半里找到自我”的心理发展需求。对“年轻”这一要素的期待与上述原因相同,对他们来说,“年轻”既是一个“相互吸引”的相貌因素,也是一个与他们有共同话题、易于沟通的交际因素。

在埃里克森看来,25—65 岁为“成年期”,是“繁衍对停滞”的时期,成年期人们的主要精力是关心下一代,最为重要的心理发展特点是“关照”他人,最重要的影响人物是同事或夫妻一方。该阶段对教师个性要素方面的要求普遍偏低。

可见，不同年龄区间的汉语学习者对优秀汉语教师的要求并不一致，年龄较小者对教师好看的相貌、善良的内心和坦率的性格期待显著，而18—25岁的汉语学习者对容易交流、热情的教师期待显著，年龄较大者对汉语教师的个性要素无明显期待。

二、基于学习者年龄差异的优秀汉语教师教学要素

为考察汉语学习者年龄是否影响学习者对优秀汉语教师教学要素的期待，我们将被调查者年龄与教师的教学要素进行了相关性统计分析，结果发现，被调查者年龄与"讲解清楚易懂""常常纠正学生的错误""普通话标准""上课前准备得很好""认真""常常给学生作业""上课时说得慢""上课有意思""胜任对外汉语教学""课堂教学专业"等10条要素呈正相关，但并不显著。剩下的64条教学要素全部与学习者年龄呈负相关关系，其中呈显著负相关的教学要素有21条，列表如下：

表3-2　与学习者年龄呈显著负相关的教师教学要素

序号	教学要素
1	了解学生国家文化($P=0.007$)
2	熟悉中国文化($P=0.001$)
3	语言学知识丰富($P=0.021$)
4	汉语知识丰富($P=0.009$)
5	英语水平比较高($P=0.024$)
6	上课时表情丰富($P=0.039$)
7	通过玩游戏学习汉语($P=0.006$)
8	上课轻松快乐($P=0.037$)

续表

序号	教学要素
9	上课时和学生交流多($P=0.023$)
10	多问学生课文内容($P=0.026$)
11	常让学生看电影($P=0.000$)
12	常用图片教汉语($P=0.000$)
13	常用实物教汉语($P=0.000$)
14	偶尔室外上课($P=0.004$)
15	常给好的学习建议($P=0.022$)
16	教学内容系统($P=0.000$)
17	不只讲课本上的($P=0.021$)
18	上课时声音大一点儿($P=0.006$)
19	上课时声音有变化($P=0.016$)
20	愿意帮助学生($P=0.032$)
21	下课常跟学生聊天儿($P=0.010$)

注:表3－2以正文说明顺序排列。

从表中要素可以看出,年龄越大的汉语学习者,对教师丰富的语言文化知识、较高的英语水平、轻松的教学气氛、多量的师生交流、直观的教学媒介、系统丰富的教学内容、洪亮变化的教学语言、热情的关心帮助等教学要素的期待程度越低,而这些教学要素恰恰是跟语言教学能力或形式直接相关的一些要素。年龄较大的被调查者多来自英语水平较高的欧美区域,他们学习汉语的目的比较明确,不太喜欢教师过多地使用英语,所以他们不太关心教师的英语水平是可以理解的。这些学习者有着丰富的人生阅历和成熟的认知系统,对课堂上的游戏活动、直观的教学媒介不感兴趣也是可以理解的。经访谈证实,年龄较大学习者的动机、主动性和策略性都比较强,尤其是西方学习者多数曾有过学习第二语言或外语的经历,已拥有一些认知策略或元认知学习策略,他们对教师建议和帮助的要求也不高。

但是，学习者对教师丰富的语言文化知识、多量的师生交流、系统丰富的教学内容也没有兴趣却令人十分费解。为探讨该问题，我们对学习者年龄和其汉语水平进行了相关性检验，结果发现，被调查者年龄与学习者汉语水平呈显著负相关（Pearson = −0.130，P = 0.027），即年龄越大的汉语学习者其汉语水平越低。从后面的统计中也发现，汉语水平越高的学习者越显著期待教师丰富的语言文化知识、多量的师生交流、系统丰富的教学内容，而汉语水平较低的学习者则对上述教学要素的期待程度较低（详见本书第五章）。因此，我们认为上述调查结果与年龄较大学习者的汉语水平较低是有关系的。

同样，我们就三个年龄区间对教师教学要素的期待情况进行了单因素方差分析。方差齐性检验显示，除了"平等对待学生（P = 0.027）""用心（P = 0.047）""熟悉中国文化（P = 0.027）""让学生复述学习内容（P = 0.032）""学期教学计划清楚（P = 0.002）""教学经验丰富（P = 0.011）""英语水平比较高（P = 0.000）""不跟别的班比成绩（P = 0.032）"之外，其他教学要素都具有方差齐性检验条件。多重均值比较结果如表3－3：

表3－3　三个年龄区间学习者期待的教师教学要素比较

<table>
<tr><th colspan="2">年龄</th><th>均值比较结果（差异显著者）</th></tr>
<tr><td rowspan="2">A1 & A2</td><td>A1</td><td>严格（P = 0.042）　英语水平比较高（P = 0.010）　上课时说得慢（P = 0.043）　上课时大家很紧张（P = 0.000）　上课时声音有变化（P = 0.005）　教学内容系统（P = 0.048）</td></tr>
<tr><td>A2</td><td>课堂内容丰富有趣（P = 0.004）　常常纠正学生的错误（P = 0.022）</td></tr>
</table>

续表

年龄		均值比较结果(差异显著者)
A1 & A3	A1	了解学生国家文化($P=0.019$)　常让学生看电影($P=0.000$) 常用图片教汉语($P=0.000$)　常用实物教汉语($P=0.000$) 常用 PPT 上课($P=0.004$)　通过玩游戏学习汉语($P=0.038$) 偶尔室外上课($P=0.012$)　严格($P=0.027$) 英语水平比较高($P=0.006$)　上课时大家很紧张($P=0.009$) 上课时声音有变化($P=0.001$)　教学内容系统($P=0.016$)
	A3	—
A2 & A3	A2	愿意帮助学生($P=0.035$)　课堂内容丰富有趣($P=0.024$) 上课轻松快乐($P=0.014$)　了解学生国家文化($P=0.002$) 常让学生看电影($P=0.000$)　常用图片教汉语($P=0.004$) 常用实物教汉语($P=0.001$)　常用 PPT 上课($P=0.008$) 通过玩游戏学习汉语($P=0.041$)　偶尔室外上课($P=0.008$)
	A3	—

从表中比较结果可以看出,与 A2 年龄区间相比,A1 年龄区间的学习者更期待教学态度严格、教学内容系统、教学过程紧张、英语水平高、语速慢、语言表达抑扬顿挫的汉语教师。与 A3 年龄区间相比,A1 年龄区间期待的又多了一些与直观教学媒介、课堂活动和教学形式有关的教学要素,如通过图片、实物、PPT、电影、游戏、室外上课等教汉语;另外,还期待教师对教学对象国家文化的了解。与 A1 和 A3 年龄区间相比,A2 显著期待丰富有趣的课程内容、教师的纠错、轻松快乐的教学气氛、愿意帮助学生等方面的教学要素。而 A3 与前二者相比,无显著性期待。

我们认为三个年龄区间对优秀汉语教师教学要素期待的显著性差别与学习者年龄和汉语水平都有关系。

A1 年龄区间的学习者正值埃里克森所谓的“寻求和探索自我

同一性”的重要时期，希望教师严格要求自己，并紧张、系统地学习相关内容，以便早日形成自我同一性，从而避免角色混乱。同时，该年龄区间对教师教学语言如英语水平高、语速慢有较高的要求，原因与该区间被调查者的汉语水平较低有关。经统计，A1、A2 和 A3 三个年龄区间被调查者的汉语水平（1 代表初级，2 代表中级，3 代表高级）均值为 1.67、1.94、1.70，可以看出，三个年龄区间的均值都未能达到中级水平，其中 A1 水平最低，A3 次之，A2 最高。将“汉语水平”变量与教学要素“英语水平比较高”和“上课时说得慢”进行单因素方差分析，结果恰如所料，即初级汉语水平学习者相比中级和高级汉语水平学习者对教师英语水平和教学语速期待更显著，即汉语水平越低，对教师较高的英语水平和较慢的语速期待越高。

A2 年龄区间被调查者对“愿意帮助学生”“课堂内容丰富有趣”“上课轻松快乐”三条要素充满期待。该年龄区间学习者汉语水平较高，已无基本交际障碍，情感焦虑较低，但由于远离朋友和亲人，在基本生理需要和安全需要得到满足的时候，爱、感情和归属的需要就会产生。人格理论家阿德勒（2013）认为，人类有归属社会的强烈需要。来华留学的汉语学习者亦不例外。该年龄区间的学习者跨过了语言休克和文化休克期，逐渐形成了结合意愿（Integrative Orientation）①并尝试适应、融入和归属目的语文化。从人格发展心理学角度来看，埃里克森认为，成年早期恰是孤独对亲

① 加德纳（Robert Gardner）和兰伯特（Wallace Lambert）认为，除了理解能力和学习天赋外，具备与目的语文化的人交往和结合的愿望可以促进第二语言习得，他们将第二语言学习者愿意和第二文化的人相处并逐步培养第二文化的习惯的这种愿望称为“结合意愿（Integrative Orientation）”（毕继万，2009）。

密的时期，那些感觉自己与教师、家长和同伴关系亲密的学生，往往更全心全意地投入学习（Furrer & Skinner，2003），每个学生都需要充满爱心的教师，尤其是对那些处境不利的学生。因此，汉语水平较高的A2年龄区间被调查者对丰富有趣的教学内容、轻松愉快的教学气氛、来自教师的热情帮助等有着较高的期待。为验证汉语水平的影响，我们将被调查者的“汉语水平”与“愿意帮助学生”“课堂内容丰富有趣”“上课轻松快乐”三条要素进行单因素方差分析，结果与猜测一致，高级水平的被调查者对三条要素的期待显著高于初级、中级水平的被调查者（详见本书第五章）。

A3年龄区间对教学媒介和教学形式没有显著期待，这说明对这类教学要素的期待与学习者的汉语水平关系不大，而与年龄关系密切，即年龄较大的学习者显著不如年龄较小的学习者期待的程度高。这一点与前文的调查结果一致。值得注意的是，我们调查发现，在语言学习过程中，进入青春期或成年早期的学习者依然乐意借助形象化的媒介进行思维和学习，如图片、实物、PPT、电影等，这或许与人们工作记忆的经济性有关。这一发现与皮亚杰理论所指出的大部分人进入青春期便从具体运算阶段进入到形式运算阶段的观点略有不同。

从上文的分析中可以看出，年龄较小的汉语学习者最为期待严格的教学态度、系统的教学内容、较高的英语水平、慢而有变的教学语言，其次是直观的教学形式和文化交流意向。我们认为这些期待与年龄较小学习者的认知和心理特点有关。A2区间特别期待的轻松、快乐、趣味与帮助等内容则显示出汉语水平较高汉语学习者情感焦虑程度较低、追求轻松快乐有趣、满足一部分情感归属需要的特点。

第二节　基于学习者性别差异的优秀汉语教师要素

性别是第二语言教学或习得研究相对富有争议的一个个体因素,原因大概与性别之间的差异程度有关。据心理学研究,“男性和女性在心理上的差异要远远少于他们的相同之处”(埃利奥特·阿伦森等,2012)。就语言习得来说,Labov(1990)曾说:“没有理由认为性别是一个解释语言行为的恰当的分类标准。”但也有一些研究认为女性相对于男性对语言更敏感、语言表达更标准、习得效果更好、学习态度更积极、学习过程更重视输入、更重视自我监控等(Ellis,1999)。那么不同性别学习者对优秀汉语教师的期待是否不同?又有哪些不同?我们将对此进行探讨。

一、基于学习者性别差异的优秀汉语教师个性要素

经相关性和均值比较检验发现,汉语学习者两性对多数教师个性要素的期待无显著性差别,唯独女性学习者相比男性对教师的“思想开放($P=0.026$)”要素有显著性期待,而男性则对教师的“坦率($P=0.037$)”要素有显著性期待。这也许与女性学习者积极的汉语学习态度、较强的学习动机、更喜欢获得较多的输入机会有关,并因此期待教师有一个开放或开阔的思想,从而为学习者输入更为多样的语言内容和形式。而男性学习者相比女性,更乐于在互动中借用各种机会产生输出(Ellis,1999),更乐于与教师交流,因此对教师的“坦率”要求较高。

二、基于学习者性别差异的优秀汉语教师教学要素

外语教学中的性别差异研究是社会语言学与外语教学接口的尝试之一。外语教学中的性别差异研究涉及教学的各个环节（如教材编写、课堂组织、教学评价、测试评估）、各种因素（如学习策略、学习态度、学习风格）和不同对象（如教师、学生、管理者）。那么不同性别学习者对优秀汉语教师教学要素的期待是否不同？又有哪些不同？为解答这些问题，我们先就两性对教师教学要素的期待情况进行了单因素方差分析。检验显示，除“有很多好的教学方法（$P=0.036$）”“用心（$P=0.009$）”“每周教学计划清楚（$P=0.003$）”“教学方法科学有效（$P=0.003$）”“不用或少用英语上课（$P=0.009$）”不具方差齐性外，其他皆符合方差分析条件。结果发现，男女学习者对绝大部分教师教学要素的期待无显著性差异，部分女性汉语学习者更为期待的教师教学要素如表 3－4：

表 3－4　不同性别学习者期待的教师教学要素比较

<table>
<tr><td rowspan="2">性别</td><td colspan="2">均值比较结果（差异显著者）</td></tr>
<tr><td>前者</td><td>后者</td></tr>
<tr><td>女性 & 男性</td><td>平等对待学生（$P=0.002$）　愿意帮助学生（$P=0.037$）
常常关心学生（$P=0.043$）　了解学生国家文化（$P=0.043$）
知识丰富（$P=0.022$）　每周教学计划清楚（$P=0.042$）</td><td>—</td></tr>
</table>

从表中所列教学要素可知，相对男性，女性学习者在生活方面显著期待来自教师的关心和帮助，在学习方面显著期待教师有着丰富的知识和清楚的教学计划。该结论与前人研究结果一致，如

袁凤识和肖德法(2003)对国内大学英语课堂表现的研究发现,女性在“寻求帮助”和“学习取向”两项上的得分显著高于男性。我们认为女性汉语学习者对汉语教师上述两个方面的期待主要与她们汉语学习过程中的跨文化适应问题多、焦虑程度高、汉语水平也较高有关。李丹洁(2007)认为,来自亚洲的年纪小的自费留学的单身女性,出国以后在跨文化社会心理适应过程中遇到的问题最多,文化休克的感受强度最大。施仁娟(2005)认为来华留学的女性比男性更显焦虑。我们在后期的调查统计中也发现,女性学习者各种焦虑类型(交际焦虑、考试焦虑、负评价焦虑、犯错焦虑、课堂焦虑)的焦虑程度都普遍高于男性学习者,尽管两性各类型的焦虑程度都没有统计学意义上的显著性差别。因此,女性汉语学习者对教师的关心、帮助、理解和公平有着更为显著的期待就不难理解了。另外,上文已经谈到,汉语水平较高的学习者更倾向于寻求爱、感情和归属的需要。本次调查中,女性被调查者的平均汉语水平显著高于男性被调查者的汉语水平($P=0.027$),在后期统计中,汉语水平较高的学习者也的确显著期待表3－4中的大部分优秀汉语教师教学要素。

据以往研究,性别对第二语言习得的影响还没有形成统一的意见,普遍的看法是性别对语言习得的影响不大或有一定的影响。从上文的统计分析中可以看出,不同性别的汉语学习者对优秀汉语教师要素的期待也没有太多的显著性差别。从仅有的几条显著性差别来看,女性汉语学习者表现出更多的“寻求帮助”和“学习取向”。在教学研究和实践方面,我们建议:将性别与其他个体因素尤其是学习者的汉语水平、情感焦虑、学习策略、学习风格、学习态度、学习能力等方面结合起来进行研究;在教学过程中,一位优秀的国际汉语教师在与学生有关的教学和生活中都应心怀教育公平意识,平等地关心和帮助所有的汉语学习者,并尽可能满足汉语水平较高汉语学习者的情感需要。

第三节　结论与启示

本章从汉语学习者年龄和性别两个角度探讨优秀汉语教师的组成要素,调查的结果不仅让我们对不同年龄和不同性别汉语学习者心目中优秀的汉语教师特点有了新的认识,也让我们针对不同年龄和性别汉语学习者的教学有了新的认识。

在年龄方面,年龄越小的汉语学习者在教师个性方面对教师的相貌、善良和坦率期待程度越高,有着明显的相貌和性格取向。在教师教学方面,年龄较小的汉语学习者最为期待严格的教学态度、系统的教学内容、较高的英语水平、慢而有变的教学语言、直观的教学形式和文化交流意向。这些期待要素显示出年龄较小的汉语学习者有着鲜明的语言学习取向。年龄较大的汉语学习者,尤其是18—25岁的汉语学习者,由于心智较为成熟,汉语水平较高,在教师个性方面,对教师的“风趣”“易交流”和“热情”期待的程度较高。在教师教学方面,除了显著期待直观的教学形式和文化交流意向外,他们还显著期待轻松快乐的学习气氛、教师的帮助和丰富有趣的教学内容。两个方面都显示出青少年期汉语水平较高学习者有着明显的使用语言轻松交流的取向。如果用一句话概括上述结论的话,那么年龄较小学习者期待的汉语教师既是一个“好人”(长得好、性格好)又是一个“好老师”(教得好),还得是一位聊得来的"语伴儿"(说得好)。

在性别方面,不同性别的汉语学习者对优秀汉语教师要素的期待没有太多的显著性差别。从仅有的几条显著性差别来看,女性汉语学习者相对男性汉语学习者来说,更显著期待知识丰富、教学计划明确、能够关心、理解、帮助她们的汉语教师,表现出较为明显的"寻求帮助"和"学习取向"的内心期待。

作为一名国际汉语教师,在汉语国际教育过程中,应尽可能地考虑不同年龄和性别汉语学习者的不同要求,因为不同年龄、不同性别的汉语学习者有着不同的认知水平和心理特点,对优秀汉语教师要素的期待内容也不尽相同。如 25 岁以前的汉语学习者都有着鲜明的语言学习取向,但年龄较小汉语学习者除了期待与教学效率有关的教学要素外,还期待一些直观有趣的教学媒介或形式。而年龄较大、汉语水平较高的汉语学习者更期待能够融入或归属目的语生活的语言文化交流。这些都是一名优秀的国际汉语教师应该考虑的教学要素。

另外,一名优秀的国际汉语教师应内外兼修,既要注意外在形象,又要注意良好思想品德的培养,还要具有较强的教学能力。

第四章　基于学习者社会文化背景差异的优秀汉语教师要素

20 世纪 80 年代,苏联利维 · 维果茨基(Lev Vygotsky)提出的社会文化理论(Socio-cultural Theory)对第二语言习得认识和研究都产生了较大的影响。该理论包括中介说(Mediation)和内化说(Internalization),中介说认为语言是人发展的重要符号工具,脱离人的过去历史以及人所处的文化环境就无法研究语言的特点与规律。内化说主张人的意识与认知是社会化和社会行为的终结产品(文秋芳编著,2010)。无论是第一语言习得还是第二语言习得都离不开学习者的社会文化背景。本章考察的学习者社会文化背景主要包括学习者的国籍、母语所属语系和家庭背景(是否华裔)。这三个方面的个体差异是社会文化理论影响下的第二语言习得研究常用的考察基点。那么不同社会文化背景下的汉语学习者对优秀汉语教师的期待是否不同?又有哪些不同?可能原因又是什么?探讨清楚这些问题,对国际汉语教师教育和汉语国际教育都会有较大的帮助。

第一节　基于学习者国籍差异的优秀汉语教师要素

一、基于学习者国籍差异的优秀汉语教师个性要素

被调查者共来自34个国家，其中人数较多的有泰国（67人）、越南（45人）、美国（38人）和老挝（33人），其次是韩国（19人）、乌克兰（15人）、缅甸（11人）等。为了考察学习者来源国与教师个性要素期待的相关性，我们以被调查者人数较多的泰国、越南和美国为对象，对优秀汉语教师个性要素进行单因素方差分析和均值多项式比较。单因素方差分析显示，组间关系呈显著差异的有“风趣（$P=0.021$）”“微笑（$P=0.000$）”“思想开放（$P=0.044$）”“年轻（$P=0.000$）”“可爱（$P=0.000$）”“好看（$P=0.000$）”“大方（$P=0.005$）”“热情（$P=0.042$）”“乐观（$P=0.044$）”“温和（$P=0.000$）”，但方差齐性检验显示“风趣”“微笑”“热情”“乐观”“温和”等并不具备样本方差齐性条件，对于这些个性要素，在均值多项式比较时，依然采用“不假设等方差”条件下的统计结果，如表4－1：

表4－1　不同国籍学习者期待的教师个性要素比较

国籍	均值比较结果（差异显著者）	
	前者	后者
泰国 & 越南	微笑（$P=0.031$）　思想开放（$P=0.013$） 可爱（$P=0.004$）	热情 （$P=0.013$）

续表

国籍	均值比较结果(差异显著者)	
	前者	后者
泰国 & 美国	风趣($P=0.023$) 微笑($P=0.001$) 年轻($P=0.000$) 可爱($P=0.000$) 好看($P=0.000$) 大方($P=0.002$) 温和($P=0.000$)	—
越南 & 美国	年轻($P=0.000$) 可爱($P=0.018$) 好看($P=0.000$) 大方($P=0.011$) 乐观($P=0.046$) 温和($P=0.014$)	—

不难看出,泰国汉语学习者相比越南和美国汉语学习者更加期待教师“好看”“可爱”“年轻”的相貌、“微笑”的表情、“风趣”的语言和“大方”“温和”“思想开放”的性情。泰国素有“微笑之国”的美誉,且“地处热带,自然环境优越,其民族深受佛教与世无争思想的熏陶,造就了泰国人轻松、随意和宽容的性格”(袁恺临和徐海英,2012)。因此,年轻的泰国汉语学习者对上述教师要素的期待是可以理解的,也符合泰国人的性格特点。

越南汉语学习者与泰国学习者相比显著期待“热情”的教师,与美国学习者相比显著期待教师“好看”“可爱”“年轻”的相貌,“乐观”的人生态度,“大方”“温和”的性情。综合起来,越南汉语学习者除了关注教师的相貌要素以外,还特别关注教师的“热情”与“乐观”。这与越南人豪爽、坚强、自信、热情、乐观的民族精神有关。

美国汉语学习者相比泰国和越南汉语学习者对优秀汉语教师个性要素没有显著性期待。这与美国汉语学习者的特点有关,据

Howe & Strauss(2003)及于月明(2007)分别对美国加州大学洛杉矶分校高等教育研究院和卡内基·梅隆大学汉语学习者的调查显示,新一代美国学生自我保护意识强,自信心强,追求成就感,重视实用,他们愿意自己努力学习。

为了比较学习者来源区域与汉语教师个性要素之间的相关性,我们将学习者分为亚洲(192 人)、欧洲(55 人)、北美洲(43 人)、南美洲(2 人)、非洲(2 人)、大洋洲(1 人)等区域。现将被调查人数较多的前三个洲进行单因素方差分析和均值多项式比较,三大区域学习者在教师个性要素中的"风趣($P=0.006$)""微笑($P=0.001$)""年轻($P=0.000$)""可爱($P=0.000$)""好看($P=0.000$)""大方($P=0.001$)""温和($P=0.002$)"等要素存在着显著性差别。具体结果如表 4-2:

表 4-2　三大来源区域学习者期待的教师个性要素比较

区域	均值比较结果(差异显著者)	
	前者	后者
亚洲 & 欧洲	风趣($P=0.002$)　微笑($P=0.001$) 年轻($P=0.002$)　可爱($P=0.011$) 好看($P=0.000$)　大方($P=0.003$) 温和($P=0.049$)	—
亚洲 & 北美洲	微笑($P=0.006$)　年轻($P=0.000$) 可爱($P=0.000$)　好看($P=0.000$) 大方($P=0.010$)　温和($P=0.002$)	—
欧洲 & 北美洲	—	

笼统地讲,从均值比较结果来看,亚洲汉语学习者无论是相对于欧洲汉语学习者还是北美洲汉语学习者都显著期待大致相同的

教师个性要素,而欧洲与北美洲两个区域的汉语学习者对优秀汉语教师个性要素的期待没有显著性差别。

具体地说,首先,相比欧美汉语学习者,亚洲汉语学习者对教师的相貌要素①和性情要素期待显著。这一点与上文谈到的泰国和越南汉语学习者对教师个性要素的期待高度一致。原因恐与黄启庆等(2013)所认为的前者相对重"事"或"理"、后者相对重"情"有关。在访谈中,我们也得知亚洲学习者的确更易被教师年轻可爱的外表所吸引,并乐于与教师保持良好的师生关系,来自"微笑之国"的泰国学生尤其如此。而欧美学习者则更多地关注自己汉语水平的进步,对师生之间的感情关系无显著性期待。其次,欧美学习者对教师个性要素的期待较为一致,与亚洲汉语学习者相比无任何显著性期待。这说明了欧洲和北美洲两大区域学习者在文化心理方面存在着较强的共性因素,恰如吕玉兰(2000)所说,"欧美国家是一个较为笼统的提法,它不只是一个地理概念,更是一个经济和文化的概念,在一定程度上讲,也是一个意识形态上的概念"。为了进一步验证上述结论,我们专门将亚洲汉语学习者与欧美汉语学习者进行了对比分析,结论与上面的统计结果较为一致,稍有不同的是,欧美汉语学习者非显著性期待"思想开放""有创造力""坦率""耐心"的教师。这与Banno(2003)的调查结果极为一致,即美国学习者相比日本学习者对"有创造力"和"耐心"有着更为显著的期待。

① 本书仅就调查结果进行客观描述,并不代表我们主张在遴选国际汉语教师或志愿者时以貌取人。

二、基于学习者国籍差异的优秀汉语教师教学要素

我们将被调查者人数较多的泰国、越南和美国与教师教学要素进行单因素方差分析。方差齐性检验显示，有27条要素不具有方差齐性。我们仅就符合方差分析要求的教学要素进行了方差分析，结果如表4－3：

表4－3　不同国籍学习者期待的教师教学要素比较

国籍		均值比较结果（差异显著者）
泰国&越南	泰	了解学生情况（$P=0.047$）　上课时大家很紧张（$P=0.011$）　不跟别的班比成绩（$P=0.012$）　不在班上批评学生（$P=0.023$）
	越	—
泰国&美国	泰	了解学生情况（$P=0.025$）　普通话标准（$P=0.044$）　常让学生看电影（$P=0.035$）　常用图片教汉语（$P=0.004$）　常用PPT上课（$P=0.000$）　通过玩游戏学习汉语（$P=0.000$）　偶尔室外上课（$P=0.000$）　上课时大家很紧张（$P=0.022$）　上课时声音有变化（$P=0.006$）　上课时声音大一点儿（$P=0.038$）　不跟别的班比成绩（$P=0.021$）　不在班上批评学生（$P=0.000$）
	美	不用或少用英语上课（$P=0.008$）　胜任对外汉语教学（$P=0.003$）
越南&美国	越	常给好的学习建议（$P=0.017$）　用心（$P=0.045$）　了解学生国家文化（$P=0.036$）　常让学生看电影（$P=0.035$）　常用图片教汉语（$P=0.005$）　常用PPT上课（$P=0.002$）　通过玩游戏学习汉语（$P=0.000$）　偶尔室外上课（$P=0.000$）　上课时声音有变化（$P=0.014$）
	美	胜任对外汉语教学（$P=0.003$）

和越南学习者相比，泰国学习者更在意来自教师的理解和尊重，如“了解学生情况”“上课时大家很紧张”“不跟别的班比成绩”“不在班上批评学生”等。经访谈，多数泰国学习者认为，泰国的国民性格是重视友谊、喜欢微笑、喜爱面子等。教学实践中，我们也发现泰国学习者更愿意保持和维护社会群体的和谐与知足的快乐，较少在公众场合下批评别人，更不愿意在公众面前受到别人的批评，也不喜欢教师与其他班级比成绩的行为。“上课时大家很紧张”本是问卷设计的一个反向干扰项，但泰国学习者比越南学习者更期待这条要素。个中原因还需要进一步探讨。

和美国学习者相比，除了期待来自教师的理解和尊重外，泰国学生还显著期待丰富、有趣、直观的教学形式，如游戏教学、电影教学、PPT 教学、图片教学、室外教学等。对教师的教学语言也有一定的要求，如期待标准的普通话、洪亮且富有变化的声音等。笼统地讲，这些要素有一个共同的特点，那就是都是语言教学的形式，即课堂活动形式、直观教学形式和教学语言形式。

越南学习者与泰国学习者相比并无显著性期待，但与美国学习者相比，倒表现出与泰国学习者较为相似的期待，即都期待直观的教学形式。除此之外，越南学习者还比美国学习者显著期待“用心”的教师。

美国学习者相比泰国和越南学习者依然表现出实用主义的色彩，即教师能够“不用或少用英语上课”“胜任对外汉语教学”。

为在更大的区域内考察不同社会文化背景下汉语学习者对优秀汉语教师教学要素的期待，鉴于上文欧洲和北美洲显示出的高度统一性，我们将被调查者分为欧美和亚洲两大区域进行比较。

方差齐性检验显示，除“不会放弃学习不好的学生（$P=0.000$）”“不会看不起学习不好的学生（$P=0.000$）”“有很多好的教学方法（$P=0.001$）”“课堂内容丰富有趣（$P=0.012$）”“常常关心学生（$P=0.008$）”“汉语知识丰富（$P=0.024$）”“用容易的词解释新内容（$P=0.016$）”“每周教学计划清楚（$P=0.003$）”“学期教学计划清楚（$P=0.032$）”“教学经验丰富（$P=0.001$）”“教学方法科学有效（$P=0.030$）”“板书清楚（$P=0.003$）”“上课时说得慢（$P=0.004$）”“教学内容系统（$P=0.004$）”等教学要素不具有方差齐性外，其他各教学要素皆符合方差分析要求。方差分析结果如表4－4：

表4－4　亚洲和欧美两大来源区域学习者期待的教师教学要素比较

区域	均值比较结果（差异显著者）
亚洲	不会看不起学习不好的学生（$P=0.049$）　常给好的学习建议（$P=0.022$）　了解学生情况（$P=0.001$）　有很多好的教学方法（$P=0.014$）　上课轻松快乐（$P=0.004$）　了解学生国家文化（$P=0.009$）　上课时表情丰富（$P=0.017$）　穿着打扮合适（$P=0.000$）　常让学生看电影（$P=0.001$）　常用PPT上课（$P=0.000$）　通过玩游戏学习汉语（$P=0.004$）　偶尔室外上课（$P=0.004$）　每周教学计划清楚（$P=0.014$）　学期教学计划清楚（$P=0.010$）　每课教学计划清楚（$P=0.000$）　认真（$P=0.000$）　教学经验丰富（$P=0.001$）　教学方法科学有效（$P=0.000$）　英语水平比较高（$P=0.007$）　上课时大家很紧张（$P=0.015$）　上课时声音有变化（$P=0.031$）　上课时声音大一点儿（$P=0.031$）　多问学生课文内容（$P=0.001$）　不在班上批评学生（$P=0.000$）
欧美	不用或少用英语上课（$P=0.000$）　胜任对外汉语教学（$P=0.000$）

可见,与欧美区域汉语学习者相比,亚洲学习者在教师素质(如"了解学生国家文化""英语水平比较高")、外在形象(如"穿着打扮合适")、课堂气氛(如"上课轻松快乐""上课时表情丰富""上课时大家很紧张")、教学计划(如"每课教学计划清楚""每周教学计划清楚""学期教学计划清楚")、教学形式(如"常让学生看电影""常用PPT上课""通过玩游戏学习汉语""偶尔室外上课")、教学能力(如"有很多好的教学方法""教学经验丰富""教学方法科学有效""多问学生课文内容")、教学态度(如"认真")、教学语言(如"上课时声音有变化""上课时声音大一点儿")、师生关系(如"不会看不起学习不好的学生""常给好的学习建议""了解学生情况""不在班上批评学生")诸方面期待显著。而欧美学习者则对汉语作为外语或第二语言教师的胜任能力期待显著,显示出欧美学习者在学习时效性和实用性方面的需求。另外,与亚洲学习者不同,欧美学习者反而对教师"不用或少用英语上课"期待显著,这一结果与上文统计结果一致,即英语水平高的学习者反而对教师的英语水平没有显著性期待。除此之外,还有一些期待均值高于亚洲学习者的教学要素,如"关心学生理解情况""熟悉中国文化""汉语知识丰富""创造语境让学生练习""多给学生练习的机会""让学生复述学习内容""上课时保持目光接触""严格""常常给学生作业""按时上下课""不只讲课本上的""上课有意思""课堂教学专业"等。尽管这些期待要素不显著,但也能看出欧美学习者在有效提高汉语水平的需求下对教师较高的教师素质、较强的教学能力、灵活的教学方法、丰富有趣的教学内容、严格要求学生、时间意识等方面有所期待。

第二节　基于学习者母语所属语系差异的优秀汉语教师要素

一、基于学习者母语所属语系差异的优秀汉语教师个性要素

威廉·冯·洪堡特(1999)认为,人无意识地运用着某种潜能(Energie)来推动自己的全部精神个性的发展,并且将一定的形式赋予了精神个性,而语言显然完全依赖于这种潜能和形式。同时,通过与个别的、独特的现实世界的联系,以及由于其他一些附带的原因,语言又为环境条件所制约,这些条件不仅把生活在世界上的人们包围起来,甚至还影响着人的自由行为。他认为语言从精神出发,又反作用于精神,语言与文化意识共生共存。后来美国的萨丕尔和沃尔夫在其思想影响下提出了萨丕尔-沃尔夫假说,对语言与文化的关系展开了深入全面的探讨。许多研究证明,学习者母语是第二语言习得的重要影响因素之一,既有母语文化心理的影响,也有语言要素之间的影响。那么不同母语语系汉语学习者对优秀汉语教师要素的期待是否有一些差别呢?如果有,又有哪些差别呢?为回答这些问题,我们以母语所属语系为自变量考察学习者对优秀汉语教师要素的期待。我们一共调查了31种母语的学习者,鉴于母语为阿尔泰语系、乌拉尔语系、闪-含语系和南岛语系的学习者数量较少,在统计过程中,仅以学习者数量较多的汉藏语系(111人)、印欧语系(102人)、南亚语系(49人)、日韩语(日语4人,韩语20人)为对象,与教师个性要素进行相关性统计和方差分析。结果发现,母语所属语系仅与"可爱($P=0.008$)"和"大方($P=0.015$)"存在显著性相关。经方差齐性检验,"微笑""年

轻”“可爱”“好看”“大方”“热情”“亲切”“坦率”“乐观”“温和”“聪明”等要素不具有方差齐性，为此，对这些要素我们使用了假设方差不等条件下的多重比较。结果显示，各语系在“微笑（$P=0.045$）”“年轻（$P=0.000$）”“可爱（$P=0.003$）”“好看（$P=0.007$）”“大方（$P=0.018$）”“热情（$P=0.012$）”“坦率（$P=0.005$）”“灵活（$P=0.006$）”“温和（$P=0.029$）”等方面存有显著性差别。具体结果如表4－5：

表4－5　四种语系背景学习者期待的教师个性要素比较

语系	均值比较结果（差异显著者）	
	前者	后者
汉藏＆印欧	风趣（$P=0.001$）　微笑（$P=0.000$） 开朗（$P=0.038$）　年轻（$P=0.000$） 可爱（$P=0.000$）　好看（$P=0.000$） 大方（$P=0.000$）　亲切（$P=0.042$） 温和（$P=0.000$）	坦率 （$P=0.009$）
汉藏＆南亚	幽默（$P=0.039$）　微笑（$P=0.035$） 可爱（$P=0.006$）	热情 （$P=0.004$）
汉藏＆日韩	年轻（$P=0.050$）　可爱（$P=0.042$） 大方（$P=0.000$）　乐观（$P=0.033$） 耐心（$P=0.021$）	—
南亚＆印欧	年轻（$P=0.000$）　好看（$P=0.000$） 大方（$P=0.022$）　热情（$P=0.008$）	—
日韩＆印欧	微笑（$P=0.031$）　好看（$P=0.005$） 温和（$P=0.049$）	耐心 （$P=0.007$）
南亚＆日韩	年轻（$P=0.014$）　大方（$P=0.003$） 热情（$P=0.016$）　乐观（$P=0.019$）	—

从表4－5可知，汉藏语系学习者相比其他语系更期待面带“微笑”且“年轻”“可爱”“好看”的相貌、“风趣”“幽默”的语言、

“开朗”“大方”“亲切”“乐观”“温和”性格的教师。印欧语系学习者更期待“坦率”且有“耐心”的教师。南亚语系学习者在“年轻”“好看”“大方”“热情”“乐观”等方面有着较高的期待。

汉藏语系的学习者主要来自“微笑之国”的泰国，泰国人温和、友善，众人皆知，对教师的期待也不例外。来自印欧语系的学习者对“坦率”的要求反映了欧美人直线条的思维方式和交际习惯；对“耐心”的要求则主要是由于母语语言、文化与汉语的差距较大，相比泰国、韩国和日本学习者来说，印欧语系的学习者更需要教师的耐心讲解和帮助。南亚语系的学习者主要来自越南，而越南人的民族个性恰如武忠刚（2008）所说，好学、活跃、自信、积极、乐观、善良、热情、友好，与本调查结果较为一致。而所属语系不明的日韩学习者相比印欧语系学习者，显著期待面带“微笑”且“好看”“温和”的教师。本调查反映出学习者对优秀汉语教师个性要素的内心期待，期待的个性要素和程度与各语系学习者的民族个性表现出较强的一致性。

我们不妨认为汉藏语系学习者更加重视教师温和善意的性格，印欧语系学习者更加重视教师语言或思想上的风趣和幽默，南亚语系学习者更加重视教师自信、乐观的生活态度，而日韩学习者更加重视教师年轻的外表与可爱的特征。总之，无论是温和的性格，还是生活的态度，抑或是年轻的外表，有着相同或相近个性的学习者个体或群体性需求决定着对汉语教师的个性期待，这是因为“不同的文化对优秀教师的标准和要求亦有所不同”（Tsui，2005）。

二、基于学习者母语所属语系差异的优秀汉语教师教学要素

我们针对来自汉藏语系、印欧语系、南亚语系、日韩的汉语学

习者,就教师教学要素进行了方差分析。结果显示,“不会放弃学习不好的学生($P=0.000$)”“不会看不起学习不好的学生($P=0.001$)”“了解学生情况($P=0.011$)”“有很多好的教学方法($P=0.004$)”“课堂内容丰富有趣($P=0.002$)”“令学生很感兴趣($P=0.001$)”“知识丰富($P=0.042$)”“用容易的词解释新内容($P=0.017$)”“每周教学计划清楚($P=0.046$)”“每课教学计划清楚($P=0.024$)”“不只讲课本上的($P=0.045$)”“教学经验丰富($P=0.002$)”“教学方法科学有效($P=0.018$)”“板书清楚($P=0.001$)”“英语水平比较高($P=0.008$)”“上课时说得慢($P=0.000$)”“作业不太多($P=0.024$)”“教学内容系统($P=0.030$)”等教学要素不具方差齐性,其他各要素皆符合方差分析要求。经多重均值比较,我们发现各母语语系期待的教学要素基本都有着显著性差异,如表4-6:

表4-6 四种语系背景学习者期待的教师教学要素比较

语系	均值比较结果(差异显著者)
	汉藏语系相对于其他语系显著者
印欧语系	不会看不起学习不好的学生($P=0.046$) 了解学生情况($P=0.000$) 上课轻松快乐($P=0.015$) 穿着打扮合适($P=0.004$) 用容易的词解释新内容($P=0.021$) 常让学生看电影($P=0.008$) 常用图片教汉语($P=0.001$) 常用PPT上课($P=0.000$) 通过玩游戏学习汉语($P=0.011$) 偶尔室外上课($P=0.012$) 每周教学计划清楚($P=0.014$) 学期教学计划清楚($P=0.007$) 每课教学计划清楚($P=0.000$) 认真($P=0.000$) 教学经验丰富($P=0.014$) 教学方法科学有效($P=0.000$) 英语水平比较高($P=0.024$) 上课时说得慢($P=0.024$) 上课时大家很紧张($P=0.006$) 上课时声音大一点儿($P=0.015$) 多问学生课文内容($P=0.000$) 不在班上批评学生($P=0.000$)

续表

语系	均值比较结果（差异显著者）
	汉藏语系相对于其他语系显著者
南亚语系	按时上下课（$P=0.043$） 上课时说得慢（$P=0.050$） 上课时大家很紧张（$P=0.009$） 不跟别的班比成绩（$P=0.029$） 不在班上批评学生（$P=0.028$）
日韩语言	愿意帮助学生（$P=0.018$） 上课时和学生交流多（$P=0.032$） 课堂内容丰富有趣（$P=0.003$） 用心（$P=0.021$） 给学生问问题的时间（$P=0.032$） 常用图片教汉语（$P=0.009$） 常用 PPT 上课（$P=0.005$） 偶尔室外上课（$P=0.006$） 严格（$P=0.032$） 详细批改学生作业（$P=0.027$） 不只讲课本上的（$P=0.001$） 板书清楚（$P=0.006$） 作业不太多（$P=0.019$） 多问学生课文内容（$P=0.007$） 胜任对外汉语教学（$P=0.002$）
	印欧语系相对于其他语系显著者
汉藏语系	创造语境让学生练习（$P=0.030$） 不用或少用英语上课（$P=0.001$） 胜任对外汉语教学（$P=0.000$）
南亚语系	按时上下课（$P=0.044$） 不用或少用英语上课（$P=0.014$） 胜任对外汉语教学（$P=0.005$）
日韩语言	愿意回答学生问题（$P=0.025$） 愿意帮助学生（$P=0.011$） 课堂内容丰富有趣（$P=0.033$） 汉语知识丰富（$P=0.011$） 严格（$P=0.039$） 常常给学生作业（$P=0.045$） 不只讲课本上的（$P=0.001$） 不用或少用英语上课（$P=0.036$） 胜任对外汉语教学（$P=0.000$）
	南亚语系相对于其他语系显著者
汉藏语系	—
印欧语系	常给好的学习建议（$P=0.017$） 用心（$P=0.014$） 上课轻松快乐（$P=0.013$） 了解学生国家文化（$P=0.018$） 上课时表情丰富（$P=0.027$） 常让学生看电影（$P=0.004$） 常用图片教汉语（$P=0.007$） 常用 PPT 上课（$P=0.000$） 通过玩游戏学习汉语（$P=0.012$） 偶尔室外上课（$P=0.000$） 每课教学计划清楚（$P=0.017$） 认真（$P=0.000$） 教学经验丰富（$P=0.002$） 教学方法科学有效（$P=0.000$）

续表

<table>
<tr><td rowspan="2">语系</td><td>均值比较结果(差异显著者)</td></tr>
<tr><td>南亚语系相对于其他语系显著者</td></tr>
<tr><td>日韩语言</td><td>愿意回答学生问题($P=0.048$)　愿意帮助学生($P=0.041$)　常给好的学习建议($P=0.027$)　课堂内容丰富有趣($P=0.014$)　用心($P=0.004$)　上课轻松快乐($P=0.041$)　令学生很感兴趣($P=0.041$)　常常关心学生($P=0.038$)　上课时精神饱满($P=0.019$)　上课时表情丰富($P=0.041$)　常让学生看电影($P=0.031$)　常用图片教汉语($P=0.016$)　偶尔室外上课($P=0.000$)　认真($P=0.038$)　详细批改学生作业($P=0.032$)　胜任对外汉语教学($P=0.002$)</td></tr>
<tr><td colspan="2">日韩语言相对于其他语系无显著期待</td></tr>
</table>

从上表不难看出,四种语系背景的学习者对教师教学要素有着显著不同的期待,详述如下:

(一)汉藏语系学习者显著期待的教师教学要素

1. 教学气氛

学习者显著期待"上课轻松快乐""上课时大家很紧张"的课堂气氛。本研究中多次出现二者被同时显著期待的情况,"轻松"与"紧张"看似矛盾,实则统一,因为学习者的语言学习目的是明确的,他们既要在紧张的教学过程中提升语言水平,同时也希望获得紧张过程中或紧张之后的轻松与快乐。

2. 教学计划和安排

在教学计划方面,学习者显著期待"每课教学计划清楚""每周教学计划清楚""学期教学计划清楚"。在教学安排方面,学习者显著期待"给学生问问题时间"与"按时上下课"。

3. 教学形式

学习者显著期待丰富直观的教学形式,如"常让学生看电影"

“常用图片教汉语”“常用 PPT 上课”“通过玩游戏学习汉语”“偶尔室外上课”等。

4. 教学能力和方法

在教学能力方面，学习者显著期待“教学经验丰富”“胜任对外汉语教学”。在教学方法方面，学习者显著期待“用容易的词解释新内容”“教学方法科学有效”“多问学生课文内容”等。

5. 教学态度

学习者显著期待认真、用心、严格、公平（“不会看不起学习不好的学生”）的教师。

6. 教学语言

学习者显著期待英语水平高、教学语速慢、声音大的汉语教师。

7. 师生关系

学习者显著期待尊重、关心学生的汉语教师，如“愿意帮助学生”“上课时和学生交流多”“了解学生情况”“不跟别的班比成绩”“不在班上批评学生”等。

此外，学习者还在作业方面有所期待，一是希望作业不要太多，二是希望教师详细批改。作业的数量应根据教学内容和学习情况适当科学地布置，不必按照学习者的期待。但是一位优秀的负责任的汉语教师理应详细批阅学习者的作业。

值得一提的是，我们发现，课堂上日韩学习者较为沉默，而泰国、老挝和缅甸的学生则显得更易交流与互动。与日韩学习者相比，汉藏语系学习者显著期待教师与学生的交流。曹莉（2006）认为大部分日韩学习者处世谨慎小心，性格内向，不愿表露自己，不愿与人相争，喜欢附和他人，缺乏自我主动的积极性。在课堂学习中,由于受这种性格的影响,他们大多沉默寡言,很少主动举手回答问题,能少说就少说,能不说就不说。他们在没有十分把握的情况下一般不主动发言。在学习中往往表现为不动声色,按部就班。

(二)印欧语系学习者显著期待的教师教学要素

1. 教学能力和方法

来自印欧语系的学习者显著期待能够“胜任对外汉语教学”的教师。吕必松(1989)认为:“能不能胜任课堂教学工作是合格的对外汉语教师与不合格的对外汉语教师的基本分界。进一步说,能够胜任课堂教学工作是对所有对外汉语教师的最基本的要求,只有首先达到最基本的要求,才能向更高的层次发展。如果达不到能够胜任课堂教学工作这一最基本的要求,其他条件再好,也不能算是合格的对外汉语教师。”我们在前期研究中认为,胜任(Competent)是对从事某种职业人员的最高和理想要求,也反映了母语为印欧语系的学习者重视教学活动有效性和实用性的一面。

在教学方法上,印欧语系学习者期待教师能够“创造语境让学生练习”“常常给学生作业”。“创造语境让学生练习”体现出学习者对练习和基于真实意义交流的期待;“常常给学生作业”体现出学习者的学习主动性。

2. 教学内容

学习者对教师教学内容的丰富性充满期待,希望“课堂内容丰富有趣”且教师“不只讲课本上的”。

3. 教学态度

学习者期待“严格”的汉语教师。

4. 教学语言

印欧语系学习者希望教师“不用或少用英语上课”。这与我们前面有关学习者来源区域与教师教学要素相关性的研究结果基本一致,即欧美学习者多希望教师在上课时不用或少用英语。

5. 师生关系

相较于日韩学生,印欧语系学习者在师生关系方面希望教师“愿意回答学生问题”“愿意帮助学生”等。

此外,对“按时上下课”要素的期待体现出印欧语系学习者喜欢守时或教学安排合理的教师。

(三)南亚语系学习者显著期待的教师教学要素

1. 教学气氛

南亚语系学习者同样期待轻松快乐的教学环境。

2. 教学计划

南亚语系学习者仅显著期待“每课教学计划清楚”。

3. 教学形式

南亚语系学习者与汉藏语系学习者一样,显著期待直观有趣的教学形式,如通过电影、图片、PPT 和游戏教学等,也期待能够“偶尔室外上课”。

4. 教学能力和方法

南亚语系学习者期待“令学生很感兴趣”“教学经验丰富”“教学方法科学有效”“胜任对外汉语教学”的汉语教师。

5. 教学态度

南亚语系学习者显著期待用心和认真的教师,从“详细批改学生作业”这一条要素也能够看出他们的内心期待。

6. 师生关系

南亚语系学习者同样期待关心学生、了解学生、帮助学生的汉语教师,期待“愿意回答学生问题”“愿意帮助学生”等。这一点与印欧语系学习者的期待内容相比，多了“常给好的学习建议”“常常关心学生”“了解学生国家文化”三条要素。

7. 教学仪态

南亚语系学习者对教师“上课时精神饱满”“上课时表情丰富”充满了期待。

日韩学习者相对其他三种语系无显著性期待要素。

从上面的统计和分析中我们可以看出，南亚语系学习者与汉藏语系学习者所期待的教师教学要素有着较多的一致性。南亚语系的被调查者多是越南留学生，汉藏语系的被调查者多是泰国、老挝、缅甸的留学生，这间接反映出东南亚学习者在文化方面有着某种程度的一致性。

不同语系学习者对教师教学要素的期待又各有不同。汉藏语系学习者对教师的教学语言有明确的要求，而南亚语系学习者在教学仪态方面有明确的期待。语系的区分与国家和地区的区分有关，语系之间的不同，体现出不同国家和地区学习者心理文化的不同。汉藏语系学习者中泰国学习者占多数，泰国是国际化较强的一个国家，国民的英语水平普遍较高，他们对教师英语水平的期待反映了该群体借助英语为媒介语学习汉语的一种心理期待。而来自南亚语系的越南学习者有着自信、乐观、不屈的国民性格，使得他们期待富有激情、信心十足的教师。

印欧语系学习者对教师教学要素的期待显示出较强的学习主动性和实用主义性格色彩。第一，他们对教师教学要素的期待是最少的，但又是最高的。因为国际汉语教师不经过长时间的教学实践与反思是难以“胜任对外汉语教学”的。“创造语境让学生练习”是第二语言学习者学习、巩固和掌握第二语言的重要途径，也是对教师来说具有挑战性、难以掌握的一种教学方法。第二，与其他语系学习者相比，印欧语系学习者中母语为英语的学习者较多，但他们反而不太希望教师在汉语教学过程中过多地使用英语。

本节内容以学习者的母语语系为自变量对优秀汉语教师教学要素进行探索，属于宏观研究，仅从语言与文化之间存在的同构关系角度进行。由于语系及语系之间的关系极为复杂，我们没有能力就所期待的教学要素与母语语系内部要素之间的关系进行深入讨论。

第三节　基于学习者家庭背景差异的优秀汉语教师要素

家庭背景是影响第二语言习得的重要外在因素，也是研究第二语言教学与习得的一个重要个体因素。家庭背景包括的因素很多，如经济条件、语言使用、家庭教育、父母期望、父母职业、子女数量、是否华裔等。本研究主要从"是否华裔"这一角度探讨两个学习群体对优秀汉语教师的期待是否相同，希望能对进一步理解汉语国际教育和华文教育的区别、提高教学效率有一些启发。

一、基于学习者家庭背景差异的优秀汉语教师个性要素

本次调查中勾选"华裔"的被调查者共 42 人，勾选"非华裔"的被调查者共 252 人，信息缺失 1 人。我们将华裔与非华裔两个学习群体对优秀汉语教师个性要素的期待情况进行了单因素方差分析。

除"自信($P=0.018$)"和"真诚($P=0.043$)"不具有方差齐性外,其他要素皆符合方差分析条件。单因素方差分析结果如表4-7:

表4-7 华裔与非华裔学习者期待的教师个性要素比较

家庭背景	均值比较结果(差异显著者)	
	前者	后者
华裔 & 非华裔	幽默($P=0.044$) 风趣($P=0.015$) 开朗($P=0.024$) 可爱($P=0.043$) 大方($P=0.027$) 善良($P=0.020$)	—

总的来说,相比非华裔学习者,华裔学习者更期待风趣幽默、可爱善良、开朗大方的教师,显示出华裔学习者在相对较高汉语水平的基础上与教师轻松交流的愿望,能听懂教师风趣幽默的语言是他们对教师个性要素期待的重要基础。

二、基于学习者家庭背景差异的优秀汉语教师教学要素

对华裔和非华裔两个学习群体期待的教师教学要素进行单因素方差分析后,我们发现"课堂内容丰富有趣($P=0.006$)""常常纠正学生的错误($P=0.023$)""熟悉中国文化($P=0.009$)""语言学知识丰富($P=0.001$)""了解学生国家文化($P=0.043$)""学期教学计划清楚($P=0.006$)""上课有意思($P=0.020$)""胜任对外汉语教学($P=0.010$)"不具方差齐性。方差分析结果显示,华裔学习者相对非华裔学习者对教师的教学有更多要求,而非华裔学习者则没有显著性期待。华裔学习者显著期待的优秀汉语教师教学要素如表4-8:

表 4－8　华裔学习者期待的教师教学要素

听取、尊重学生意见（$P=0.021$）　讲解清楚易懂（$P=0.012$）　常给好的学习建议（$P=0.025$）　了解学生情况（$P=0.007$）　负责任（$P=0.001$）　有很多好的教学方法（$P=0.043$）　课堂内容丰富有趣（$P=0.001$）　上课轻松快乐（$P=0.023$）　熟悉中国文化（$P=0.007$）　语言学知识丰富（$P=0.000$）　汉语知识丰富（$P=0.034$）　知识丰富（$P=0.006$）　穿着打扮合适（$P=0.002$）　通过玩游戏学习汉语（$P=0.000$）　学期教学计划清楚（$P=0.007$）　认真（$P=0.016$）　教学经验丰富（$P=0.002$）　英语水平比较高（$P-0.035$）　作业不太多（$P=0.039$）　不在班上批评学生（$P=0.018$）

1. 教师知识

华裔学习者对教师的知识充满了较高程度的期待，主要包括“知识丰富”“语言学知识丰富”“汉语知识丰富”“熟悉中国文化”。

2. 教学能力和方法

在教学能力方面，华裔学习者期待“讲解清楚易懂”“有很多好的教学方法”“教学经验丰富”的汉语教师。

3. 师生关系

华裔学习者期待关心尊重学生的教师，主要有“听取、尊重学生意见”“常给好的学习建议”“了解学生情况”“不在班上批评学生”。

4. 教学态度

华裔学习者期待教学认真、负责任的汉语教师。

此外，华裔学习者还显著期待轻松快乐的学习气氛、丰富有趣的教学内容、清楚的学期教学计划、合适的穿着打扮、较高的英语水平、适量的作业等。

华裔学习者有一定的汉语文化基础，希望在教学经验丰富、教学态度认真、教学方法科学的教师指导下，在舒适体面的环境中，积极追求汉语水平的快速提高。在汉语教学中，需要具体问题具体分析，即在满足华裔学习者语言学习、语言文化交流和情感归属需求的同时，努力提高非华裔或汉语水平较低学习者的汉语水平。

汉语国际教育与华文教育都是汉语国际推广与传播的重要方面。那么，汉语国际教育与华文教育有什么区别呢？不同的学者从不同的角度如教学对象、教学内容、教学环境、教学动机、学习目的、组织机构、包含关系等进行了区分。根据本节研究结论，并参考笔者在缅甸和泰国的教师培训实践经验，我们认为，汉语国际教育与华文教育最大的不同是汉语水平的不同。我们曾赴缅甸仰光和曼德勒进行华文教师证书培训，在教学实践考察环节，虽同是华文教学，但仰光华文教师的教学重点是汉语要素，曼德勒华文教师的教学重点则是文化的意义和价值。造成这种差别的主要原因是，曼德勒学习者的汉语水平好于仰光的汉语学习者。语言本身是一种文化，语言要素里蕴含着丰富的文化价值。语言教育是文化教育的前提和基础，二者是一个难以截然分开的连续统。汉语水平较高的学习者在解决了基本的交流问题之后，更期待在继续提高汉语水平的同时与目的语族群进行平等、深入、轻松的文化交流和情感交流，从而满足身份认同的需要和不同层次的需求。

第四节　结论与启示

本章针对不同国籍、母语所属语系和家庭背景的学习者，考察了他们对教师个性要素和教学要素的期待。三类个体差异学习者的期待要素既存在着相似性，也存在着种种差别。

不同国籍与母语所属语系的学习者的期待结果显示出较强的趋同性。国籍看似一个地理概念，区分学习者的来源区域，但实际上，区分的常常是学习者的文化背景，而母语所属语系与文化有着更强的同构性。因此，本章与其说是从上述三个个体差异考察优秀汉语教师要素，不如说是从各个区域的文化特征或国民心理特征这个角度考察优秀汉语教师要素。

国籍、母语所属语系和家庭背景是学习者的显性特征，也是汉语国际教育理论和实践领域经常考虑的三大个体差异。国际汉语教师在教育研究和实践过程中，应正视来自不同区域、不同语系、不同家庭背景汉语学习者的个体差异以及他们对优秀汉语教师期待要素的异同，并根据他们的期待或需求施以不同的或有针对性的教学行为。

另外，华裔与非华裔汉语学习者对优秀汉语教师的期待要素告诉我们，语言与文化密不可分。就汉语国际教育来说，在汉语学习的初级阶段，应该重视基本语言要素和能力的教学工作；当学习者的汉语水平能够满足基本交流的需求后，应该在重视语言要素和能力教学工作的同时，开展更为丰富的文化学习与交流活动。

第五章　基于学习者汉语学习时长和水平差异的优秀汉语教师要素

不同的语言学习时长和水平使得学习者对第二语言学习和教学的本质与过程有着不同程度的认识和体会。在语言教学研究领域，常将这两个个体因素与学习者的学习成绩、语言发展阶段、语言偏误、学习动机、学习策略、学习风格、学习情感、学习态度等结合起来进行研究；在语言教学实践领域，教师和教学管理者常将这两个个体因素作为分班测试、教师分配、教学实践、教材选用、教学评价、教学管理等方面的重要依据。我们认为，不同汉语学习时长和汉语水平的学习者对优秀汉语教师的期待应有同有异，调查分析这些"同"和"异"，对进一步认识学习者的汉语习得过程和汉语学习需求、提高汉语教学效率有着重要的意义。

第一节　基于学习者汉语学习时长差异的优秀汉语教师要素

一、基于学习者汉语学习时长差异的优秀汉语教师个性要素

我们首先将学习者汉语学习时长与教师个性要素进行相关性分析，结果发现，二者在"风趣（$P=0.022$）""开朗（$P=0.044$）"

“年轻($P=0.008$)”“可爱($P=0.040$)”“善良($P=0.034$)”等要素上呈正相关关系，即学习者学习时间越长，对教师风趣的语言、开朗的性格、年轻可爱的外表、善良的内心就更加期待。访谈结果进一步证实了我们的观点，即汉语学习时长与“风趣”和“开朗”的正相关性，与学习者汉语水平提高、情感焦虑程度降低有关。其实，“风趣”“开朗”的主要外在表现除了外向的性格，就是较强的语言表达能力了。汉语学习时长与“年轻”“可爱”“善良”呈正相关，应与学习者的年龄有关。据统计，汉语学习时长较长的多是刚步入青少年期、年龄较小的学习者，这类学习者更期待教师的“年轻”“可爱”“善良”。

我们用T表示学习者的汉语学习时长，并将其划分为四个区间：T≤2(年)、2<T≤4、4<T≤6、T>6。汉语学习时长与教师个性要素的相关性分析结果显示，汉语学习时长与“年轻($P=0.000$)”“可爱($P=0.008$)”“好看($P=0.031$)”“善良($P=0.012$)”呈现显著性相关。单因素方差分析结果显示，除“微笑”“友好”“热情”外，其余各要素都符合齐性检验要求。方差分析结果如表5-1：

表5-1　不同汉语学习时长学习者期待的教师个性要素比较

时长区间	均值比较结果(差异显著者)	
	前者	后者
T≤2 & 2<T≤4	—	热情($P=0.031$)
T≤2 & 4<T≤6	—	微笑($P=0.000$)　大方($P=0.041$)　善良($P=0.012$)　真诚($P=0.038$)
T≤2 & T>6	—	年轻($P=0.000$)　可爱($P=0.007$)　好看($P=0.015$)

续表

时长区间	均值比较结果(差异显著者)	
	前者	后者
$2<T\leqslant 4$ & $4<T\leqslant 6$	—	微笑($P=0.000$) 可爱($P=0.041$) 大方($P=0.015$)
$2<T\leqslant 4$ & $T>6$	自信($P=0.048$) 热情($P=0.013$)	年轻($P=0.013$) 可爱($P=0.003$) 好看($P=0.014$)
$4<T\leqslant 6$ & $T>6$	微笑($P=0.003$)	—

1. 汉语学习时长 $T\leqslant 2$ 的学习者与其他时长区间相比对教师个性要素无显著性期待,原因可能在于该阶段学习者语言障碍较大、学习任务较重、情感焦虑程度较高有关。

2. 汉语学习时长 $2<T\leqslant 4$ 的学习者对教师的"自信"和"热情"期待显著。该阶段学习者已克服基本的语言交际障碍,正向高级语言学习迈进,碰到的语言问题相对较多,迫切需要教师的热情帮助。经访谈,学生认为教学不自信的教师常常不能很好地回答他们的问题,会让他们有种无助感。

3. 汉语学习时长 $4<T\leqslant 6$ 的学习者显著期待面带微笑、真诚善良、可爱大方的教师。我们认为该阶段学习者已无较大语言障碍,期待能够建立良好互动的师生关系,因此,对教师的表情、品行和性格有着较为显著的期待。

4. 汉语学习时长 $T>6$ 的学习者对教师的相貌要素如"年轻""可爱""好看"有着显著性期待。为何学习时间越长,反而对教师的相貌要素期待越显著呢?我们对各时长区间学习者的年龄进行了统计,结果如表 5-2:

表5－2　汉语学习时长四个区间学习者的平均年龄统计

时长区间	区间人数	区间平均年龄
T≤2	161	24.59
2＜T≤4	81	22.73
4＜T≤6	21	21.29
T＞6	26	18.88

汉语学习时长越长的学习者平均年龄越小，T＞6区间的平均年龄只有18.88岁，正值青少年期成熟阶段，对自己和他人相貌要素的关注是这一阶段学习者的特点之一。从各时长区间的平均年龄来看，18.88—24.59岁恰是埃里克森心理社会发展八个阶段中的成年早期，即“亲密对孤独”的时期，再加上跨文化适应、语言学习焦虑和语言学习需要等原因，该阶段学习者对教师的相貌要素、性格性情、人生态度比较关注。

二、基于学习者汉语学习时长差异的优秀汉语教师教学要素

教学要素中，除“负责任（$P=0.029$）”“课堂内容丰富有趣（$P=0.026$）”“用心（$P=0.000$）”“熟悉中国文化（$P=0.015$）”“常用实物教汉语（$P=0.001$）”“偶尔室外上课（$P=0.003$）”“学期教学计划清楚（$P=0.016$）”“按时上下课（$P=0.002$）”“板书清楚（$P=0.049$）”“上课有意思（$P=0.001$）”“上课时声音大一点儿（$P=0.045$）”“不跟别的班比成绩（$P=0.032$）”“课堂教学专业（$P=0.016$）”等13条不具备方差齐性外，其他要素皆符合方差分析条件，统计结果如表5－3：

表 5－3　不同汉语学习时长学习者期待的教师教学要素比较

时长区间	均值比较结果(差异显著者)
	T≤2 相对于其他时长区间显著者
2 < T≤4	给学生问问题的时间($P=0.009$)
4 < T≤6	—
T > 6	上课前准备得很好($P=0.026$)
2 < T≤4 相对于其他时长区间显著者	
T≤2	不只讲课本上的($P=0.041$)　上课时大家很紧张($P=0.036$)
4 < T≤6	—
T > 6	不会看不起学习不好的学生($P=0.042$)　常常纠正学生的错误($P=0.011$)　上课前准备得很好($P=0.019$)　胜任对外汉语教学($P=0.008$)
4 < T≤6 相对于其他时长区间显著者	
T≤2	听取、尊重学生意见($P=0.011$)　师生关系很好($P=0.028$)　常给好的学习建议($P=0.004$)　了解学生情况($P=0.000$)　负责任($P=0.002$)　课堂内容丰富有趣($P=0.006$)　用心($P=0.021$)　令学生很感兴趣($P=0.038$)　普通话标准($P=0.013$)　语言学知识丰富($P=0.043$)　常用图片教汉语($P=0.022$)　常用实物教汉语($P=0.000$)　偶尔室外上课($P=0.008$)　详细批改学生作业($P=0.023$)　上课时声音大一点儿($P=0.008$)
2 < T≤4	常给好的学习建议($P=0.003$)　了解学生情况($P=0.002$)　负责任($P=0.006$)　令学生很感兴趣($P=0.021$)　给学生问问题的时间($P=0.007$)　普通话标准($P=0.010$)　常用图片教汉语($P=0.029$)　常用实物教汉语($P=0.006$)　偶尔室外上课($P=0.009$)　英语水平比较高($P=0.021$)

续表

时长区间	均值比较结果（差异显著者）
	$4<T\leq6$ 相对于其他时长区间显著者
$T>6$	不会看不起学习不好的学生（$P=0.042$）　听取、尊重学生意见（$P=0.017$）　平等对待学生（$P=0.023$）　讲解清楚易懂（$P=0.045$）　常给好的学习建议（$P=0.043$）　了解学生情况（$P=0.007$）　负责任（$P=0.023$）　有很多好的教学方法（$P=0.045$）　课堂内容丰富有趣（$P=0.021$）　普通话标准（$P=0.030$）　上课前准备得很好（$P=0.032$）
$T>6$ 相对于其他时长区间显著者	
$T\leq2$	穿着打扮合适（$P=0.010$）　常让学生看电影（$P=0.033$）　常用 PPT 上课（$P=0.034$）　通过玩游戏学习汉语（$P=0.006$）　偶尔室外上课（$P=0.000$）
$2<T\leq4$	穿着打扮合适（$P=0.017$）　通过玩游戏学习汉语（$P=0.006$）　偶尔室外上课（$P=0.004$）　上课时说得慢（$P=0.015$）　上课时大家很紧张（$P=0.035$）
$4<T\leq6$	穿着打扮合适（$P=0.039$）

教学经验告诉我们，汉语学习时长与学习者的汉语水平未必完全呈正比。为科学分析调查结果，我们先将汉语学习时长与汉语水平的关系进行了探索性统计分析。结果表明，总体上汉语学习时长与汉语水平呈显著的相关性［Pearson = 0.254，P（2-tailed）= 0.000］；但进一步对各时长区间的汉语水平进行统计，却发现汉语学习时长并不总是与汉语水平呈正相关关系，$T>6$ 区间的学习者汉语水平反而较低，如表 5－4：

表 5－4　汉语学习时长四个区间学习者的汉语水平均值统计

时长区间	汉语水平均值	标准差
T≤2	1.61	0.054 00
2＜T≤4	2.23	0.059 00
4＜T≤6	2.24	0.136 00
T＞6	1.88	0.140 00

从表 5－3 中可以看出，4＜T≤6 时长区间相对其他时长区间期待的教学要素都或多或少有相同之处。如相对于其他三个时长区间，4＜T≤6 时长区间都显著期待“常给好的学习建议”“了解学生情况”“负责任”“普通话标准”四条要素；相对于 T≤2 和 2＜T≤4 区间，4＜T≤6 时长区间显著期待“令学生很感兴趣”“常用图片教汉语”“常用实物教汉语”“偶尔室外上课”，即相对学习时长更短的学习者，4＜T≤6 时长区间学习者更期待吸引学生兴趣、直观的教学媒介、室外上课等；相对于 T≤2 和 T＞6 区间，4＜T≤6 时长区间显著期待“听取、尊重学生意见”和“课堂内容丰富有趣”两条要素，即相对于两个汉语水平较低的时长区间，4＜T≤6 时长区间学习者更期待来自教师的尊重和丰富的教学内容。

如果笼统地对 4＜T≤6 时长区间相对于其他三个时长区间期待的所有要素进行综合分析的话，那么该时长区间显著期待的要素主要集中在以下几个方面：

1. 教学形式

学习者显著期待教师能够使用直观的图片和实物进行汉语教学，也期待“偶尔室外上课”。对这些教学媒介或形式的期待显示出他们追求教学趣味性的一面。

2. 教学趣味性

学习者显著期待“课堂内容丰富有趣”“令学生很感兴趣”的汉语教师。

3. 教学语言

学习者显著期待“普通话标准”“英语水平比较高”“上课时声音大一点儿”等要素。该时长区间汉语学习者对教师的教学语言要求较为全面,既包括目的语即汉语的标准程度和洪亮程度,也包括媒介语即英语的水平。

4. 教师基本素质、能力和教学方法

在这方面学习者主要期待“讲解清楚易懂”“语言学知识丰富”和“有很多好的教学方法”等。

5. 教学意识

学习者显著期待“不会看不起学习不好的学生”“平等对待学生”的教师,充分显示了该时长区间汉语学习者对教师教学公平意识的追求。此外,学习者也期待教师“给学生问问题的时间”。

6. 教学态度

学习者显著期待的体现教学态度的教学要素主要有“负责任”“用心”“上课前准备得很好”“详细批改学生作业”。这充分体现了该时长区间学习者在汉语水平达到一定程度后继续认真学习、努力提高的心理状态。

7. 师生关系

学习者显著期待“听取、尊重学生意见”“师生关系很好”“常给好的学习建议”“了解学生情况”四条要素,充分体现了该时长区间汉语学习者对建立良好师生关系、渴望被理解被尊重的内心期待。

从上面几个方面的期待要素中可以看出，随着汉语水平的提高，$4<T\leqslant 6$ 时长区间汉语学习者对教师的教学形式、教学趣味性、教学语言、教师基本素质、教学能力、教学方法、教学意识、教学态度、师生关系等方面有了更高的要求。从期待的教学语言、教师基本素质、教学能力、教学方法、教学态度可以看出他们认真努力学习汉语的心理状态；从期待的直观教学形式和教学趣味性可以看出汉语水平达到一定程度后学习者较低的焦虑状态；从期待的教学意识和师生关系可以看出他们对教学公平、理解与尊重、情感交流与归属、自我身份认同的心理追求。可见，学习时间较长、汉语水平较高的汉语学习者对教师的要求也更高。

第二节　基于学习者汉语水平差异的优秀汉语教师要素

在前文的多处分析中，我们都在假设学习者的汉语水平因素决定着他们对优秀汉语教师要素的期待内容与程度。那么，汉语水平因素在优秀汉语教师要素期待中究竟起着什么样的作用？本节将进行具体的统计与分析。

一、基于学习者汉语水平差异的优秀汉语教师个性要素

我们将学习者汉语水平分为初级、中级和高级三个阶段，与教师个性要素进行相关性分析后发现，汉语水平与“热情（$P=0.001$）”“真诚（$P=0.006$）”“亲切（$P=0.046$）”“耐心（$P=0.003$）”呈显著的正相关关系，与“年轻（$P=0.042$）”“可爱（$P=0.012$）”

“好看（$P=0.032$）”呈显著负相关关系，即学习者汉语水平越高，越期待热情、真诚、亲切、耐心的教师，但对教师相貌要素的期待却越来越低。单因素方差分析结果如表5－5：

表5－5　不同汉语水平学习者期待的教师个性要素比较

汉语水平	均值比较结果（差异显著者）	
	前者	后者
初级＆中级	—	思想开放（$P=0.033$）　大方（$P=0.041$）　友好（$P=0.023$）　热情（$P=0.002$）　真诚（$P=0.040$）　亲切（$P=0.028$）
初级＆高级	年轻（$P=0.035$）　可爱（$P=0.008$）　好看（$P=0.019$）	热情（$P=0.004$）　真诚（$P=0.008$）　耐心（$P=0.000$）
中级＆高级	可爱（$P=0.032$）　好看（$P=0.028$）　温和（$P=0.039$）	耐心（$P=0.001$）

表5－5显示，相比而言，初级水平与中级水平学习者显著期待教师的相貌要素，如“可爱”“好看”，只是前者更期待“年轻”的教师，后者更期待“温和”的教师。与初级水平学习者相比，中级水平学习者更期待友好亲切、大方热情、真诚和思想开放的教师，表现出与教师“不设防”或“无障碍”交际的愿望。与初级水平学习者相比，中级与高级水平学习者都显著期待热情真诚的教师；与初级和中级水平学习者相比，高级水平学习者还显著期待耐心的教师。简而言之，学习者水平是从初级到高级，对教师的期待是从相貌因素到品行因素，恰如由浅入深、由相识到相知再到敢于提出要求的交友过程，反映了不同汉语水平的学习者与教师之间所形成或所期待师生关系的深入程度。

二、基于学习者汉语水平差异的优秀汉语教师教学要素

不同汉语水平学习者对教师个性要素的期待显示出了明显的层次性和连续性。那么,不同汉语水平学习者对教师教学要素的期待是否同样如此呢?我们首先将被调查者的汉语水平与教师教学要素进行相关性分析,结果如表5-6:

表5-6 汉语水平与优秀汉语教师教学要素之间的相关性统计

教学要素	Pearson 相关性	显著性(双侧)	N
不会看不起学习不好的学生	0.137*	0.020	288
听取、尊重学生意见	0.181**	0.002	286
愿意回答学生问题	0.204**	0.000	288
平等对待学生	0.150*	0.011	287
愿意帮助学生	0.207**	0.000	289
师生关系很好	0.136*	0.021	288
讲解清楚易懂	0.196**	0.001	288
热爱汉语教学工作	0.145*	0.014	289
常给好的学习建议	0.124*	0.036	287
上课时和学生交流多	0.143*	0.015	288
负责任	0.223**	0.000	287
有很多好的教学方法	0.146*	0.013	289
课堂内容丰富有趣	0.217**	0.000	288
用心	0.322**	0.000	290
常常纠正学生的错误	0.120*	0.041	288
令学生很感兴趣	0.163**	0.006	289
熟悉中国文化	0.142*	0.016	287
语言学知识丰富	0.168**	0.004	287

续表

教学要素	Pearson 相关性	显著性(双侧)	N
汉语知识丰富	0.180**	0.002	287
知识丰富	0.194**	0.001	285
上课时精神饱满	0.142*	0.016	288
多给学生练习的机会	0.144*	0.015	289
每周教学计划清楚	0.130*	0.028	287
上课前准备得很好	0.142*	0.016	289
认真	0.179**	0.002	289
按时上下课	0.182**	0.002	287
教学安排合理	0.183**	0.002	283
详细批改学生作业	0.132*	0.026	286
不只讲课本上的	0.213**	0.000	290
教学方法科学有效	0.175**	0.003	287
英语水平比较高	-0.121*	0.041	285
上课时说得慢	-0.182**	0.002	289
上课时大家很紧张	-0.331**	0.000	277
作业不太多	0.127*	0.031	288

与汉语水平呈正相关的优秀汉语教师教学要素较为丰富，主要包括：基础知识，如“熟悉中国文化”“语言学知识丰富”“汉语知识丰富”“知识丰富”等；教学态度，如“热爱汉语教学工作”“负责任”“用心”“上课前准备得很好”“认真”“详细批改学生作业”等；教学能力和方法，如“讲解清楚易懂”“上课时和学生交流多”“有很多好的教学方法”“常常纠正学生的错误”“令学生很感兴趣”“多给学生练习的机会”“教学方法科学有效”等；师生关系，如“不会看不起学习不好的学生”“听取、尊重学生意见”“愿意回答学生问题”“平等对待学生”“愿意帮助学生”“师生关系很好”“常给好的学习建议”等；教学计划，如“每周教学计划清楚”“按时上下课”

“教学安排合理”等;教学内容,如“课堂内容丰富有趣”和“不只讲课本上的”。其他有教学仪态方面的“上课时精神饱满”和作业方面的“作业不太多”。汉语水平越高越期待上述教学要素,汉语水平越高对教师的基础知识、教学态度、教学能力和方法、师生关系、教学计划、教学内容等期待越高,这也是高年级汉语教学对任课教师要求较高的原因之一。

我们对初、中、高三个阶段的被调查者对教师教学要素的期待进行了单因素方差分析。方差齐性检验显示,有31条教学要素不具备方差齐性:“用心($P=0.000$)”“有很多好的教学方法($P=0.000$)”“常用PPT上课($P=0.000$)”“课堂内容丰富有趣($P=0.001$)”“负责任($P=0.002$)”“板书清楚($P=0.002$)”“平等对待学生($P=0.003$)”“汉语知识丰富($P=0.005$)”“教学方法科学有效($P=0.005$)”“上课时说得慢($P=0.005$)”“愿意回答学生问题($P=0.006$)”“不只讲课本上的($P=0.006$)”“上课有意思($P=0.008$)”“讲解清楚易懂($P=0.013$)”“熟悉中国文化($P=0.013$)”“多给学生练习的机会($P=0.019$)”“教学安排合理($P=0.019$)”“普通话标准($P=0.021$)”“详细批改学生作业($P=0.021$)”“常让学生看电影($P=0.023$)”“不跟别的班比成绩($P=0.026$)”“热爱汉语教学工作($P=0.028$)”“上课时声音大一点儿($P=0.034$)”“愿意帮助学生($P=0.035$)”“上课时和学生交流多($P=0.039$)”“关心学生理解情况($P=0.039$)”“听取、尊重学生意见($P=0.040$)”“按时上下课($P=0.040$)”“常常纠正学生的错误($P=0.044$)”“创造语境让学生练习($P=0.044$)”“知识丰富($P=0.045$)”。在统计这些不具有方差齐性的教学要素时,依然采用了“不假设等方差”条件下的因素分析。具体结果如表5-7:

表 5－7　不同汉语水平学习者期待的教师教学要素比较

汉语水平	均值比较结果(差异显著者)	
	前者	后者
初级 & 中级	英语水平比较高(P=0.032)　上课时说得慢(P=0.007)　上课时声音大一点儿(P=0.019)	平等对待学生(P=0.047)　热爱汉语教学工作(P=0.045)　上课时和学生交流多(P=0.014)　负责任(P=0.048)　有很多好的教学方法(P=0.041)　课堂内容丰富有趣(P=0.037)　用心(P=0.000)　普通话标准(P=0.029)　汉语知识丰富(P=0.011)　知识丰富(P－0.015)　上课时精神饱满(P=0.024)　上课时表情丰富(P=0.031)　认真(P=0.007)　教学方法科学有效(P=0.003)　上课时大家很紧张(P=0.014)
初级 & 高级	上课时说得慢(P=0.012)　上课时大家很紧张(P=0.000)	不会看不起学习不好的学生(P=0.021)　听取、尊重学生意见(P=0.000)　愿意回答学生问题(P=0.000)　平等对待学生(P=0.016)　愿意帮助学生(P=0.000)　师生关系很好(P=0.018)　讲解清楚易懂(P=0.001)　热爱汉语教学工作(P=0.019)　常给好的学习建议(P=0.029)　上课时和学生交流多(P=0.035)　负责任(P=0.000)　有很多好的教学方法(P=0.020)　课堂内容丰富有趣(P=0.000)　用心(P=0.000)　令学生很感兴趣(P=0.005)　熟悉中国文化(P=0.010)　语言学知识丰富(P=0.004)　汉语知识丰富(P=0.004)　知识丰富(P=0.001)　上课时精神饱满(P=0.029)　多给学生练习的机会(P=0.005)　每周教学计划清楚(P=0.038)　上课前准备得很好(P=0.009)　认真(P=0.005)　按时上下课(P=0.000)　教学安排合理(P=0.002)　详细批改学生作业(P=0.012)　不只讲课本上的(P=0.000)　教学方法科学有效(P=0.020)　作业不太多(P=0.019)　上课有意思(P=0.012)　不用或少用英语上课(P=0.030)

续表

汉语水平	均值比较结果(差异显著者)	
	前者	后者
中级&高级	上课时大家很紧张($P=0.000$)	听取、尊重学生意见($P=0.000$) 愿意回答学生问题($P=0.002$) 愿意帮助学生($P=0.004$) 讲解清楚易懂($P=0.038$) 负责任($P=0.003$) 课堂内容丰富有趣($P=0.026$) 用心($P=0.001$) 常常鼓励、表扬学生($P=0.039$) 下课常跟学生聊天儿($P=0.002$) 创造语境让学生练习($P=0.037$) 多给学生练习的机会($P=0.014$) 上课前准备得很好($P=0.022$) 按时上下课($P=0.001$) 教学安排合理($P=0.035$) 详细批改学生作业($P=0.033$) 不只讲课本上的($P=0.001$) 作业不太多($P=0.036$) 上课有意思($P=0.001$) 多问学生课文内容($P=0.022$) 不用或少用英语上课($P=0.032$)

从表5-7可以看出,初级学习者期待的要素不多:他们相对中级,仅对教师较高的英语水平、较慢的语速和洪亮的声音有着显著性期待,这些要素都是他们对可懂输入的基本要求。初级和中级学习者相对高级学习者,都显著期待“上课时大家很紧张”这一要素。这一要素显示出学习者对自己学习过程中紧张不安的心理状态即焦虑的认同,反映了初级和中级学习者在学习汉语的过程中存在的焦虑状态。

中级学习者相对初级显著期待以下几个方面的要素:(1)教学态度——他们期待负责任、用心、认真、热爱汉语教学工作的教师。(2)教师知识素质——他们期待知识丰富的汉语教师。(3)教学方法——他们期待丰富、科学、有效、多与学生交流的教学方法。(4)教学仪态——他们期待“上课时精神饱满”“上课时表情丰富”的教师。另外,他们期待“平等对待学生”“课堂内容丰富有趣”的教师。

中级学习者相比初级对教师教学要素的要求比较多,也比较高,显示了中级学习者希望在教师的帮助下,努力学习汉语知识、积极提高汉语水平、对教学趣味和公平有一定追求的心理状态。需要特别注意的一点是,中级学习者相对初级对教学语言没有明显的要求,说明该阶段汉语学习者基本达到了能够理解目的语的水平。

高级学习者相对初级和中级又提出了更高、更具体的要求,他们主要期待以下几个方面:(1)教学态度——除了与中级学习者同样期待“负责任”“用心”以外,高级学习者还对备课和批阅作业的态度即“上课前准备得很好”和“详细批改学生作业”这两个教学环节提出了具体的要求。(2)教学能力和方法——高级学习者对教师“讲解清楚易懂”的能力和练习方法提出了具体明确的要求,后者包括“创造语境让学生练习”“多给学生练习的机会”和“多问学生课文内容”。这些要素符合二语习得机制(可懂输入与在使用中习得第二语言),是提高汉语教学效率、有效促进二语习得的必要条件。(3)师生关系——中级学习者对师生关系要求不高,但高级学习者对师生关系提出了明确的要求:“听取、尊重学生意见”“愿意回答学生问题”“愿意帮助学生”“常常鼓励、表扬学生”“下课常跟学生聊天儿”等。从这些要素中可以看出,高级学习者期待得到教师的尊重、帮助、鼓励、表扬等。(4)教学计划——高级学习者对教师的教学计划性提出了明确的要求,如"按时上下课"和"教学安排合理",表明高级学习者有着较强的学习计划性和主动性。(5)教学内容——高级学习者与中级学习者一样,期待"课堂内容丰富有趣",但比中级学习者更明确期待"不只讲课本上的"。这显示出高级学习者对丰富教学内容的期待以及对过度依赖教材教学行为的反感。(6)教学语言——与初级学习者显著期待"英语水平比较高"、中级学习者无明显教学语言期待相比,高级学习者反而显著期待教师"不用或少用英语上课"。这表现出随着目的语水平的提高,语言学习者由依靠教学媒介语到摆脱教学媒介语的变化过程。显然,这一过程也与第二语言的习得机制有关。Kroll & Stewart(1994)的修正层级模型认为,在习得初级阶段,二语通过一语词汇与概念连接,也称为词汇连接;在习得的中高级阶段,二语词汇渐渐地直接与二语概念相连接,也称为概念连接。一语或已经掌握的语言在二语习得过程中有着概念调节的作用,但随着第二语言水平的提高,学习者将会逐步摆脱一语或已经掌握语言的帮助而直接学习或使用二语。

从上面的对比分析中可以看出,随着目的语水平的提高,语言学习者对语言教师的要求也越来越高,越来越具体,越来越接近学习者第二语言习得和跨文化交际的内在需要。另外,也可以看出,学习者的现有汉语水平决定着学习者对优秀汉语教师教学要素的期待内容和程度。不同汉语水平学习者对优秀汉语教师教学要素的期待体现出了比较明确的层次性和连续性。

第三节　结论与启示

本章从学习者的汉语学习时长和汉语水平两个角度考察了优秀汉语教师的组成要素。我们发现不同汉语学习时长和汉语水平学习者对优秀汉语教师的个性要素和教学要素有着不同的显著性期待。这些不同的显著性期待要素表现出了一个鲜明的特点:汉语学习时长越短、水平越低,对教师的相貌要素和教学语言要素要求越高;汉语学习时长越长、水平越高,对教师的基础知识、教学能力和方法、教学内容、教学态度、教学意识(包括跨文化交际意识、练习意识、教学公平意识、职业意识等)期待越高,对包括教学媒介语在内的教学语言要求越来越低。不同汉语学习时长和汉语水平学习者对教师个性要素和教学要素的期待内容体现出了鲜明的层次性和连续性。

从汉语水平越高的学习者对教师的要求也越高、越全面这一结论可以看出,学习者学习汉语的过程,其实也是一个满足自身需要的跨文化交际过程,即他们的学习甚至所有学习者的学习都不仅仅是学习这一行为本身,都不仅仅是一个课堂空间内的问题,他们还有对人类普遍意义的基本追求。借用马斯洛的需要层次理论可以让我们对本研究统计结果有一个更为清楚的认识。马斯洛需要层次理论分为匮乏性需要和成长性需要,前者也叫基本需要,主要包括生理需要、安全需要、归属需要、自尊需要,后者主要指自我实现需要。匮乏性需要的满足在很大程度上依赖于他人和环境,而成长性需要则能够在相当程度上独立于他人和环境。汉语水平越高的学习者对教师知识、教学、关怀、公平、尊重的追求越高，恰恰说明了学习者的汉语学习过程也是一个在目的语文化里追求生理需要、安全需要、归属需要、自尊需要甚至自我实现需要满足的跨文化交际过程。

我们建议，国际汉语教师应该做到：首先，了解不同汉语学习时长和汉语水平学习者对教师的要求是不同的。其次，在汉语国际教育过程中可按照不同汉语水平学习者的期待标准，灵活地对各阶段汉语水平学习者施以不同的教学行为，如对初级汉语水平学习者，可以使用英语、学习者母语或其他媒介语进行教学，也应该放慢语速；相反，对高级汉语水平学习者，应该不用或少用英语、学习者母语或其他媒介语，尽可能多地使用汉语来进行教学。再如，对初级汉语水平学习者，应认真尽力地做好语言教学工作，努力提高学习者的基本交际能力；而对高级汉语水平学习者，则应该在做好语言教学工作的同时，为学习者开展更为丰富深入的跨文化交流与人文关怀活动。最后，初级和中级汉语水平学习者的焦虑程度较高，课堂学习常出现紧张不安的心理状态，这是正常的反应。国际汉语教师在做好语言教学工作的同时，还应给予初级和中级汉语水平学习者更多的帮助和关怀。

我们发现，一部分学习者对汉语教师的外在形象有着较高的期待。亓华等（2013）考察的三组留学生开学第一次上课首先会注意到教师的声音，其次是外貌长相，再次是体态举止，最后是服装打扮。汉语教师的服饰、外貌、声音等客体语会对12.50%到54.76%的不同国别的留学生产生影响。教师的相貌和穿着打扮并非是影响汉语教学的主要因素，但在教学中，因服饰礼仪等非言语交际问题造成师生间的不快不满乃至抵制冲突的事例并不少见。我们不主张在教师的选拔中过多地考虑相貌和穿着打扮因素,更反对以貌取人,但在国际汉语教师教育或培训过程中,应该适当考虑汉语学习者对教师外在形象的期待,对受训教师在外在形象方面给予软性引导或在穿着打扮方面提出统一的要求。

第六章　基于学习者学习焦虑差异的优秀汉语教师要素

学习者个体差异不仅表现在心理发展因素（年龄、性别）、社会文化背景因素（国籍、母语所属语系、家庭背景）、学习经历因素（汉语学习时长、汉语水平）等方面，还更多地表现在学习者的心理方面，主要包括情感因素和认知因素。从本章起，我们将从学习者的情感因素（学习焦虑）和认知因素（学习动机、学习策略、学习风格）两个方面来考察汉语学习者心目中的优秀汉语教师个性要素和教学要素。

第一节　语言学习焦虑研究概述

人本主义心理学的发展使教育中的情感因素越来越受到重视。焦虑研究最早出现在20世纪40年代的教育心理学领域，而外语学习焦虑研究开始于20世纪70年代。Horwitz *et al*.（1986）将语言学习焦虑定义为“一种产生于外语学习过程和课堂外与学习相关联的有关自我知觉、信念、情感和行为的独特的综合体”；Gardner & MacIntyre（1993）则认为外语焦虑是“当一个成人需要运用他所不熟悉的第二语言时所感受到的忧惧”；Yukie Aida 认为焦虑是“语言学习过程中所特有的，对和课堂语言学习有关的自我意识、信仰、感情及行为明显的忧虑和恐惧”（转引自钱旭菁，1999）。由此可以看出，语言焦虑是语言学习所特有的一种复杂的心理现象。

第二语言习得研究发现，语言学习焦虑是影响第二语言习得的重要因素。但在其研究初始阶段，由于缺乏专门的高信度、高效度的测量工具，只能借助教育心理学领域的焦虑概念和量表，所以统计结果常表现出不一致的情况。如 Chastain（1975）采用特质焦虑量表和考试焦虑量表对语言学习焦虑与学习成绩的关系进行探索，结果发现语言学习焦虑与法语、德语和西班牙语成绩分别呈正相关、负相关以及零相关。直到 1986 年，Horwitz 等人终于设计出了效度较高的外语课堂焦虑量表（The Foreign Language Classroom Anxiety Scale，FLCAS），标志着相关研究进入了新的发展阶段。国外语言学习焦虑研究主要集中于四个方面，即语言学习焦虑的本质、语言学习焦虑与成绩的关系、语言学习焦虑量表的制定、语言学习焦虑因素与其他学习因素的关系。国内语言学习焦虑研究始于 21 世纪初的英语教学界，主要探讨英语学习焦虑与成绩的关系、英语学习焦虑的主要影响因素、英语学习焦虑与其他学习因素的关系以及如何降低英语学习焦虑等。

对外汉语教学界也在 21 世纪初开始关注汉语教学过程中的情感因素，如叶景林和张东旭（1999）、马兰（2000）、卢娅（2003）、韩秀梅（2004）、景萍（2005）等。而明确将汉语学习焦虑纳入研究视野的是钱旭青（1999），该文考察了留学生的年龄、性别、国别、汉语学习时长、是否华裔、期望值、自我评价、学习成绩与语言学习焦虑之间的关系，结果发现，留学生汉语学习焦虑主要与国别和自我评价相关。焦虑对汉语学习有负面影响，这主要表现在口语方面。

而年龄、性别、汉语学习时长、是否华裔以及期望值等因素和焦虑没有明显关系。张莉(2001、2002)、张莉和王飙(2002)对汉语学习焦虑进行了系统研究。张莉(2001)就留学生汉语学习焦虑与口语流利性的关系进行了研究,认为汉语学习焦虑对留学生口语流利性有很大的影响。张莉和王飙(2002)就留学生汉语学习焦虑与成绩的相关性进行了调查与分析,结果发现汉语学习焦虑与留学生 HSK 总成绩以及听力和语法分项成绩呈显著负相关,与阅读和综合填空分项成绩无显著相关。张莉(2002)对日韩和欧美学生阅读焦虑感进行了研究,结果发现同日韩学生相比,欧美学生阅读焦虑感绝对程度较低。其他较有影响的一些研究成果,如张晓路(2008)对留学生汉语使用焦虑与归因相关性进行了研究,发现在外语学习环境中,将成功归因于内部因素(能力、努力)的学习者的外语学习焦虑程度高于将成功归因于外部因素(任务难度、运气)的学习者,尤其是当学习者将成功归因于内部可控因素(努力)时,他们在日常交流和参加 HSK 考试时的外语学习焦虑程度更高。何姗(2014)通过问卷对外国留学生在汉语学习和使用过程中的焦虑情况进行了调查,结果发现,影响外国留学生汉语学习和使用焦虑的因素包括性别、生源地、是否华裔、汉语水平、对汉语的评价、学习汉语时间和在华时间,而学习者的年龄及其所学过外语的门数则与汉语学习焦虑程度无关。近年,又涌现出了一大批将汉语学习焦虑作为研究主题的硕士学位论文,恕不一一列举。

汉语学习焦虑研究取得了一定成就,但也存在若干问题。如研究内容相对集中,前期研究多集中在焦虑与学习成绩或某项语言技能之间的相关性,后期多集中于某类或某些群体的焦虑状况、影响因素、解决办法;研究对象相对集中,多以日韩和欧美学习者为对象，尽管近年一些研究逐步将目光转移到其他国家学习者；将性别、国别、是否华裔、汉语水平、汉语学习时长等因素作为个体差异的研究成果较多，且研究结论多有相互抵触之处；将焦虑作为个体差异的研究成果不多，多数文章只是在文后结合研究结论简单地谈一下教学注意事项。

本章借助 Horwitz *et al*. (1986)设计的"外语课堂焦虑量表"对不同焦虑程度和焦虑类型的留学生期待的优秀教师要素进行调查、统计与分析。调查量表克隆巴赫系数为 0.877。

FLCAS 是外语学习焦虑研究影响广泛的测量工具之一，具有较高的内部一致性（一致性信度为 0.93，重测信度为 0.83）。该量表共分为交际焦虑（Communication Apprehension）、考试焦虑（Test Anxiety）和负评价焦虑（Fear of Negative Evaluation）三类 33 项调查项目。交际焦虑是当学生意识到不能用外语自由地表达、自己又不能理解他人所说的内容时所产生的畏惧，常表现为交际回避或交际退缩。考试焦虑是学生在教师对其所学的语言知识进行考察评估时所产生的焦虑，源于学生对失败的害怕。负评价焦虑指的是学生对他人评价的担忧、对评价场合的逃避以及对可能面临的负面评价的心理逃避。

第二节　学习者学习焦虑类型统计与分析

我们将调查项目按照内容细分为交际焦虑（1、3、4、13、14、15、18、20、24、27、29、32）、考试焦虑（8、10、21）、负评价焦虑（7、23、31）、犯错焦虑（2、9、19、33）、课堂焦虑（5、6、11、12、16、17、22、25、26、28、

30)五种情况。[①] 其中,交际焦虑、考试焦虑、负评价焦虑的内涵与外延同前辈学者,而犯错焦虑主要指由于准备不够或汉语水平有限而担心犯错的焦虑,课堂焦虑主要指课前或上课过程中表现出来的紧张与不安。交际焦虑又分为课堂表达(说)、课堂理解(听)、与中国人交际三类。调查形式为李克特五度量表,从“完全不同意”到“完全同意”分别赋值“1”“2”“3”“4”“5”。现将均值高于3.0000分的调查项目整理如表6－1:

表6－1　均值高于3.0000分的调查项目

FLCAS项目	N	均值	标准差	方差
我很担心汉语考试不过。	190	3.3316	1.168 62	1.366
我总觉得同学比自己更会学汉语。	190	3.2263	1.011 23	1.023
我觉得其他同学的汉语讲得比我好。	190	3.1818	0.996 87	0.994
汉语课上得很快,我担心跟不上会落后。	190	3.1230	1.084 21	1.176
老师问我没有准备的问题时感到紧张。	190	3.1230	0.997 80	0.996
老师改我的错误时,要是我不懂,就很不舒服。	190	3.0737	1.010 44	1.021
上汉语课时在想一些和课堂内容没有关系的事。	190	3.0316	0.975 39	0.951
要学那么多规则才能学好汉语让人头疼。	190	3.0294	0.970 70	0.942

从表6－1可以看出,各调查项目的均值并不高,超过3.0000分者仅8条,且最高得分尚未超过3.5000分。均值最高的项目属于考试焦虑,即“我很担心汉语考试不过”,其次是负评价焦虑,即

① 括号中数字为FLCAS序号。

“我总觉得同学比自己更会学汉语”“我觉得其他同学的汉语讲得比我好”。这也证实了 Bailey(1983)的看法,该文分析了11位学习者的日记,发现当他们与其他同学相比较并发现自己不足的时候极易变得焦虑不安。“老师问我没有准备的问题时感到紧张”这一点也印证了 Ellis & Rathbone(1987)的研究结果,即一些学习者的焦虑来自于教师的问题威胁(Question Threatening)。

本次接受调查的学习者汉语学习焦虑程度并不高,且主要是负评价焦虑和考试焦虑。现将各焦虑类型均值、标准差和方差统计如表6－2:

表6－2　各焦虑类型均值描述统计量

焦虑类型	N	均值	标准差	方差
负评价焦虑	190	2.9934	0.817 26	0.668
考试焦虑	190	2.9213	0.666 28	0.444
课堂焦虑	190	2.7963	0.414 06	0.171
犯错焦虑	190	2.7794	0.682 08	0.465
交际焦虑	190	2.7638	0.567 08	0.322

表6－2数据显示,各类焦虑的均值不高,最高项是负评价焦虑和考试焦虑,其次是课堂焦虑、犯错焦虑和交际焦虑。

第三节　基于学习者学习焦虑程度和类型差异的优秀汉语教师个性要素

一、不同焦虑程度学习者期待的优秀汉语教师个性要素

我们将被调查者的汉语学习焦虑程度总分与教师个性要素进

行了相关性分析，结果如表6－3：

表6－3　学习者汉语学习焦虑程度与教师个性要素的相关性

个性要素	Pearson 相关性	显著性(双侧)	N
幽默	－0.244**	0.001	190
思想开放	－0.160*	0.027	190
自信	－0.150*	0.039	190
易交流	－0.158*	0.029	190
年轻	0.338**	0.000	190
可爱	0.238**	0.001	190
好看	0.238**	0.001	190
热情	－0.167*	0.021	190
真诚	－0.159*	0.028	190
耐心	－0.170*	0.019	190

表6－3数据显示，焦虑程度同“幽默”“思想开放”“自信”“易交流”“热情”“真诚”“耐心”呈显著负相关，即焦虑程度越高的学习者越不期待具有这些个性要素的教师。相反，焦虑程度与“年轻”“可爱”“好看”呈显著正相关，即焦虑程度越高的学习者对教师年轻、可爱、好看的相貌因素期待越高。

根据 Horwitz *et al*. (1986)的观点，外语焦虑有三种不同层面的症状表现：(1)生理层面，如手心出汗、心跳和脉搏加快，声音异常，说话没有语调和节奏，课堂上被叫起来回答问题时呆立不动或保持沉默。(2)情绪层面，如不安、灰心、自我否定、忧虑和紧张。(3)认知层面，包括注意力不集中、记忆力减退、疏解压力功能降低、社会功能减退或丧失等。在这种紧张不安的心境下，在面对一位“幽默”“思想开放”“自信”“易交流”“热情”“真诚”“耐心”的教师时恐会更加紧张与不安。该调查结果与学习者因汉语水平较低而担心无法使用汉语与教师交流有关。在教学实践中我们也发现，一部分入门班或初级班的汉语学习者下课后并不会选择与教师进行过多的交流。这并不是说，在面对焦虑的学习者时，教师就一定要刻意回避这些积极的个性要素。相反，应该"真诚""耐心"地以学习者能够听得懂的语言与他们沟通，尽可能地缓解他们的焦虑情绪。另外，根据调查和访谈，来华不久的留学生缓解焦虑的主要预期对象首先是来自同一国家的朋友或其他国家的朋友，其次是自己的家人，再次是汉语老师，最后是中国朋友，可见，汉语教师并不是他们缓解焦虑的主要对象。

二、不同焦虑类型学习者期待的优秀汉语教师个性要素

根据表6－4至表6－8：交际焦虑与"幽默""开朗""思想开放""自信""易交流""热情""真诚""耐心""聪明"呈显著负相关，与"年轻""可爱""好看"呈显著正相关。考试焦虑与"年轻""可爱""好看"呈显著正相关，与"亲切"呈显著负相关。负评价焦虑与"年轻""可爱""好看""大方"呈显著正相关，与"幽默"呈显著负相关。犯错焦虑与"幽默""热情"呈显著负相关，与"年轻"呈显著正相关。课堂焦虑与"幽默""易交流""耐心"呈显著负相关，与"年轻""可爱""好看"呈显著正相关。

表6－4　交际焦虑与教师个性要素相关性统计

个性要素	Pearson 相关性	显著性（双侧）	*N*
幽默	－0.273**	0.000	190
开朗	－0.171*	0.018	190
思想开放	－0.211**	0.004	190
自信	－0.144*	0.047	190
易交流	－0.186*	0.010	190

续表

个性要素	Pearson 相关性	显著性(双侧)	N
年轻	0.280**	0.000	190
可爱	0.178*	0.014	190
好看	0.202**	0.005	190
热情	-0.197**	0.006	190
真诚	-0.208**	0.004	190
耐心	-0.173*	0.017	190
聪明	-0.154*	0.033	190

表 6-5　考试焦虑与教师个性要素相关性统计

个性要素	Pearson 相关性	显著性(双侧)	N
年轻	0.207**	0.004	190
可爱	0.194**	0.007	190
好看	0.203**	0.005	190
亲切	-0.154*	0.034	190

表 6-6　负评价焦虑与教师个性要素相关性统计

个性要素	Pearson 相关性	显著性(双侧)	N
幽默	-0.166*	0.022	190
年轻	0.288**	0.000	190
可爱	0.269**	0.000	190
好看	0.203**	0.005	190
大方	0.164*	0.023	190

表 6-7　犯错焦虑与教师个性要素相关性统计

个性要素	Pearson 相关性	显著性(双侧)	N
幽默	-0.173*	0.017	190
年轻	0.257**	0.000	190
热情	-0.154*	0.034	190

表6－8　课堂焦虑与教师个性要素相关性统计

个性要素	Pearson 相关性	显著性(双侧)	N
幽默	−0.203**	0.005	190
易交流	−0.152*	0.036	190
年轻	0.326**	0.000	190
可爱	0.230**	0.001	190
好看	0.238**	0.001	190
耐心	−0.159*	0.028	190

从各表的统计可以看出，各焦虑类型与优秀汉语教师个性要素之间的相关性大同小异，“同”的是各焦虑类型并不期待教师的积极个性要素，如“幽默”“开朗”“思想开放”“自信”“易交流”“热情”“真诚”“亲切”“耐心”“聪明”等，反而一致期待教师的外在相貌要素，如“年轻”“可爱”“好看”等。“异”的是与各焦虑类型呈显著负相关的要素稍有不同。具体原因可参考下一节的分析。

第四节　基于学习者学习焦虑程度和类型差异的优秀汉语教师教学要素

一、不同焦虑程度学习者期待的优秀汉语教师教学要素

我们将被调查者的汉语学习焦虑程度总分与教师教学要素呈显著相关的条目统计如表6－9：

表6-9　学习者汉语学习焦虑程度与教师教学要素的相关性

教学要素	Pearson 相关性	显著性(双侧)	N
不会看不起学习不好的学生	-0.155*	0.033	190
上课时和学生交流多	-0.162*	0.026	190
汉语知识丰富	-0.178*	0.014	190
知识丰富	-0.182*	0.012	190
上课时精神饱满	-0.144*	0.047	190
常让学生看电影	0.163*	0.025	190
常用图片教汉语	0.182*	0.012	190
常用 PPT 上课	0.270**	0.000	190
通过玩游戏学习汉语	0.145*	0.046	190
严格	0.245**	0.001	190
不只讲课本上的	-0.147*	0.043	190
英语水平比较高	0.292**	0.000	190
上课时说得慢	0.177*	0.015	190
上课时大家很紧张	0.420**	0.000	190
上课时声音有变化	0.197**	0.006	190
上课时声音大一点儿	0.308**	0.000	190

与焦虑程度呈显著负相关的教学要素主要有“不会看不起学习不好的学生”“上课时和学生交流多”“汉语知识丰富”“知识丰富”“上课时精神饱满”“不只讲课本上的”等六条。可以看出,焦虑程度越高的学习者越有可能处于习得性无助、自我封闭、消极被动的状态,因为学习者焦虑程度越高,越排斥教师丰富的知识、饱满的精神、多量的交流,他们甚至毫不关心教师是否有歧视低水平学生的教学态度。焦虑程度较高的学习者不喜欢教师拓展相关内容是可以理解的,因为他们可能连教材里的内容都未必能够完全掌握。

与焦虑程度呈显著正相关的教师教学要素可分为轻松的教学

形式、恰当生动的教学语言、严格的教学态度和紧张的教学气氛。在教学形式上他们主要期待玩游戏等课堂活动及使用 PPT、图片、电影等可视的教学媒介，这些教学形式或可在一定程度上缓解他们的焦虑情绪。在教学语言上他们对教师的英语水平、语速、声音大小、语调变化等都有着一定的要求，这些语言形式上的要求或许能够增加他们对目的语的理解，从而缓解他们的焦虑与不安。但在教学态度和气氛上，他们期待严格的教学态度和紧张的学习气氛。由此看来，焦虑程度较高的学习者有学好汉语的强烈愿望，并希望教师对自己严格要求。之所以期待紧张的学习气氛，估计是因为只有这种气氛才与他们焦虑的心境相契合。另外，也可能是上文曾经提到的原因，即学习者对自己紧张学习状态的认同。

可见，焦虑程度较高的学习者似乎处于感情上的孤岛，自我封闭，当面对一位知识丰富、精神饱满、交流较多的教师时，他们可能更为焦虑。相反，除了较为期待严格的教学态度和紧张的学习气氛外，他们对优秀汉语教师期待的内容多是一些无“情”的教学形式要素，即教学形式和教学语言。

二、不同焦虑类型学习者期待的优秀汉语教师教学要素

（一）交际焦虑学习者期待的优秀汉语教师教学要素

如表 6－10，交际焦虑越强的学习者越排斥“上课时和学生交流多”“不只讲课本上的”是可以理解的。但这些学习者比较排斥教师丰富的知识、充分的课前准备、清楚易懂的讲解、用实例的教学方法、了解学生、关心学生、负责任、不会看不起学习不好的学生等条目，这种情况与焦虑者的情感封闭、自我否定等有关。显然，

国际汉语教师在面对交际焦虑较强的学习者时,不应一味地去迎和他们的想法,相反应该为这些焦虑者制造成功的机会,增强语言交际自信,协助焦虑者打开情感牢笼。与交际焦虑呈显著正相关者同样多是一些教学形式的期待,期待要素显示出无"情"的特征。

表6-10　交际焦虑与教师教学要素相关性统计

教学要素	Pearson 相关性	显著性(双侧)	*N*
不会看不起学习不好的学生	-0.163*	0.025	190
讲解清楚易懂	-0.179*	0.014	190
上课时和学生交流多	-0.209**	0.004	190
了解学生情况	-0.151*	0.038	190
负责任	-0.171*	0.018	190
常常关心学生	-0.187**	0.010	190
汉语知识丰富	-0.205**	0.005	190
知识丰富	-0.224**	0.002	190
给很多生活中的例子	-0.161*	0.026	190
上课前准备得很好	-0.149*	0.040	190
严格	0.186*	0.010	190
不只讲课本上的	-0.149*	0.041	190
英语水平比较高	0.243**	0.001	190
上课时说得慢	0.171*	0.018	190
上课时大家很紧张	0.331**	0.000	190
上课时声音有变化	0.184*	0.011	190
上课时声音大一点儿	0.308**	0.000	190

(二)考试焦虑学习者期待的优秀汉语教师教学要素

如表6-11,考试焦虑仅与"上课轻松快乐"呈显著负相关,这与考试焦虑学习者常将通过考试或分数放在第一位有关,他们一直处于紧张的学习状态之中,轻松快乐的课堂活动或气氛并不是他们期望的。与考试焦虑呈显著正相关的条目多数与负评价焦虑的相关统计相同(见表6－12),不同甚或相反的是,他们期待“常常给学生作业”,这表明考试焦虑者希图通过作业练习方式通过考试。

表6－11　考试焦虑与教师教学要素相关性统计

教学要素	Pearson 相关性	显著性(双侧)	N
上课轻松快乐	－0.142*	0.050	190
常让学生看电影	0.185*	0.010	190
常用图片教汉语	0.196**	0.007	190
常用 PPT 上课	0.292**	0.000	190
通过玩游戏学习汉语	0.204**	0.005	190
偶尔室外上课	0.211**	0.003	190
每周教学计划清楚	0.171*	0.019	190
每课教学计划清楚	0.189**	0.009	190
严格	0.180*	0.013	190
认真	0.145*	0.045	190
常常给学生作业	0.166*	0.022	190
教学方法科学有效	0.166*	0.022	190
英语水平比较高	0.192**	0.008	190
上课时说得慢	0.176*	0.015	190
上课时大家很紧张	0.341**	0.000	190
上课时声音有变化	0.168*	0.020	190
上课时声音大一点儿	0.231**	0.001	190

(三)负评价焦虑学习者期待的优秀汉语教师教学要素

如表6－12,负评价焦虑仅与“不只讲课本上的”呈显著负相关,与其呈显著正相关的除了可视的教学媒介、生动有趣的游戏活动、丰富的教学语言、严格认真的教学态度、紧张的学习气氛、不在班上批评学生外,还有清楚的教学计划、系统的教学内容与适度的作业数量。在王银泉和万玉书(2001)看来,“焦虑的学生经常会抱怨课程进展太快，他们被甩在后面了，他们需要有更多的时间用于自己的课程”。从调查项目来看，负评价焦虑主要来自于学习者之间的比较，总觉得其他学习者比自己更擅长学汉语，比自己的汉语水平更高，进而担心其他学习者笑话自己。但从上面的期待要素可以看出，负评价焦虑较强的汉语学习者仍有着较强的学好汉语的动力和意愿，但他们需要的是一点一滴、按部就班的进步。国际汉语教师在面对负评价焦虑程度较高的学习者时，应将教学公平、不放弃任何一位学习者放在第一位，并争取从宽松有趣的教学形式入手，逐步缓解学习者的焦虑。

表 6－12　负评价焦虑与教师教学要素相关性统计

教学要素	Pearson 相关性	显著性(双侧)	N
常让学生看电影	0.194**	0.007	190
常用图片教汉语	0.180*	0.013	190
常用 PPT 上课	0.287**	0.000	190
通过玩游戏学习汉语	0.228**	0.002	190
每周教学计划清楚	0.188**	0.009	190
每课教学计划清楚	0.204**	0.005	190
严格	0.170*	0.019	190
认真	0.211**	0.003	190
不只讲课本上的	－0.156*	0.032	190
英语水平比较高	0.218**	0.003	190
上课时说得慢	0.182*	0.012	190
上课时大家很紧张	0.314**	0.000	190
作业不太多	0.217**	0.003	190
上课时声音有变化	0.168*	0.020	190
上课时声音大一点儿	0.200**	0.006	190
不在班上批评学生	0.208**	0.004	190
教学内容系统	0.193**	0.008	190

（四）犯错焦虑学习者期待的优秀汉语教师教学要素

如表6－13，犯错焦虑仅与“上课时精神饱满”和“给很多生活中的例子”呈显著负相关。但至于为何不太期待用生活中的实例来教学，尚不清楚。与犯错焦虑呈显著正相关的要素除了教学语言和严格认真的教学态度、紧张的学习气氛外，还有“不在班上批评学生”这一要素。我们认为犯错焦虑较强的学习者所担心的或许不是犯错本身，而是犯错后的消极评价，因此，他们对教师“不在班上批评学生”有所期待是可以理解的，也是我们汉语教师应该做到的。

表6－13　犯错焦虑与教师教学要素相关性统计

教学要素	Pearson 相关性	显著性（双侧）	N
上课时精神饱满	－0.153*	0.035	190
给很多生活中的例子	－0.196**	0.007	190
常用 PPT 上课	0.268**	0.000	190
严格	0.290**	0.000	190
认真	0.178*	0.014	190
英语水平比较高	0.251**	0.000	190
上课时大家很紧张	0.308**	0.000	190
上课时声音有变化	0.160*	0.028	190
上课时声音大一点儿	0.206**	0.004	190
不在班上批评学生	0.146*	0.044	190

（五）课堂焦虑学习者期待的优秀汉语教师教学要素

如表6－14，与课堂焦虑呈显著负相关和正相关的条目基本同上文所谈焦虑类型期待的要素相同，学习者排斥的是教师知识的丰富、上课时与学生的交流、对学生情感上的帮助，显著期待的是可视的教学形式、教师较高的英语水平和洪亮的教学声音。

表 6-14　课堂焦虑与教师教学要素相关性统计

教学要素	Pearson 相关性	显著性(双侧)	N
愿意帮助学生	-0.159*	0.029	190
上课时和学生交流多	-0.165*	0.023	190
汉语知识丰富	-0.159*	0.028	190
知识丰富	-0.184*	0.011	190
常用图片教汉语	0.193**	0.007	190
常用 PPT 上课	0.262**	0.000	190
严格	0.207**	0.004	190
英语水平比较高	0.273**	0.000	190
上课时大家很紧张	0.423**	0.000	190
上课时声音大一点儿	0.250**	0.000	190

从不同焦虑程度和类型学习者期待的教师教学要素可以看出,不同程度和类型焦虑的学习者存在着不同程度的情感封闭问题,对教师的积极教学要素都有着不同程度的排斥心理。多数焦虑类型的焦虑程度较高的学习者对教师的一些教学形式存有一定程度的期待,如可视的教学媒介和丰富的教学语言。

第五节　结论与启示

一、基本结论

(一)焦虑程度较高的学习者对教师的外在相貌要素充满期待

由调查结果可以看出,各焦虑类型学习者一致期待教师的外在相貌要素,如"年轻""可爱""好看"等,反倒对教师的其他积极个性要素没有显著性期待。Hoffman(1986)注意到焦虑会使注意力远离意义,而关注于纯粹的形式,这里的形式是词语的物理要素(声学属性、出现顺序、语音相似性),意义是相对忽略的语义内容。这与我们的统计结果较为一致,即焦虑程度较高的学习者较少关注教师的情感因素,而对教师的相貌要素表现出一定的兴趣。

另外,还有一个明显的现象,即各焦虑类型学习者排斥最多的是教师"幽默"这一要素。无论从社会行为角度的优越/蔑视论、心理分析角度的释放论和心理认知角度的乖讹论,还是从语言学角度进行研究的语义脚本理论、言语幽默的一般理论、框架合成理论等来看,"幽默"都是一种具有一定创造性、带有较强语用成分且非常规性的言语表达方式。但调查结果却显示,这种言语表达方式与因语言表达能力有限造成的焦虑心境是背道而驰的。

交际焦虑与"幽默""开朗""思想开放""自信""易交流""热情""真诚""耐心""聪明"呈显著负相关,这与焦虑学习者的心理特点有关。我们认为多数情况下的焦虑几乎等同于回避和退缩,或强或弱地处于一种习得性无助的状态。关于这点,McCroskey早有论断,即"在课堂教学中,焦虑过度的学生会产生交流恐惧症,其行为模式是回避(Avoidance)或者退缩(Withdrawal)"(转引自许峰,2006)。在高度焦虑状态时,教师的这些积极性情感个性要素在学习者看来可能是一种潜意识的情感刺激或威胁,会让他们产生更多的焦虑与不安。因此,交际焦虑与上述要素呈显著负相关是可以理解的。

由于语言水平有限,亲情缺失,文化陌生,随之而来的焦虑使学习者形成持续时间长短不同的自我封闭,安全感缺乏。如果从马斯洛的需要层次理论来看,焦虑程度较高的学习者最需要满足的是安全需要。他们排斥教师的热情、真诚、亲切和耐心这一研究结论告诉我们,他们还没有达到"归属和爱"的这一"优势需要"。

(二)焦虑程度较高的学习者对轻松的教学形式充满期待

从不同焦虑程度和类型学习者期待的教师教学要素可以看出,学习者或多或少者存在着情感封闭问题,对教师的积极教学要素亦或多或少有着排斥心理。相反,他们对教师的一些教学形式要素有一定程度的期待,如可视的教学媒介和丰富的教学语言。除此之外,还包括与焦虑者心境相应的严格的教学态度和紧张的学习气氛。无疑,焦虑程度较高的学习者内心是不安全的,安全需要是他们的"优势需要"。

二、教学建议

交际焦虑、考试焦虑、负评价焦虑、犯错焦虑和课堂焦虑这五种焦虑类型是以引起焦虑的主要原因来区分的,但造成汉语学习者焦虑的原因远不止这些,还包括其他一些因素,如母语与汉语、母语文化与汉语文化之间的差异,教师不当的教学方法,管理者不当的管理方法,学习者之间的矛盾,嘈杂的学习环境,不便的生活条件,负面的社会因素等;也与学习者自身的一些个体因素有关,如学习者的文化心理和自我评价。国际汉语教师只有找准了焦虑原因,才能够对症下药。

(一)要充满教学自信

调查结果显示,学习者焦虑33项调查项目得分均值并不高。进一步频率统计显示,负评价焦虑在4.0000分以上的有29人,占

15.3%；考试焦虑在4.0000分以上的有12人，占6.3%；犯错焦虑在4.0000分以上的有7人，占3.7%；交际焦虑和课堂焦虑在4.0000分以上的仅1人，占0.5%。从焦虑类型看，负评价焦虑和考试焦虑的学习者数量稍多，其他焦虑类型的学习者数量不多。前人研究证实，汉语学习焦虑程度主要与汉语水平较低有关。解决了基本的交际问题之后，汉语学习焦虑程度将会大大减弱。因此，国际汉语教师既应关注班上焦虑程度较高的学习者，通过鼓励、表扬、关心甚至约谈等方式缓解学习者的焦虑情绪，更应该充满教学自信，满腔热情地投入到汉语国际教育事业中去。

（二）不可一味顺从焦虑者的内心期待

汉语学习焦虑程度和类型都与一部分教师积极个性要素呈显著负相关，但这并不代表教师一定要满足焦虑学习者的期待。相反，教师应该耐心、热情、亲切地去与焦虑学习者沟通，讲清语言学习尤其是汉语学习的规律，厘清学习者焦虑的原因，创造轻松和谐的课堂气氛，鼓励表扬焦虑者的进步。纠错要具体问题具体分析，如难以一时纠正过来的偏误可放在课下单独纠正，如具有普遍性的语言偏误可面向集体纠正，纠错时要委婉耐心。学习者焦虑的原因非常复杂，且一定程度的焦虑对学习反而有促进作用，如Alpert & Haber(1960)提出了促进型焦虑和阻碍型焦虑，尽管在Horwitz *et al*. (1986)看来，只有在一些相对简单的学习任务时，前者才可能发挥作用。Williams(1991)则认为这种区分与焦虑程度有关，低度焦虑有促进作用，高度焦虑则有阻碍作用。总之，学习者的情感状态很明显是在描述学习者学习成就的个体差异时一个关键的因素。

（三）情感问题仍需情感来融化

在心理学界，焦虑甚至与孤独和抑郁一起进行研究，语言焦虑被许多语言学家认为是最妨碍学习过程的情感因素。我们认为情感问题需用情感方式解决。上文已述，焦虑的学习者常自己寻求情感上的疏通渠道，但他们最喜欢的倾吐对象不是老师和中国朋友，而是自己国家的朋友和家人。这告诉我们，在解决学习者焦虑的问题上，教师一可请其国内好友协助舒缓，二可约请焦虑者单独交谈，有针对性地分析焦虑的原因并提出解决办法。

（四）师生情感是防止焦虑的有效钥匙

Krashen（1985）研究表明，情感是影响语言学习的主要非智力因素。我们认为，师生情感是有效解决学习效率问题、防止焦虑产生的有效办法。外国留学生来到中国接触最多的教学主体之一便是工作在第一线的汉语教师，师生间的友好关系应是预防焦虑发生的较佳途径。Piasetski（2001）的研究发现，如果教师在课堂上有兴趣与全班同学建立友好的关系，并且尊重和欣赏他们的努力，这不仅能降低学生的焦虑心理，更能促进其语言学习。Young（1992）的研究曾得出过相似的结论：教师与学生之间建立信任与友好的气氛，能使学生感到自己是学习群体中的重要成员，并使学生认识到学习焦虑不仅是正常和可接受的，而且是可以克服的。因此，我们建议，国际汉语教师应真心、热情、耐心地去关爱不同的学习者。至于师生间的友好程度与学习者的焦虑程度具体存在何种相关性，我们将进一步调查研究。

（五）教师可从简单轻松可视的教学形式入手寻找突破口

调查结果显示，汉语学习焦虑者多期待一些可视、轻松、让人愉悦的教学形式或外在要素，如他们期待直观的教学手段、较好的英语教学语言、抑扬顿挫的教学语音以及年轻、可爱、好看的相貌要素等。“从心理学角度来说，期待是对个体自身和他人行为结果的某种预测性认识，不仅会影响个体的结果，也可能对个体在行为过程中的焦虑产生影响。”（格桑央京，2007）面对焦虑者，教师可以通过直观教学手段和适切的教学语言来舒缓学习者的焦虑情绪，并逐步提高其学习自信心，摆脱语言学习焦虑带来的苦恼。

汉语学习焦虑的研究仍处于状态描述、原因分析、理论证实或证伪的阶段，至于如何在目的语环境下有效减轻、舒缓、降低学习者的焦虑情绪仍缺少跟踪或试验研究。希望学界能够以此为切入点，将过往研究成果应用到实际教学中来。

第七章　基于学习者学习动机差异的优秀汉语教师要素

第一节　语言学习动机理论概述

学习动机是学习者个体差异之一,被第二语言习得研究者和语言教师视为影响第二语言习得过程和结果的重要因素。现将学习动机及第二语言学习动机基本概念简述如下。

一、学习动机

威廉姆斯和布登(2011)认为,学习动机这一概念由多种不同的因素构成,其中一些因素还有相互重合的内容,包括兴趣、好奇心或者希望获得成功的愿望。随着情况和环境的不同,这些因素也会有不同的表现形式,并且受到诸如父母、教师和考试等外部因素的制约。因此,针对学习动机所进行的任何形式的讨论都必然是非常复杂的。这种复杂首当其冲地表现在对学习动机的定义上,即学习动机究竟是什么?不同理论背景对学习动机的认识取向亦有不同,如行为主义理论认为要了解学习动机,首先应分析学习过程中的各种诱因和奖励,即他们认为学习动机是在不断强化下形成的一些行为习惯和行为倾向。人本主义理论认为学习动机来自人们对胜任感、自尊、自主和自我实现的需要。认知主义取向下的学习动机理论与行为主义针锋相对，认为学习动机的产生是出于对计划、目标、期望和归因等因素的考虑，而不是简单地由过去的奖惩经验所决定的。社会认知理论融合了行为主义和认知主义的特点，认为学习动机产生于个体对目标的期望以及对该目标实现后的价值评估，即典型的期望-价值理论，后来心理学家杰奎琳·埃克尔斯（Jacquelynne Eccles）和艾伦·威格菲尔德（Allan Wigfield）在期望-价值的公式中加入了“代价”这一变量。社会文化理论强调社会实践中的个体参与、身份认同和人际互动对学习动机的作用。

安妮塔·伍尔福克（2012）认为学习动机是一种激发、指向并维持某种行为的内部心理状态。Schunk（2000）从认知论的角度把学习动机定义为“目标导向行为激发和持续的过程”。Dörnyei & Ottó（1998）在界定学习动机时突出其动态性和时间变异性。Dörnyei（2000、2001）曾详细论述过，认为学习动机可以“是个人内心累积激发的过程，这一过程是动态变化的”，并分为行动前、行动和行动后三个阶段来考察学习动机的动态变化过程。

总之，人们对学习动机研究的角度增多了，对学习动机内在结构的揭示亦逐渐清晰起来。人们从社会、认知、心理、生物等角度对学习动机进行研究，并得出了一些相关性理论，如需要理论、期望-价值理论、自我效能理论、归因理论、目标理论和自我决定理论等。目前，这些理论正逐步运用于第二语言教学研究之中，加深了人们对外语或二语学习动机及其相关因素之间关系的理解，提高了语言教学效率。

二、第二语言学习动机

（一）第二语言学习动机的定义

第二语言习得研究认为动机是二语学习中一个关键因素（Ellis,1999）。通常来讲,动机在预测语言学习效果的因素中占第二位,仅次于学能（Skehan,1989）。国内学者秦晓晴（2002）认为:"动机是决定第二语言学习成败的重要因素,它能直接影响学习者使用学习策略的频率、接受二语输入量的大小、与本族语者互动的程度、目标设置的高低、学习毅力的大小,以及发展二语技能的持久性。"那么第二语言学习动机究竟是什么? Gardner（1985a）认为语言学习动机是"达到学习一种语言目的的努力和期望以及对学习一种语言的积极态度的综合状态"。而 Ellis（1999）则笼统地认为"（第二语言或外语学习）动机是个体学习一种语言时付出的直接努力"。学界对第二语言学习动机的具体界定并不相同,Gardner 认为是一种状态,Ellis 认为是一种努力。无论是状态还是努力,直接将动机等同于状态或努力都是令人难以接受的。我们认为这些状态和努力都是动机激发的表现形式,并非是动机的真正本质。国内有的学者认为动机是一种动力倾向,有的认为是一种心理倾向。我们更倾向于将动机视为行为主体的内在需要,是内在需要激发人们产生情感,促使人们付出努力,直至需要得到充分的满足。

（二）第二语言学习动机研究简史

关于第二语言学习动机研究的发展历史,秦晓晴（2003）和沈亚丽（2008）给予了简单的总结,即早在 20 世纪 50 年代末,Gardner

和 Lambert 就开始了第二语言学习动机研究，70 年代，Gardner & Lambert(1972)提出了第二语言习得的社会心理模式和社会教育模式，区分出学习第二语言的两种动机：融合性动机(Integrated Motivation)①和工具性动机(Instrumental Motivation)。此后二语学习动机受到了广泛重视。然而到了 80 年代后期，这种研究遭遇了挑战，二语学习动机研究沉寂了一段时间，此后，进入了多元化时代。直至 90 年代，二语学习动机研究又重新引起了人们的兴趣，出现了新的相关理论模型，如 Dörnyei(1994)的外语学习动机三层次说、Tremblay & Gardner(1995)的扩展动机理论和 Schumann(1998)的神经生物学模式。

(三) 学习动机与第二语言学习成绩相关性研究

前人研究证明，学习者的学习动机与二语学习成绩有着较强的相关性。早期研究中，相比工具性动机，融入性动机被认为是一个在正式学习情境中能否获得成就的更为有力的预测因素。后来的研究中，Gardner(1985a)依然坚持融入性动机的重要性，但也承认工具性动机也能通向成功。其实工具性动机和融入性动机在一些学习者身上很难截然分开(Muchnick & Wolfe,1982)，且有时两种动机可能在同一位学习者身上都表现得非常强烈(Ely,1986)。

Gardner(1980、1985b)对加拿大七个区域的法语学习情况调查发现，AMI (Attitude Motivation Index)分数与法语成绩呈中度相关(Pearson = 0.370)，学习动机对学习成绩的影响因素大约占 14%。

① 国内不同的学者对“Integrated Motivation”一语有不同的翻译，大抵有“融合性动机”“融入性动机”“结合性动机”“归附型动机”“整合动机”“综合性动机”“综合调节动机”等几种情况。本书在引用他人观点时坚持与原文相同的原则，使用原文中的表达方式；除此之外，则使用“融入性动机”这一表达方式。

可 Gardner 依然认为,两者之间有着极强的显著性相关关系。但其他一些研究却未能证明融入性动机与学习成绩之间的积极相关关系。Oller *et al.* (1977)报道了加利福尼亚州对英国人态度消极的墨西哥妇女却在学习英语上比那些态度积极的人更为成功。Oller & Perkins(1978)认为有些学习者正是因为对目标语族群在态度上比较消极而在学习上却表现得更为优秀,也许他们正因为这种态度而生发出一种控制和战胜目标语族群的愿望。Chihara & Oller (1978)的研究结果显示,融入性动机与二语学习成绩之间的相关性表现得较为微弱和不显著。后来一系列研究如 Clément 和其同事的几项研究认为,融入性动机与语言输出并没有关系,也不受学习者社会环境影响,而影响学习者语言熟练度的被证明是自信这一因素。Kruidenier 和 Clément 的发现也不能证实 Gardner 的一些观点,相反,他们发现不同的学习者群体在不同的语言学习环境中会选择不同的学习倾向,像友谊、旅游、知识和工具性动机等。但在 Dörnyei 看来,这些学习倾向都是一般融合倾向的组成部分(转引自 Ellis,1999)。

Ellis(1999)整理前人研究后指出,融入性动机与二语学习成绩有着较强的相关关系,它与工具性动机一起成为正式环境下学习能否成功的预测指标。具有融入性动机的学习者在课堂上更为主动,也不太容易放弃。

在 Gardner & Lambert(1972)的几项关于加拿大学习者的研究中,工具性动机被证明对二语学习成绩的预测作用较弱。对那些对目标语文化不太感兴趣或没有兴趣,有较少机会或没有机会与目标语成员交流的学习者来说,工具性动机显得较为重要。Ellis (1999)认为,具有工具性动机的学习者学习第二语言可能会成功。

在一些二语而不是外语的环境里，工具性动机可能是学习者学习二语最重要的一个因素，向学习者提供一些刺激性因素或许能够帮助学习者使用更多的时间学习，但是当奖励因素结束的时候，这种效果可能也会随之终止。

（四）国内第二语言学习动机研究

国内较早对学习动机进行研究的依然是外语教学界。同意动机强度与英语学习成绩呈正相关的有吴一安等（1993）、郝玫和郝若平（2001）、文秋芳（2001）、秦晓晴和文秋芳（2002）、高一虹等（2003a、2003b）、王婉莹（2005）等。而国际汉语教学界对学习动机的研究相对较晚，主要有 Wen（1997）、Sung & Padilla（1998）、高海洋（2000）、王爱平（2000）、徐子亮（2000）、冯小钉（2003）、Yang（2003）、吕必松（2005）、章石芳（2005）、原一川等（2008）等。他们主要通过问卷调查，集中于三个方面的探讨：一是对汉语学习动机的基本类型与特点进行探索；二是对汉语学习动机与其他个体因素之间的相关性进行探索，如动机与年龄、性别、国籍、学习策略、学习成绩、是否华裔等之间的关系；三是就教师教学如何激发和维持学习者的学习动机进行研究。而结合学习者学习动机和教师教学的研究还不多见。

持不同动机的汉语学习者对教师的个性要素和教学要素的期待有无显著差别？有哪些差别？程度如何？如果能够证明不同动机的汉语学习者对教师个性要素及教学要素的期待有着显著差别，那么将是科学实施差异教学最基本的研究成果之一。下文主要从融入性动机和工具性动机、内部动机和外部动机、成就动机、学习态度、努力程度等角度探讨学习者对优秀汉语教师要素的期待。

第二节 问卷制作及调查过程

在问卷制作过程中,我们主要借用国内外教育学界、心理学界和语言教学界广泛使用的调查量表,并结合汉语国际教育研究实际情况进行了适当地修改,以便能够从不同的角度对优秀汉语教师要素进行全方位的挖掘。具体来说,我们综合利用扩展动机模型及其 AMTB (Attitude/Motivation Test Battery)问卷、外语学习动机三层次说以及美国著名心理学家约翰·阿特金森(John Atkinson)等提出来的成就动机理论等,将融入性动机、工具性动机、内部动机、外部动机、成就动机、学习态度、努力程度等一并调查。当然,有许多调查条目兼具多种动机特点,如条目"我想了解中国人的生活,我想跟中国人交流"同时兼具融入性动机、内部动机、对目标语族群态度、成就动机、认知内驱力、语言层面等不同理论下的动机分类情况等。

具体制作问卷时,我们综合参考了 Attitude/Motivation Test Battery: International AMTB Research Project 量表、孟伟(2007)和刘艳(2012)研究成果、叶仁敏(1992)译制的"目前国内外对成就动机进行测量运用得最多"的成就动机量表(Achievement Motivation Scale,AMS)①等,共有 40 道题目。

---

① 成就动机量表由挪威奥斯陆大学心理学家 Torgrim Gjesme 和 Roald Nygard 1970 年编制。中文修订版由叶仁敏修订,分为两部分,每部分 15 题,共 30 题,分别测定追求成功的动机(Ms)和避免失败的动机(Maf)。量表采用 4 点计分,与自己情况完全符合记 3 分,与自己情况完全不符合记 0 分。成就动机的得分由追求成功的动机减去避免失败的动机得分构成。量表分半信度为 0.77,效度为 0.58,内部一致性系数为 0.68。

第三节　基于融入性动机和工具性动机的优秀汉语教师要素

什么是融入性动机，Crookes & Schmidt（1991）认为还没有一个清楚的答案，因为 Robert C. Gardner 本人对该概念在不同的学术研究中就提出过不同的操作性定义。根据 Gardner 的社会教育模型，融入性倾向是指一种在二语学习过程中对目标语族群成员及其语言文化发自内心的个人兴趣，而工具性倾向是指学习一种新语言的实际价值和优势。尽管在 Gardner 看来，"倾向（Orientation）"与"动机（Motivation）"还有着较大的差别，尽管以上定义存在着种种争议，但对学界有关二语学习动机研究的影响是比较深远的。国内学者赵萍萍（2012）认为融入性动机指的是出于对语言、文化或历史本身的兴趣而表现出的想融入目的语社群、与之交往或在其中生活的愿望；而工具性动机指的是学习者主要出于实用的或功利的目的学习目的语。国外学者 Csizér & Dörnyei（2005）在研究中，对"工具性"的定义进行了扩展。他们认为，除了功利性目的以外，工具性动机还包括二语学习者意识到二语在现实世界中的重要性及学好二语能让自己成为受过教育的人。本节仅借助学界最为通俗的界定即"以汉语为交际工具做其他事儿"来考察汉语学习者对优秀汉语教师要素的期待。

一、基于融入性动机和工具性动机的优秀汉语教师要素

（一）融入性动机和工具性动机调查条目描述性统计

秦晓晴（2002）认为，Gardner 的融入性动机和工具性动机概念

与内部动机和外部动机概念密切相关,有很多重合的地方。因此,我们将内部动机中与融入性动机有关的对中国人生活、中国文化和汉语感兴趣等三条作为融入性动机调查条目,将外部动机中把汉语作为实现交际、旅游、就业、考试的工具等条目作为工具性动机调查条目。结果见表 7－1 和表 7－2:

表 7－1　融入性动机调查条目描述统计量

融入性动机	N	极小值	极大值	均值	标准差
汉语很有意思,我喜欢学习汉语。	190	1.0000	5.0000	4.2381	0.810 92
我想了解中国人的生活,我想跟中国人交流。	190	1.0000	5.0000	4.1526	0.874 61
我对中国文化感兴趣,我想了解。	190	1.0000	5.0000	4.1323	0.901 77

表 7－2　工具性动机调查条目描述统计量

工具性动机	N	极小值	极大值	均值	标准差
汉语很有用,很多人都在学习。	190	2.0000	5.0000	4.2500	0.767 22
想来中国旅游。	190	1.0000	5.0000	3.9737	1.015 41
为了找一个喜欢的工作。	190	1.0000	5.0000	3.7698	1.147 70
为了考 HSK、为了学习专业。	190	1.0000	5.0000	3.6158	1.115 34

总的来看,融入性动机的三个条目均值较高,表明来华留学生在学习汉语过程中具有较强的融入性动机,即非常喜欢并向往融入中国人的生活和文化。工具性动机的第一个调查条目即“汉语很有用,很多人都在学习”均值最高,这说明,很多被调查者都同意汉语正在或将要发挥重要的作用。工具性动机中的其他三个条目即将汉语用于来中国旅游、就业和考试,从均值排序看,旅游是学习者最感兴趣的,其次是就业的需要,最后则是 HSK 应试和专业学习需要。

为何融入性动机和工具性动机均值都普遍偏高呢？为此，我们对融入性动机与工具性动机之间的相关性进行了统计分析，结果发现，二者呈显著的正相关关系（Pearson = 0.337，P = 0.000 < 0.010），即融入性动机强的学习者的工具性动机也较强，反之亦然。这说明一个学习者可能既持有融入性动机也持有工具性动机，两种动机并不是“势不两立”的两种学习倾向。

（二）基于融入性动机和工具性动机的优秀汉语教师个性要素

我们同样将被调查者两种动机调查条目的均值与教师个性要素进行了相关性统计，二者呈显著性相关的条目如表 7－3 和表 7－4：

表 7－3　融入性动机与教师个性要素相关性统计

个性要素	Pearson 相关性	显著性（双侧）	N
开朗	0.154*	0.034	190
思想开放	0.204**	0.005	190
有创造力	0.152*	0.037	190
自信	0.154*	0.033	190
情绪可控	0.164*	0.024	190
易交流	0.211**	0.003	190
年轻	–0.186*	0.010	190
可爱	–0.166*	0.022	190
好看	–0.202**	0.005	190
友好	0.148*	0.042	190
亲切	0.179*	0.013	190
耐心	0.161*	0.026	190
聪明	0.213**	0.003	190

表 7－4　工具性动机与教师个性要素相关性统计

个性要素	Pearson 相关性	显著性（双侧）	N
微笑	0.175*	0.016	190
思想开放	0.145*	0.046	190
年轻	0.195**	0.007	190
可爱	0.233**	0.001	190
好看	0.243**	0.001	190
大方	0.221**	0.002	190
聪明	0.166*	0.022	190

从上两表可以看出，持有工具性动机的汉语学习者期待“微笑”“思想开放”“年轻”“可爱”“好看”“大方”“聪明”的教师，而持有融入性动机的汉语学习者期待“开朗”“思想开放”“有创造力”“自信”“情绪可控”“易交流”“友好”“亲切”“耐心”“聪明”的教师，不太期待“年轻”“可爱”“好看”的教师。两种动机学习者都期待“思想开放”和“聪明”的教师，表明两种动机学习者都有学好汉语的强烈愿望。但两种动机学习者对教师个性要素的期待又表现出了鲜明的倾向性，融入性动机学习者更期待有助于减少跨文化交际障碍、保证教学信息质量的一些个性要素，如对信息有效传播的条件即教师的性情（“情绪可控”“友好”“亲切”“耐心”）、信息传播的无缺损表达途径（“开朗”“易交流”）、信息源的质量保障条件（“有创造力”“自信”）有着较高的要求。而工具性动机学习者则更期待教师的外在相貌要素。

（三）基于融入性动机和工具性动机的优秀汉语教师教学要素

持融入性动机和工具性动机的汉语学习者对优秀汉语教师的教学要素又有哪些期待呢？我们将被调查者两种动机调查项目的均值与教师教学要素进行了相关性分析，结果如表 7－5 和表 7－6：

表 7－5　融入性动机与教师教学要素相关性统计

教学要素	Pearson 相关性	显著性(双侧)	N
愿意帮助学生	0.170*	0.019	190
上课时和学生交流多	0.183*	0.011	190
负责任	0.150*	0.038	190
常常鼓励、表扬学生	0.190**	0.009	190
上课轻松快乐	0.154*	0.034	190
给学生问问题的时间	0.189**	0.009	190
常常关心学生	0.225**	0.002	190
熟悉中国文化	0.250**	0.001	190
语言学知识丰富	0.152*	0.036	190
汉语知识丰富	0.240**	0.001	190
了解学生国家文化	0.210**	0.004	190
知识丰富	0.273**	0.000	190
创造语境让学生练习	0.159*	0.028	190
多给学生练习的机会	0.160*	0.027	190
给很多生活中的例子	0.187**	0.010	190
按时上下课	0.196**	0.007	190
板书清楚	0.173*	0.017	190
课堂教学专业	0.195**	0.007	190

表 7－6　工具性动机与教师教学要素相关性统计

教学要素	Pearson 相关性	显著性(双侧)	N
学期教学进度不快不慢	0.181*	0.012	190
穿着打扮合适	0.185*	0.011	190
每周教学计划清楚	0.253**	0.000	190
每课教学计划清楚	0.180*	0.013	190
严格	0.231**	0.001	190
教学方法科学有效	0.173*	0.017	190
上课时大家很紧张	0.178*	0.014	190
上课时声音大一点儿	0.146*	0.045	190

表 7－5 中的数据显示，融入性动机强的汉语学习者除了期待

汉语教师拥有专业的教学能力以外,还在有利于其融入目的语文化的知识丰富性、交流"量多"性、练习情景性、环境舒适性等方面表现出更多的期待。

1. 知识丰富性

融入性动机学习者显著期待教师有着丰富系统的中国文化知识、学习者母语文化知识、语言学理论知识、汉语知识等。教师是他们通过学习和交流从而了解和融入中国社会文化的最为重要的媒介或窗口,因此,他们对上述教师知识的期待是可以理解的。

2. 交流"量多"性

融入性动机学习者期待教师在"上课时和学生交流多"并"给学生问问题的时间"。对他们来说,大量的"交流"是了解并融入中国社会文化的主要途径,也是将教师丰富知识转化为自己知识能力一部分的重要途径。但在教学实践中,许多汉语教师虽然不"灌"了,但却乐于"满堂",即很少留出自由交流的时间,交流"量多"的期待难以保证。在课堂教学中我们主张"弓不可拉得太满",应为学生提出问题和解决问题留出一些交流探讨的时间。

3. 练习情景性

对融入性动机较强的汉语学习者来说,语言练习过程中呈现的情景是帮助他们了解和习得目的语的重要途径,也是他们了解并融入目的语社会文化的重要途径之一。因此,他们对"创造语境让学生练习""多给学生练习机会""给很多生活中的例子"有着较高的期待。在国际汉语教学实践中,教师应多举一些有助于学习者了解中国社会文化与真实生活的例子,而不是一些"无病呻吟"的例子。

4. 环境舒适性

融入性动机强的汉语学习者对教学环境的轻松、和谐与舒适有着较高的期待，这其中包括轻松的课堂教学气氛，如他们期待“上课轻松快乐”，更包括来自教师的情感关怀，如他们期待教师“愿意帮助学生”“常常鼓励、表扬学生”“常常关心学生”。融入性动机强的学习者一般都对目的语文化充满好感，在感情上迫切期待融入。国际汉语教师应关心、帮助、鼓励、表扬学生，减少其焦虑，增强学习者对目的语文化的融入性情感和动机。笔者在教学实践中发现，如果教师真正做到关心、帮助、鼓励和表扬学生的话，那么学习者对每一堂课都会充满期待，且迟到、旷课现象会越来越少。除此之外，他们在教师的教学态度上还期待“负责任”“按时上下课”“板书清楚”的汉语教师，这也是对教师教学的基本要求。

工具性动机较强的汉语学习者对优秀汉语教师的期待，除了“穿着打扮合适”以外，皆以教学这一主体行为为核心，如他们期待清楚的教学计划与恰当的教学进度、科学有效的教学方法、严格的教学态度、紧张的学习气氛、洪亮的教学声音等。持工具性动机的汉语学习者仅对教学这一行为本身充满期待，也表现出他们对学好汉语并使用汉语完成其他任务这一目标的期待。

二、结论与启示

两种动机汉语学习者对教师个性要素和教学要素的期待表现出了鲜明的一致性，即他们都以学好汉语为前提，但融入性动机汉语学习者更期待在舒适的学习生活环境中与教师进行基于真实意义的交际；而工具性动机汉语学习者则对优秀汉语教师的外在相貌和穿着以及教师的本职工作即教好汉语充满期待，他们对舒适的环境并没有提出明确的要求，相反还希望教师能够严格要求他们,在适度紧张的学习气氛中学好汉语。

第二语言习得领域在显性学习和隐性学习两种学习过程中是否都具有意识性、意图性和抗干扰性颇具争议。但从两种动机汉语学习者对优秀汉语教师期待的教师要素中可以看出,工具性动机强的汉语学习者学习并提高语言水平的意识和意图都很明显,而融入性动机强的汉语学习者则显示出鲜明的个体文化融入意识和意图,即希望在一个舒适的环境里顺利地从知识丰富、耐心、友好、亲切容易交流的教师那里学习汉语、认知并融入中国语言文化。如果从抗干扰性来说,无疑融入性动机学习者这方面的能力更强一些。如果从马斯洛需要层次理论来说,相对工具性动机学习者来说,融入性动机学习者对"归属和爱""认知"的需要更明显。

国际汉语教师的本职工作是教好汉语,这也是两种动机汉语学习者共同期待的内容。考虑到融入性动机汉语学习者的要求更能体现在使用中习得二语的内在机制,我们建议教师在无法明确辨别两种动机学习者时,可以融入性动机汉语学习者的要求为基础展开教学与交流。

第四节　基于内部动机和外部动机的优秀汉语教师要素

一、基于内部动机和外部动机的优秀汉语教师个性要素

20 世纪 90 年代,二语研究界将心理学自我决定理论中的内部动机和外部动机引入二语学习动机研究,外部动机(Extrinsic Motivation)即由外部因素引发的动机,如希望得到高分、避免惩罚、

取悦老师或者出于其他与这件事情本身无关的原因。相反，当追求个人兴趣和能力提升时所产生的一种寻求并克服挑战的本能倾向，即为内部动机（Intrinsic Motivation）。Williams & Burden（1997）对内部动机和外部动机学习者的表现要素给予了对照说明（见表7－7）：

表7－7　Williams & Burden（1997）内部动机与外部动机要素（转引自秦晓晴，2003）

序号	内部动机	外部动机
1	喜欢挑战	喜欢容易的工作
2	具有好奇心或兴趣	取悦老师或为了分数
3	独立学习	依赖老师解决问题
4	独立判断	依赖老师做出决定
5	成功的内在标准	成功的外在标准

就来华汉语学习者来说，如果其学习动机来自于外部因素，如因他人要求、诱发甚至逼迫而学习汉语，为取悦父母、老师或单位上司而学汉语，为来中国旅游或今后工作需求等，那么可视为外部动机学习者。相反，如果是对中国语言文化有着浓厚的兴趣，或为追求挑战或成功后的某种成就感进而学习汉语的，则是内部动机在发挥作用。

（一）内部动机和外部动机调查条目及基本数据描述性统计

表7－8　内部动机调查条目描述统计量

内部动机	*N*	极小值	极大值	均值	标准差
汉语很有意思，我喜欢学习汉语。	190	1.0000	5.0000	4.2381	0.810 92
我想了解中国人的生活，我想跟中国人交流。	190	1.0000	5.0000	4.1526	0.874 61
我对中国文化感兴趣，我想了解。	190	1.0000	5.0000	4.1323	0.901 77

续表

内部动机	N	极小值	极大值	均值	标准差
学好汉语能让我觉得自己很成功。	190	1.0000	5.0000	3.9309	0.970 74
学习汉语是一种挑战，我喜欢这种挑战。	190	2.0000	5.0000	3.7989	0.938 20

表7－9　外部动机调查条目描述统计量

外部动机	N	极小值	极大值	均值	标准差
汉语很有用，很多人都在学习。	190	2.0000	5.0000	4.2500	0.767 22
想来中国旅游。	190	1.0000	5.0000	3.9737	1.015 41
为了找一个喜欢的工作。	190	1.0000	5.0000	3.7698	1.147 70
为了考 HSK、为了学习专业。	190	1.0000	5.0000	3.6158	1.115 34
父母、朋友、学校或者公司让我学习汉语。	190	1.0000	5.0000	3.0370	1.326 85

由表7－8可知，内部动机各条目得分都较高，尤其是表中前三条，充分反映了当前一些汉语学习者对中国人生活、中国文化和汉语本身有着浓厚的兴趣。对汉语学习行为本身挑战性及其成就感的追求也是一部分汉语学习者学习汉语的原因。

由表7－9可知，外部动机各条目中，因“汉语很有用，很多人都在学习”而选择学汉语的情况得分较高，其次是为了旅游、工作、HSK、专业提升等条目。得分较低者是为父母、朋友、学校或公司而学习汉语的情况。可见，许多汉语学习者学习汉语的主要原因是汉语在当今世界人们生活中越来越重要的作用。

（二）内部动机和外部动机与优秀汉语教师个性要素的相关性统计与分析

我们将被调查者内部动机均值和外部动机均值分别与教师个

性要素之间的相关性进行了统计，结果如表 7－10 和表 7－11：

表 7－10　内部动机与教师个性要素相关性统计

个性要素	Pearson 相关性	显著性(双侧)	N
开朗	0.204**	0.005	190
思想开放	0.224**	0.000	190
有创造力	0.184*	0.011	190
自信	0.209**	0.004	190
情绪可控	0.168*	0.021	190
易交流	0.174*	0.016	190
友好	0.175*	0.016	190
坦率	0.171*	0.020	190
耐心	0.164*	0.024	190
灵活	0.146*	0.044	190
聪明	0.266**	0.000	190

与融入性动机学习者期待的教师个性要素相比，内部动机学习者并不显著排斥“年轻”“可爱”“好看”等相貌要素，少了“亲切”要素，多了“坦率”与“灵活”两个要素。之所以出现该情况，与融入性动机和内部动机之间的区别有关，融入性动机强调的是学习者个体融入目的语族群社会文化的内心倾向，而内部动机强调的除了对目的语族群生活和语言文化充满兴趣以外，还包括对学习汉语本身带来的挑战以及战胜挑战后所获成就感的追求。因此，融入性动机强的汉语学习者更期待“亲切”的汉语教师，这符合社会心理学中的人际吸引理论。而内部动机强的汉语学习者还期待“坦率”而不绕弯子、“灵活”而不死板的汉语教师。

表 7－11　外部动机与教师个性要素相关性统计

个性要素	Pearson 相关性	显著性(双侧)	N
微笑	0.146*	0.045	190
年轻	0.230**	0.001	190
可爱	0.300**	0.000	190
好看	0.274**	0.000	190
大方	0.252**	0.000	190
乐观	0.161*	0.026	190
聪明	0.151*	0.037	190

从表 7－11 可以看出,外部动机学习者显著期待"微笑""年轻""可爱""好看""大方""乐观""聪明"的汉语教师。外部动机学习者常把汉语的实际交际应用放在重要的位置,而工作在第一线上的汉语教师显然是他们主要面对并愿意开展交际的对象。据积极心理学、社会心理学、普通心理学等理论,上述期待要素恰是交际双方互相期待且能够传递积极能量的一些积极性表情、相貌、个性和情感因素。

为进一步了解不同动机类型的汉语学习者对优秀汉语教师个性要素的期待情况,我们又将被调查者分为内部动机学习者(内部动机 > 外部动机)、外部动机学习者(内部动机 < 外部动机)、两种动机兼具学习者(内部动机 = 外部动机)三种情况。由于第三种情况仅有四例,所以我们只对前两组进行了单因素方差分析。方差齐性检验显示,除"年轻(P = 0.016)""乐观(P = 0.009)"不满足条件外,其他都能达到齐性检验要求。方差分析结果如表 7－12:

表 7－12　内部动机与外部动机期待教师个性要素对比检验

个性要素	方差是否相等	对比值	标准差	t	df	显著性（双侧）
年轻	假设方差相等	－0.4444	0.210 94	－2.107	187.000	0.036
	不假设等方差	－0.4444	0.190 55	－2.332	78.793	0.022
可爱	假设方差相等	－0.4405	0.210 03	－2.097	187.000	0.037
	不假设等方差	－0.4405	0.179 73	－2.451	88.368	0.016
好看	假设方差相等	－0.7917	0.214 72	－3.687	187.000	0.000
	不假设等方差	－0.7917	0.191 85	－4.126	81.097	0.000
有创造力	假设方差相等	0.3462	0.141 83	2.441	187.000	0.016
	不假设等方差	0.3462	0.134 48	2.575	72.164	0.012

由表 7－12 可知，外部动机强于内部动机的汉语学习者对教师的相貌即“年轻”“可爱”“好看”的期待相对显著，而内部动机强于外部动机的汉语学习者对教师“有创造力”的期待相对显著，与上文的统计结果基本吻合。

二、基于内部动机和外部动机的优秀汉语教师教学要素

（一）基于内部动机的优秀汉语教师教学要素

我们将被调查者内部动机的各条目均值与教师教学要素进行相关性统计分析，结果如表 7－13：

表 7－13　内部动机与教师教学要素相关性统计

教学要素	Pearson 相关性	显著性（双侧）	N
平等对待学生	0.167*	0.021	190
愿意帮助学生	0.193**	0.008	190
上课时和学生交流多	0.198**	0.006	190
常常鼓励、表扬学生	0.181*	0.012	190

续表

教学要素	Pearson 相关性	显著性(双侧)	N
上课轻松快乐	0.173*	0.017	190
给学生问问题的时间	0.191**	0.008	190
常常关心学生	0.177*	0.015	190
下课常跟学生聊天儿	0.160*	0.028	190
熟悉中国文化	0.244**	0.001	190
语言学知识丰富	0.167*	0.022	190
汉语知识丰富	0.214**	0.003	190
了解学生国家文化	0.196**	0.007	190
知识丰富	0.233**	0.001	190
创造语境让学生练习	0.166*	0.022	190
多给学生练习的机会	0.204**	0.005	190
给很多生活中的例子	0.162*	0.026	190
让学生复述学习内容	0.177*	0.015	190
上课前准备得很好	0.172*	0.018	190
常常给学生作业	0.187**	0.010	190
按时上下课	0.172*	0.018	190
教学安排合理	0.209**	0.004	190
板书清楚	0.158*	0.030	190
上课有意思	0.164*	0.023	190
课堂教学专业	0.224**	0.002	190

相比融入性动机的调查条目,内部动机多了"学好汉语能让我觉得自己很成功""学习汉语是一种挑战,我喜欢这种挑战"两个条目。因此,相对融入性动机来说,内部动机较强的汉语学习者除了在教学专业性、知识丰富性、交流"量多"性、练习情景性、环境舒适性等方面有显著性期待外,还对整个教学环节有显著性期待,如他们期待"上课前准备得很好",教学中"安排合理",教学后"常常给学生作业",下课后"常跟学生聊天儿"等。在教学态度方面他们除了显著期待教

师能够关心、帮助、鼓励、表扬学生以外，还显著期待教师能够“平等对待学生”。上述种种期待，尤其是相比融入性动机而言多出来的这些期待要素，充分体现了内部动机汉语学习者勇于接受挑战、追求成就感的主动性和积极性，这一点从他们的努力程度也可以得到证明。将“学好汉语能让我觉得自己很成功”“学习汉语是一种挑战，我喜欢这种挑战”两个条目的均值与学习者的努力程度均值进行相关性统计，结果这两大条目与努力程度均值都呈显著的正相关关系（Pearson = 0.388，P = 0.000，P < 0.010；Pearson = 0.317，P = 0.000，P < 0.010），即越喜欢接受挑战和追求成就感的汉语学习者，其努力程度越高。

（二）基于外部动机的优秀汉语教师教学要素

我们将被调查者外部动机的各条目均值与教师教学要素进行相关性统计分析，结果如表 7－14：

表 7－14　外部动机与教师教学要素相关性统计

教学要素	Pearson 相关性	显著性（双侧）	N
学期教学进度不快不慢	0.187**	0.010	190
穿着打扮合适	0.158*	0.029	190
常用 PPT 上课	0.183*	0.011	190
通过玩游戏学习汉语	0.155*	0.033	190
每周教学计划清楚	0.240**	0.001	190
每课教学计划清楚	0.193**	0.008	190
严格	0.211**	0.004	190
上课时大家很紧张	0.194**	0.007	190
多问学生课文内容	0.148*	0.042	190

从统计结果看，外部动机强的学习者依然比较关注“教学”

这一核心行为，如清晰的教学计划、合适的教学进度、紧张的学习气氛、严格的教学态度等。不同的是，相对于工具性动机来说，外部动机强的学习者对教学形式还有着较高要求，如“常用 PPT 上课”“通过玩游戏学习汉语”“多问学生课文内容”等，显然这与外部动机相对工具性动机增加的调查条目“父母、朋友、学校或者公司让我学习汉语”有关。我们将该条目与各教学要素进行相关性统计，结果发现，与该条目呈显著相关的教学要素除了“常用 PPT 上课”“通过玩游戏学习汉语”外，还有“常让学生看电影（Pearson = 0.169，P = 0.020）”“常用图片教汉语（Pearson = 0.156，P = 0.032）”。从这些要素可以看出，因他人要求而学习汉语的学习者比较期待趣味性与直观性强的教学方法，其原因可能在于这些学习者背后的被动性因素，即被迫性动机。从实际教学经验看，被动的汉语学习者常表现出努力程度不高、进步较慢的特征。为证明该看法，我们将“父母、朋友、学校或者公司让我学习汉语”条目与学习者的努力程度均值进行相关性统计，结果二者呈不太显著的负相关关系（Pearson = −0.060，P = 0.408），即被迫性动机越强的汉语学习者，其努力程度反而越低。另外，赵绩竹和李守石（2014）也认为：“这类学生的第二外语学习内在兴趣不足，学习目的不甚明确，在遇到困难时很容易放弃学业。久而久之，就会形成恶性循环，学习成绩难以再次提高。”

针对持有被迫性动机的汉语学习者，我们建议教师：一是要尽可能满足他们内心对趣味教学、轻松教学形式的期待，因为他们的这种期待是正常的，也是其他汉语学习者比较喜欢的一种教学形式；二是可以此为突破口发现他们的兴趣点并培养他们对汉语、中国文化及汉语和文化学习的兴趣,变被动学习为主动学习。

三、结论与启示

调查发现,内部动机学习者和外部动机学习者对优秀汉语教师的期待存在着一些差别,主要表现在:

内部动机较强的汉语学习者努力程度较高,学习主动积极,他们除了关注专业的教学能力以外,对教师丰富的知识、师生间的多量交流、练习语境的真实性、整个教学环节准备的充分性与安排的合理性、作业的布置甚至课后的交流都期待显著。另外,在教学态度方面,他们除了显著期待教师能够关心、帮助、鼓励、表扬学生以外,还显著期待教师能够“平等对待学生”。可见,教师对学生的关心、帮助、鼓励、表扬以及公平的教学态度对这些内部动机较强的汉语学习者来说至关重要。

外部动机较强的汉语学习者主要关注教师的相貌要素和教学行为两大方面,前者如“微笑”“年轻”“可爱”“好看”等,后者如清晰的教学计划、合适的教学进度、紧张的学习气氛、严格的教学态度、直观的教学形式,如“常让学生看电影”“常用图片教汉语”“常用 PPT 上课”“通过玩游戏学习汉语”等。

国际汉语教师在照顾到外部动机学习者的需求时,应将主要精力放在满足内部动机学习者的要求方面。与此同时,还应对外部动机学习者进行积极引导,以便增强他们的汉语学习动机,提高他们的汉语交际能力。

第五节　基于不同成就动机理论的优秀汉语教师要素

关于成就动机,我们借鉴了戴维·奥苏贝尔(David Ausubel)的分类和心理学家亨利·默里(Henry Murray)、戴维·麦克里兰(David McClelland)以及约翰·阿特金森(John Atkinson)的分类。

一、基于奥苏贝尔内驱力决定理论的优秀汉语教师要素

(一)基于奥苏贝尔内驱力决定理论的优秀汉语教师个性要素

奥苏贝尔认为:"一般称之为学校情境中的成就动机,至少应包括三方面的内驱力决定成分,即认知内驱力、自我提高内驱力和附属内驱力。"(转引自陈琦和刘儒德主编,2007)认知内驱力(Cognitive Drive)是一种要求了解和理解的需要,要求掌握知识的需要,以及系统地阐述问题并解决问题的需要。这种动机指向学习任务本身,满足这种动机的奖励是由学习本身提供的,属于内部动机。自我提高内驱力(Ego-enhancement Drive)是指个体因自己的胜任能力或工作能力而赢得相应地位和自尊心的需要,属于外部动机。附属内驱力(Affiliated Drive)是指个体为保持长辈们(如家长、教师等)的赞许或认可而表现出来的把工作做好的一种需要,持有该种需要的个体会有意识地使自己的行为符合长者的标准和期望,借以获得并保持长者的赞许(陈琦和刘儒德主编,2007)。我们基于奥苏贝尔内驱力决定理论将调查条目分类如表7－15:

表7－15　基于奥苏贝尔内驱力决定理论的调查条目及分类

序号	调查条目	分类
1	学好汉语会让我更有面子或地位，别人会更尊重我。	自我提高内驱力
2	学好汉语，我的家人、老师或公司才会更喜欢我。	附属内驱力
3	我想了解中国人的生活，我想跟中国人交流。	认知内驱力
4	我对中国文化感兴趣，我想了解。	认知内驱力
5	汉语很有意思，我喜欢学习汉语。	认知内驱力
6	学习汉语是一种挑战，我喜欢这种挑战。	认知内驱力
7	学好汉语能让我觉得自己很成功。	认知内驱力

我们对奥苏贝尔三种内驱力与教师个性要素的相关性进行了统计，结果如表7－16：

表7－16　奥苏贝尔三种内驱力与教师个性要素相关性统计

自我提高内驱力	Pearson 相关性	显著性（双侧）	N
风趣	0.221**	0.002	190
微笑	0.144*	0.048	190
年轻	0.155*	0.033	190
可爱	0.190**	0.009	190
好看	0.190**	0.009	190
附属内驱力	Pearson 相关性	显著性（双侧）	N
年轻	0.248**	0.001	190
可爱	0.194**	0.007	190
好看	0.208**	0.004	190
大方	0.144*	0.047	190

续表

认知内驱力	Pearson 相关性	显著性(双侧)	N
开朗	0.204**	0.005	190
思想开放	0.224**	0.002	190
有创造力	0.184*	0.011	190
自信	0.209**	0.004	190
情绪可控	0.168*	0.021	190
易交流	0.174*	0.016	190
友好	0.175*	0.016	190
坦率	0.171*	0.018	190
耐心	0.164*	0.024	190
灵活	0.146*	0.044	190
聪明	0.266**	0.000	190

从表7－16可以看出，具有自我提高内驱力与附属内驱力的汉语学习者都期待年轻、可爱、好看的汉语教师，这一点与外部动机或工具性动机的测试结果一致。但不同的是，自我提高内驱力较强的汉语学习者更期待能够维护面子或自尊的面部表情“微笑”以及“风趣”的言语，而附属内驱力较强的汉语学习者更在意别人对自己的赞许，因此更期待“大方”的汉语老师能够宽容自己的不足之处。具有认知内驱力的汉语学习者对优秀汉语教师的期待与内部动机一致，此不赘述。

（二）基于奥苏贝尔内驱力决定理论的优秀汉语教师教学要素

我们对奥苏贝尔三种内驱力与教师教学要素的相关性进行了统计，结果如表7－17：

表 7－17 奥苏贝尔三种内驱力与教师教学要素相关性统计

自我提高内驱力	Pearson 相关性	显著性(双侧)	N
穿着打扮合适	0.164*	0.023	190
常用 PPT 上课	0.228**	0.002	190
每周教学计划清楚	0.177*	0.015	190
每课教学计划清楚	0.161*	0.026	190
严格	0.270**	0.000	190
英语水平比较高	0.183*	0.012	190
上课时大家很紧张	0.215**	0.003	190
上课时声音有变化	0.143*	0.049	190
上课时声音大一点儿	0.310**	0.001	190
附属内驱力	Pearson 相关性	显著性(双侧)	N
穿着打扮合适	0.145*	0.046	190
每周教学计划清楚	0.186*	0.010	190
上课时大家很紧张	0.272**	0.000	190
上课时声音大一点儿	0.160*	0.027	190
认知内驱力	Pearson 相关性	显著性(双侧)	N
平等对待学生	0.167*	0.021	190
愿意帮助学生	0.193**	0.008	190
上课时和学生交流多	0.198**	0.006	190
常常鼓励、表扬学生	0.181*	0.012	190
上课轻松快乐	0.173*	0.017	190
给学生问问题的时间	0.191**	0.008	190
常常关心学生	0.177*	0.015	190
下课常跟学生聊天儿	0.160*	0.028	190
熟悉中国文化	0.244**	0.001	190
语言学知识丰富	0.167*	0.022	190

续表

认知内驱力	Pearson 相关性	显著性(双侧)	N
汉语知识丰富	0.214**	0.003	190
了解学生国家文化	0.196**	0.007	190
知识丰富	0.233**	0.001	190
创造语境让学生练习	0.166*	0.022	190
多给学生练习的机会	0.204**	0.005	190
给很多生活中的例子	0.162*	0.026	190
让学生复述学习内容	0.177*	0.015	190
上课前准备得很好	0.172*	0.018	190
常常给学生作业	0.187**	0.010	190
按时上下课	0.172*	0.018	190
教学安排合理	0.209**	0.004	190
板书清楚	0.158*	0.030	190
上课有意思	0.164*	0.023	190
课堂教学专业	0.224**	0.002	190

从表7－17可以看出两点,基于认知内驱力的汉语学习者对教师的教学要求最为全面,包括丰富的专业知识和文化知识、专业教学能力、基于真实意义交际的练习和互动形式、轻松快乐舒畅的学习气氛、关心帮助和平等对待学生、课程安排合理,显示出较强的积极学习态度。而基于自我提高内驱力和附属内驱力的学习者要求较低,主要因为这两类学习者的学习动力主要来自于社会因素。而自我提高内驱力学习者相比附属内驱力学习者对教师教学要求高一些,可见后者被动性更强。我们可以说,核心内驱力学习者主动性更强、要求更高,而外围内驱力学习者被动性强,对教师要求相对较低。

国际汉语教师不仅要教好汉语，还要结合学习者的兴趣和需求深入引导，激发学习者的认知需求，增强学习者学习的主动性和积极性。

二、基于其他心理学家成就动机分类的优秀汉语教师要素

（一）追求成功型和避免失败型学习者期待的优秀汉语教师个性要素

心理学家亨利·默里将成就需要定义为“克服障碍，施展才能，力求尽快尽好地解决某一问题”，20 世纪四五十年代，戴维·麦克里兰进一步发展了该理论，认为成就动机是一种力求成功并选择朝向成功（或避免失败）目标活动的一般倾向。后来，约翰·阿特金森认为个体的成就动机由两种稳定的倾向组成，即希望成功与害怕失败，并创建了动机的期望-价值理论①。我们参考的成就动机量表（AMS），制作了一份简易的汉语学习成就动机测量表，主要测量来华汉语学习者在学习过程中几个关键问题即焦虑程度、对待考试、面对困难、回答问题、语言沟通等方面的心情、态度或行为，量表条目如表 7－18：

---

① 该理论认为趋向成功的动机是成就需要、对行为成功的主观期望概率以及取得成就的诱因值三者乘积的函数，即 Ts = Ms × Ps × Is，其中 Ts 为追求成功的倾向，Ms 为追求成功的动机，Ps 为个体成功可能性的估计值，Is 为成功的诱因值，它是一种对成绩的自豪程度。同样避免失败的倾向 Taf = Maf × Pf × If，Maf 为避免失败的动机，Pf 为失败可能性的估计值，If 为失败的消极诱因值，即可理解为一种消极的情感，如羞愧、消沉等。作为结果的成就动机是力求成功倾向的强度减去避免失败倾向的强度，即 Ta = Ts − Taf = (Ms × Ps × Is) − (Maf × Pf × If)。

表 7－18　来华学习者汉语学习成就动机测量表条目及分类

序号	调查条目	分类
1	我在学习汉语时感到很快乐。	追求成功型
2	我在学习汉语时常常担心失败。	避免失败型
3	我喜欢考试,因为好的成绩可以说明我很棒。	追求成功型
4	汉语考试的时候,我很怕考不好。	避免失败型
5	不管汉语难不难,我都会很努力地学习。	追求成功型
6	我觉得汉语有点儿难,我担心学不好。	避免失败型
7	我喜欢老师上课的时候问我问题,我喜欢这样的机会和挑战。	追求成功型
8	老师的问题,要是我不知道怎么回答,我就不太喜欢。	避免失败型
9	我喜欢老师给我难一点儿的问题。	追求成功型
10	要是我听不懂老师说的话,我会担心、紧张。	避免失败型

1. 追求成功型和避免失败型调查条目描述性统计

表 7－19 显示,均值超过 3.5000 的条目是“不管汉语难不难,我都会很努力地学习”“我在学习汉语时感到很快乐”和“我喜欢老师上课的时候问我问题,我喜欢这样的机会和挑战”。这些皆为追求成功型调查条目,如果结合相应的避免失败型条目便可以看出:一是多数来华汉语学习者学习上比较努力,不太担心学不好;二是多数来华汉语学习者心情比较愉快,不太担心失败;三是乐于接受来自教师问题的挑战,并不会因为教师问题的难度而影响学习态度。如果结合得分较低的条目“我喜欢考试,因为好的成绩可以说明我很棒”和“汉语考试的时候,我很怕考不好”可以看出,多数来华汉语学习者并不将好的考试分数作为自己追求的成就目

标。在国际汉语教学过程中，教师应辩证地审视考试在教学过程中有效提高二语习得效率的作用，而不能盲目地将国内应试教育的一些“潜意识”渗入到教学中。

表 7－19　追求成功型和避免失败型调查条目描述统计量

调查条目	N	极小值	极大值	均值	标准差
不管汉语难不难，我都会很努力地学习。	190	1.0000	5.0000	3.9524	0.868 53
我在学习汉语时感到很快乐。	190	2.0000	5.0000	3.8457	0.880 50
我喜欢老师上课的时候问我问题，我喜欢这样的机会和挑战。	190	1.0000	5.0000	3.7474	0.948 05
我喜欢老师给我难一点儿的问题。	190	1.0000	5.0000	3.3105	0.993 84
汉语考试的时候，我很怕考不好。	190	1.0000	5.0000	3.2751	1.140 16
要是我听不懂老师说的话，我会担心、紧张。	190	1.0000	5.0000	3.2421	1.114 75
我觉得汉语有点儿难，我担心学不好。	190	1.0000	5.0000	3.1789	1.083 59
我在学习汉语时常常担心失败。	190	1.0000	5.0000	3.1481	1.145 16
老师的问题，要是我不知道怎么回答，我就不太喜欢。	190	1.0000	5.0000	2.8789	1.059 64
我喜欢考试，因为好的成绩可以说明我很棒。	190	1.0000	5.0000	2.8632	1.055 20

2. 追求成功型和避免失败型与教师个性要素相关性统计

我们按照成就动机计算方法，分别求出追求成功型与避免失败型的均值，并将二者均值与教师个性要素的相关性进行统计，结果如表 7－20：

表 7－20　追求成功型和避免失败型与教师个性要素相关性统计

追求成功型	Pearson 相关性	显著性(双侧)	N
开朗	0.216**	0.003	190
有创造力	0.127	0.081	190
自信	0.240**	0.001	190
聪明	0.233**	0.001	190
避免失败型	Pearson 相关性	显著性(双侧)	N
开朗	－0.063	0.384	190
有创造力	－0.165*	0.023	190
自信	－0.145*	0.046	190
聪明	－0.029	0.694	190

从表 7－20 可知,两种成就动机类型期待的教师个性要素从总体趋势上呈相反关系,即追求成功型期待的教师个性要素恰好是避免失败型所排斥的。追求成功型学习者显著期待性格“开朗”、态度“自信”、才智“聪明”的教师,他们认为这样的汉语教师才能胜任或满足他们积极上进、追求成功的学习态度和动机。而避免失败型的汉语学习者则显著排斥“有创造力”和“自信”的汉语教师,这与避免失败型汉语学习者紧张或焦虑的学习心情、保守的学习态度、按部就班的学习方式有关系。当然,这并不代表教师应该削足适履,去迎合该类学习者的心理期待,而应当追根溯源,从提高其学习动机和学习自信出发,进而提高他们的学习效率。

3. 不同强度成就动机与教师个性要素相关性统计

根据以往成就动机调查的计算方法,即用追求成功的动机强度(Ms)减去避免失败的动机强度(Maf),把成就动机强度分为强($Ms - Maf > 0$)、中($Ms - Maf = 0$)和弱($Ms - Maf < 0$)三个等级。结果显示,成就动机较强者共 110 人,成就动机中等者 23 人,成就

动机较弱者57人。我们就三种动机强度的来华汉语学习者对优秀汉语教师的期待进行了单因素方差检验,结果除了"年轻($P=0.019$)""可爱($P=0.042$)""善良($P=0.028$)"不符合方差齐性要求以外,其他皆符合方差检验条件。可检验结果却出人意料,仅"自信"一项呈显著性组间差异。

利用多重均值进一步比较发现,成就动机较强者与中等者期待的优秀汉语教师要素呈显著性差别的有"有创造力($P=0.037$)""易交流($P=0.023$)""年轻($P=0.021$)"要素,而成就动机较强者与成就动机较弱者呈显著性差别的有"开朗($P=0.028$)""自信($P=0.009$)"要素。这与前文的结果基本一致,即成就动机较强的汉语学习者对教师"开朗""有创造力""自信""易交流""年轻"等要素充满期待。我们的调查结果符合高成就动机学习者的三大特点,即追求成功者有很强的自信心、有较高的成就动机水平和内归因;而成就动机较弱者却潜意识地回避了这些要素,他们的自信心不强、倾向于外归因、动机水平较低、不愿付出足够的努力。

需要强调的是,成就动机较强的汉语学习者对教师"自信"要素的期待一直比较显著,而成就动机较弱的汉语学习者则排斥"自信"的汉语教师。可见,"自信"也是区分两种动机类型的一大重要要素。根据社会心理学人际吸引理论中的相似性原则①,对教师"自信"这一要素充满期待的学习者其自身也理应是一位自信的学习者。至于"自信"这一因素在二语或外语习得过程中起多大作

① 相似性(Similarity)指我们和他人在兴趣、态度、价值观、背景或是人格因素上的匹配程度。该理论认为相似性把人们结合到了一起,而非互补性(埃利奥特·阿伦森等,2012)。

用？与其他因素如动机、归因、成就、焦虑、态度、自我效能感、努力程度有何关系？“自信”如何维护和增强？这一系列问题还需要深入探索。

（二）追求成功型和避免失败型学习者期待的优秀汉语教师教学要素

1. 追求成功型和避免失败型与教师教学要素相关性统计

我们将追求成功型和避免失败型的均值与教师教学要素进行了相关性统计与分析。表7－21仅将与两种动机类型呈显著性相关的一些要素及显著性水平罗列出来。

表7－21　追求成功型和避免失败型与教师教学要素相关性统计

成就动机	正相关要素	负相关要素
追求成功型	给学生问问题的时间（$P=0.039$）　下课常跟学生聊天儿（$P=0.014$）　熟悉中国文化（$P=0.000$）　穿着打扮合适（$P=0.047$）　多给学生练习的机会（$P=0.000$）　让学生复述学习内容（$P=0.016$）　上课时保持目光接触（$P=0.016$）　上课前准备得很好（$P=0.038$）　严格（$P=0.000$）　认真（$P=0.006$）　常常给学生作业（$P=0.000$）　多问学生课文内容（$P=0.011$）	作业不太多（$P=0.000$）
避免失败型	常用PPT上课（$P=0.026$）　严格（$P=0.006$）　认真（$P=0.031$）　上课时声音大一点儿（$P=0.024$）	不用或少用英语上课（$P=0.020$）

从表7－21可以看出，追求成功型的汉语学习者显著期待的教师教学要素较多：在教师仪表方面，他们期望教师能够穿着打扮合适，上课时能够与学生保持一定的目光接触；在专业素质方面，他

们期望教师能够熟悉中国文化；在教学方法上，他们期望教师多给一些练习机会，或让学生复述学习内容，或问学生课文内容，同时给学生问问题的时间和机会等。这充分体现了追求成功型学习者在有效提高自己汉语水平方面有着科学合理的诉求和期待。另外，在教学态度上，追求成功型学习者显著期待上课以前准备得很好、严格要求、工作认真的教师。在作业布置方面，追求成功型学习者希望教师能常给他们一些作业，这一点从负相关要素“作业不太多”也不难看出。

而避免失败型学习者也同样显著期待“严格”“认真”的汉语教师，这反映了避免失败型学习者也希望教师能够对学生严格要求，对其工作严肃认真，从而逐渐提高学生的汉语水平。另外，避免失败型学习者还期待教师能够声音洪亮地使用 PPT 上课，希望教师能使用一些英语，这些被显著期待的教学要素属于教学的外在形式要素。这反映了避免失败型学习者希望借助外在的教学形式提高其理解程度的需求。

2. 不同强度成就动机与教师教学要素相关性统计

我们同样将三种强度的成就动机与教师教学要素进行单因素方差分析，比较三种强度成就动机之间是否存在显著性差异。方差齐性检验显示，除了“了解学生国家文化（$P=0.020$）”“给很多生活中的例子（$P=0.011$）”“上课有意思（$P=0.007$）”之外，其他要素都符合方差检验条件。统计结果显示，有五条要素即“上课轻松快乐（$P=0.035$）”“熟悉中国文化（$P=0.006$）”“知识丰富（$P=0.002$）”“多给学生练习的机会（$P=0.012$）”“上课有意思（$P=0.004$）”存在显著的组间差异。我们对三组不同强度成就动机所期待的教师教学要素进行了均值比较，结果如表 7－22：

表7－22 不同强度成就动机与教师教学要素相关性统计

成就动机	前者	后者
成就动机强 & 成就动机中等	关心学生理解情况($P=0.036$) 熟悉中国文化($P=0.015$) 知识丰富($P=0.000$) 多给学生练习的机会($P=0.004$) 给很多生活中的例子($P=0.047$) 上课有意思($P=0.000$)	—
成就动机强 & 成就动机弱	上课轻松快乐($P=0.015$) 熟悉中国文化($P=0.009$) 不用或少用英语上课($P=0.030$)	英语水平比较高($P=0.020$) 作业不太多($P=0.039$)
成就动机中等 & 成就动机弱	—	关心学生理解情况($P=0.025$) 知识丰富($P=0.004$) 用容易的词解释新内容($P=0.020$) 上课前准备得很好($P=0.035$) 上课有意思($P=0.003$)

相比成就动机中等的汉语学习者，成就动机较强的汉语学习者显著期待教师素质上知识丰富、熟悉中国文化，教学方法上多结合实例、多让学生练习、关心理解情况，课堂教学上充满趣味的汉语教师。这些要素显然是一个高强度动机汉语学习者为有效提高汉语水平而显著期待的。缺少其中任何一条要素，都会影响学习者科学有效地习得第二语言。相比成就动机较弱者而言，成就动机较强的汉语学习者还显著期待轻松快乐的课堂气氛、不用或少用英语的教学语言。这充分体现出成就动机较强的汉语学习者在汉语学习过程中的活力和自信。

相对成就动机较强的汉语学习者，成就动机较弱的汉语学习者则期待英语水平比较高、作业比较少的汉语教师，相对成就动机中等的汉语学习者而言则显著期待关心学生理解情况、知识丰富、词语解释易于理解、备课充分、课堂教学充满趣味的汉语教师。从成就动机较弱的汉语学习者所期待的要素不难看出，他们最为关心的是“理解”问题，如他们期待教师使用英语作为教学语言、用容易的词解释新词、关心他们的理解情况、备课充分等。其次，他们对课堂教学的趣味性和课后作业的少量布置亦有所期待，体现了该类学习者希望利用外因诱导自己学习，并不太乐意付出较多努力的心理状态。

成就动机中等者与其他两组动机强度相比无显著期待要素。

三、结论与启示

（一）核心内驱力学习者主动性更强，要求更高

基于认知内驱力的汉语学习者对教师的教学要求最为全面，显示出较强的积极学习态度，学习动力主要来自认知需要。而自我提高内驱力和附属内驱力的学习者对教师的教学要求则相对较低，学习动力主要来自于社会因素。附属内驱力学习者对优秀汉语教师教学要求最低，该类学习者较为被动。可见，核心内驱力学习者主动性更强，要求更高，而外围内驱力被动性强，对教师要求相对较低。

（二）追求成功型和成就动机较强学习者要求更全面

成就动机水平不同的来华汉语学习者对优秀汉语教师的个性要素有着不同甚至显著的差异，追求成功型的汉语学习者对优秀

汉语教师个性要素的追求多是一些积极性要素，如开朗、创造能力强、自信、聪明等。而避免失败型的汉语学习者则对优秀汉语教师个性要素的期待表现出一定程度的不思进取、自暴自弃、得过且过等特点。在教学上，追求成功型和避免失败型汉语学习者在对教师教学要素的期待上亦有着显著差异，追求成功型汉语学习者显著期待的教师教学要素较为全面，如教师仪表、专业素质、教学方法、教学态度、作业布置等。避免失败型汉语学习者同样期待严格认真的老师，在教学方法方面希望教师能够保证“理解”这一语言的学习通道，如使用 PPT 和英语进行教学。不同强度成就动机的汉语学习者对优秀汉语教师教学要素的期待亦有所不同。成就动机较强的汉语学习者显著期待不仅能够保证理解还能够有效提高汉语水平的一些教学要素，如教师知识素养、教学方法、课堂气氛等。而成就动机较弱的汉语学习者则期待能够保证理解的一些教学手段；除此之外，也同样对教师教学的趣味性有所期待。

（三）国际汉语教师教学的基本要求是“可懂”输入

本部分从不同学者主张的不同动机类型考察了优秀汉语教师要素，诚如上文所说，不同的动机类型对优秀汉语教师的期待的确存在着诸多不同甚至相反的要素。这些结论一定都会对汉语国际教育研究和实践有着或多或少的启示。我们最想谈的一点是，无论什么动机强度的汉语学习者，都以能够理解教学语言和内容为学习汉语的起点。对教师来说，如何通过直观易懂的教学媒介、深入浅出的教学语言支起可理解的信息桥梁是一个重要的教学基础。然而，这项基本要求却对国际汉语教师尤其是刚入职的汉语教师来说并非易事，因为这既需要教师丰富的理论知识和深入浅出的解释能力，还需要对学习者汉语要素的习得顺序或阶段有一个大概的了解。

第六节　基于学习态度差异的优秀汉语教师要素

20 世纪 90 年代以前，在社会心理学的主宰下，人们对动机研究的一个重要内容是二语学习者对目标语文化的认同态度以及态度对学习行为产生的直接影响（秦晓晴，2003）。Gardner（1985a）也认为动机主要包括三个方面的要素：努力、学习语言的愿望和学习语言的态度。那么不同汉语学习态度的来华留学生对优秀汉语教师有哪些期待呢？本部分将围绕这一中心论题进行探索。

态度（Attitude）是对他人、事物和观点的评价。态度是指个体对人和事稳定的行为倾向，是一种复杂的社会心理现象，属社会心理学的研究范畴（倪传斌，2006）。在 Gardner 等早期有关动机的研究中，态度和动机往往是混淆的（王初明编著，1990），至少是难以截然分开的。在 Gardner（1985a）看来，同课堂中讲授的其他课程不同，学习语言涉及能否适应另一个社会的技巧和行为规范，能否成功地学习一门语言主要受到学习者对使用那种语言群体态度的影响。

一般来说，对二语及其使用族群和文化的积极态度能促进学习者的语言学习，反之，则会阻碍他们的语言学习。当然，事实并非总是如此。Lanoue 描述了一个印第安部落（Sekani）在加拿大西部不列颠哥伦比亚省学习语言的发展情况，他们拒绝使用母语，而是使用第二语言英语作为他们的交际语言，不是因为他们对英裔加拿大人有积极的倾向（事实上他们的态度比较消极），也不是因为英语文化代表的社会经济优势，而是因为英语已经变成了泛印第安主义的一种象征，使用英语是未来唯一能够维持他们部落身份认同的方法（转引自 Ellis，1999）。另外，Swanes 对挪威一所大学学习挪威语的外国留学生的调查也表明，对挪威语的态度与挪威语成绩呈负相关（转引自刘艳，2012）。Ellis（1999）认为态度和语言学习成就之间并不简单地呈现为因与果的关系，需要逐步探讨。本研究仅从学习者的汉语学习态度出发来探讨优秀汉语教师的个性要素和教学要素。

在 Gardner 的理论中，态度包括对学习外语的兴趣、对目标语社团的态度、对教师和课程的态度等。而在 Ellis（1999）看来，二语学习态度包括对目的语、目的语族群、目的语文化、学习目的语的社会价值、目的语的特殊用途和对他们自身作为母语文化一员的态度。本研究综合上述理论，并参照马斯洛需要层次分类，在问卷设计时有意从以下几个方面进行了调查和分类（见表 7－23）：

表 7－23　汉语学习态度调查条目及分类

序号	调查条目	分类
1	汉语很有意思，我喜欢学习汉语。	对汉语感兴趣
2	我想了解中国人的生活，我想跟中国人交流。	对汉语族群感兴趣
3	我对中国文化感兴趣，我想了解。	对汉语文化感兴趣
4	学好汉语会让我更有面子或地位，别人会更尊重我。	视学好汉语为追求社会自尊
5	学好汉语，我的家人、老师或公司才会更喜欢我。	视学好汉语为追求“归属和爱”
6	学习汉语是一种挑战，我喜欢这种挑战。	视汉语学习为挑战
7	学好汉语能让我觉得自己很成功。	视学好汉语为追求自我实现

一、基于学习态度差异的优秀汉语教师个性要素

我们将七项调查条目均值与教师个性要素进行了相关性统计与分析。

（一）对汉语感兴趣学习者对教师个性要素的期待

表 7－24　对汉语感兴趣学习者对教师个性要素的期待

汉语很有意思，我喜欢学习汉语	Pearson 相关性	显著性(双侧)	N
风趣	0.169*	0.020	190
有创造力	0.195**	0.007	190
友好	0.149*	0.040	190
聪明	0.177*	0.015	190

对汉语感兴趣的学习者显著期待表达“风趣”“有创造力”、态度“友好”、才智“聪明”的教师。对汉语感兴趣学习者对教师个性要素的期待不多，多是较为基本的要求。

（二）对汉语族群感兴趣学习者对教师个性要素的期待

表 7－25　对汉语族群感兴趣学习者对教师个性要素的期待

我想了解中国人的生活，我想跟中国人交流	Pearson 相关性	显著性(双侧)	N
开朗	0.170*	0.019	190
思想开放	0.187**	0.010	190
情绪可控	0.184*	0.011	190
易交流	0.166*	0.022	190
年轻	−0.192**	0.008	190
好看	−0.152*	0.037	190
聪明	0.220**	0.002	190

对汉语族群感兴趣的学习者显著期待性格“开朗”“思想开放”“易交流”、不易生气（“情绪可控”）、才智“聪明”的汉语教师。而与“年轻”“好看”等相貌要素呈显著性负相关关系。可见，喜欢并愿意了解中国人生活的汉语学习者对教师的外貌要素并不关心，他们更为期待的是一个善于交际、聪明开朗、情绪稳定的教师，因为这样的教师既是他们要学习的对象，也是他们要交往和了解的对象。

（三）对汉语文化感兴趣学习者对教师个性要素的期待

表 7－26　对汉语文化感兴趣学习者对教师个性要素的期待

我对中国文化感兴趣，我想了解	Pearson 相关性	显著性（双侧）	N
思想开放	0.171*	0.018	190
自信	0.159*	0.028	190
情绪可控	0.158*	0.029	190
易交流	0.212**	0.003	190
可爱	－0.184*	0.011	190
好看	－0.217**	0.003	190
亲切	0.204**	0.005	190
耐心	0.207**	0.004	190

对汉语文化感兴趣学习者同样对教师“可爱”“好看”的相貌并不关心，他们除对教师的“思想开放”“情绪可控”“易交流”这些有利于学习和交际的要素有显著期待以外，还期待“耐心”“亲切”“自信”的教师。不难理解，任课教师是来华汉语学习者课堂内外学习或了解中国文化的主要对象，但由于跨文化语言交际障碍（如语言水平低、文化差异大、焦虑程度高等）的存在，他们期待“耐心”的教师能够容忍他们的语言能力，“亲切”的教师能够与他们拉近

距离,“自信”的教师能够向他们传授正确的文化。

（四）视学好汉语为追求社会自尊学习者对教师个性要素的期待

表 7－27　视学好汉语为追求社会自尊学习者对教师个性要素的期待

学好汉语会让我更有面子或地位,别人会更尊重我	Pearson 相关性	显著性(双侧)	N
风趣	0.221**	0.002	190
微笑	0.144*	0.048	190
年轻	0.155*	0.033	190
可爱	0.190**	0.009	190
好看	0.221**	0.002	190

将学好汉语作为追求社会地位、赢得自尊途径的汉语学习者对教师的相貌有着显著性期待,如“年轻”“可爱”和“好看”。也对有利于交际和维护自尊的“风趣”和“微笑”有所期待。

（五）视学好汉语为追求“归属和爱”学习者对教师个性要素的期待

表 7－28　视学好汉语为追求“归属和爱”学习者对教师个性要素的期待

学好汉语,我的家人、老师或公司才会更喜欢我	Pearson 相关性	显著性(双侧)	N
年轻	0.248**	0.001	190
可爱	0.194**	0.007	190
好看	0.208**	0.004	190
大方	0.144*	0.047	190

将学好汉语作为取悦别人、获得别人称赞以便使自己有所归属的汉语学习者,同样对教师的相貌有所期待,并期待为人“大方”、能够宽容接纳自己的教师。这与他们将学好汉语作为一种追

求外在社会价值的工具或途径有关，在学习汉语的过程中他们也特别重视自尊心的维护和老师的态度。

（六）视汉语学习为挑战学习者对教师个性要素的期待

表 7－29　视汉语学习为挑战学习者对教师个性要素的期待

学习汉语是一种挑战，我喜欢这种挑战	Pearson 相关性	显著性（双侧）	N
开朗	0.250**	0.001	190
思想开放	0.172*	0.017	190
有创造力	0.167*	0.021	190
自信	0.149*	0.040	190
灵活	0.217**	0.003	190
聪明	0.217**	0.003	190

认为学习汉语是一种挑战并喜欢这种挑战的学习者关心的是在教师的指导或帮助下能够接受并战胜挑战，从而满足自我实现需求的愿望。因此，他们对教师的教学能力和态度更加关注。他们显著期待“开朗”“思想开放”“有创造力”“自信”“灵活”“聪明”的汉语教师。

（七）视学好汉语为追求自我实现学习者对教师个性要素的期待

表 7－30　视学好汉语为追求自我实现学习者对教师个性要素的期待

学好汉语能让我觉得自己很成功	Pearson 相关性	显著性（双侧）	N
微笑	0.187**	0.010	190
自信	0.197**	0.006	190
大方	0.201**	0.005	190
聪明	0.190**	0.009	190

对通过学好汉语来获得成就感从而满足自我实现需求目的的学习者来说,他们关心的依然是学好汉语这个结果对他们内心的积极影响。因此,他们对教师个性要素的期待主要与教师的教学自信有关,如"微笑""自信""大方""聪明"等。

二、基于学习态度差异的优秀汉语教师教学要素

我们将七项调查条目均值与教师教学要素进行了相关性统计与分析。

(一)对汉语感兴趣学习者对教师教学要素的期待

表7-31 对汉语感兴趣学习者对教师教学要素的期待

汉语很有意思,我喜欢学习汉语	Pearson 相关性	显著性(双侧)	N
常常鼓励、表扬学生	0.158*	0.029	190
上课轻松快乐	0.182*	0.012	190
常常关心学生	0.156*	0.031	190
熟悉中国文化	0.146*	0.044	190
了解学生国家文化	0.172*	0.018	190
知识丰富	0.205**	0.004	190
创造语境让学生练习	0.147*	0.043	190
多给学生练习的机会	0.146*	0.044	190
按时上下课	0.147*	0.043	190

认为汉语很有意思、对汉语本身感兴趣的学习者比较关注教师知识的丰富程度、教师的练习意识和方法、轻松快乐的学习气氛、教师的鼓励关心等。可见,该类型学习者以汉语学习为中心,希望在优秀汉语教师的鼓励关心下通过大量的练习学好汉语。

（二）对汉语族群感兴趣学习者对教师教学要素的期待

表7－32　对汉语族群感兴趣学习者对教师教学要素的期待

我想了解中国人的生活，我想跟中国人交流	Pearson 相关性	显著性（双侧）	N
平等对待学生	0.154*	0.033	190
愿意帮助学生	0.143*	0.049	190
给学生问问题的时间	0.215**	0.003	190
学期教学进度不快不慢	0.165*	0.023	190
常常关心学生	0.232**	0.001	190
熟悉中国文化	0.249**	0.001	190
汉语知识丰富	0.199**	0.006	190
了解学生国家文化	0.177*	0.015	190
知识丰富	0.186*	0.010	190
给很多生活中的例子	0.233**	0.001	190
教学安排合理	0.162*	0.026	190
板书清楚	0.179*	0.014	190

限于汉语学习者学习空间较为固定，没有足够多的时间深入体验中国人的生活，对汉语族群即中国人的生活感兴趣并愿意了解的汉语学习者主要表现为希望通过教师这一角色了解和学习中国人的生活，因此，他们对教师的文化知识素养、教学公平性和计划性、良好的师生关系等有着较多期待。有关教师文化知识素养的期待如“熟悉中国文化”“汉语知识丰富”“了解学生国家文化”“知识丰富”等，教学的公平性如“平等对待学生”，教学的计划性如“学期教学进度不快不慢”“教学安排合理”，良好的师生关系如“愿意帮助学生”“常常关心学生”。另外，他们也不放过教学过程中了解中国人生活的机会，如期待“给学生问问题的时间”“给很多生活中的例子”。所以，国际汉语教师需要深入了解海内外文化知识，积极提高跨文化交际能力，心怀教学公平意识，科学制订教学

计划，合理安排教学环节等。

（三）对汉语文化感兴趣学习者对教师教学要素的期待

表 7－33　对汉语文化感兴趣学习者对教师教学要素的期待

我对中国文化感兴趣，我想了解	Pearson 相关性	显著性（双侧）	N
愿意帮助学生	0.173*	0.017	190
上课时和学生交流多	0.155*	0.033	190
常常鼓励、表扬学生	0.187**	0.010	190
给学生问问题的时间	0.152*	0.036	190
常常关心学生	0.158*	0.030	190
熟悉中国文化	0.207**	0.004	190
语言学知识丰富	0.164*	0.024	190
汉语知识丰富	0.249**	0.001	190
了解学生国家文化	0.162*	0.025	190
知识丰富	0.271**	0.000	190
创造语境让学生练习	0.187**	0.010	190
多给学生练习的机会	0.161*	0.027	190
让学生复述学习内容	0.155*	0.033	190
常用 PPT 上课	－0.143*	0.049	190
按时上下课	0.186*	0.010	190
胜任对外汉语教学	0.151*	0.037	190
课堂教学专业	0.193**	0.008	190

对汉语文化感兴趣的学习者同样对教师的知识素养、教学能力、教学方法、教学互动和师生关系等方面有着显著性期待，知识素养如“熟悉中国文化”“语言学知识丰富”“汉语知识丰富”“了解学生国家文化”“知识丰富”，教学能力如“胜任对外汉语教学”“课堂教学专业”，教学方法如“创造语境让学生练习”“多给学生练习的机会”“让学生复述学习内容”，教学互动如“上课时和学生交流多”“给学生问问题的时间”，师生关系如“愿意帮助学生”“常常鼓

励、表扬学生""常常关心学生"。对汉语文化感兴趣的学习者较为反感的是"常用PPT上课"。这一点与曹贤文和王智(2010)的调查亦有类似之处,他们就多媒体技术的运用对教师和学生进行了调查,教师组的得分(4.06)显著高于学生组的得分(3.40),尽管教师和学生均倾向于赞同在教学过程中使用多媒体技术,但学生基于实际教学的需要对这个问题的评价显得比较冷静。我们不否定多数学习者对教师使用多媒体抱欢迎态度这一事实,也同意不同文化背景的学习者对多媒体教学的接受存在差异这一观念,但绝非王玉英和邸焕双(2009)所讲的"汉文化圈的留学生性格内敛,在汉语习得中更喜欢传统的教学模式,进而排斥或不太喜欢多媒体教学,而非汉文化圈的留学生性格外向活泼,受国外第二语言教学流派的影响而喜欢多媒体的使用"。据我们调查,亚洲学生相对欧美学生更喜欢教师使用PPT教学。

(四)视学好汉语为追求社会自尊学习者对教师教学要素的期待

表7-34　视学好汉语为追求社会自尊学习者对教师教学要素的期待

学好汉语会让我更有面子或地位,别人会更尊重我	Pearson 相关性	显著性(双侧)	N
穿着打扮合适	0.164*	0.023	190
常用PPT上课	0.228**	0.002	190
每周教学计划清楚	0.177*	0.015	190
每课教学计划清楚	0.161*	0.026	190
严格	0.270**	0.000	190
英语水平比较高	0.183*	0.012	190
上课时大家很紧张	0.215**	0.003	190
上课时声音有变化	0.143*	0.049	190
上课时声音大一点儿	0.231**	0.001	190

将学好汉语作为追求社会地位、面子或尊重的汉语学习者关心的是社会对自己的看法和态度。持该种态度的汉语学习者在学习上抱有"想学好"的主观愿望，但或许因为内部动机不强而求助于外在环境中的力量或形式。正如 Covington(1992)所说，"对自我价值高度关注的人会去寻找有利环境，增强自我价值感。他们会躲避不利环境"。在对教师教学的期待要素上也主要侧重于教师穿着、教学形式、教学计划、教学语言、教学态度和教学气氛等方面。在教师穿着方面，他们期待"穿着打扮合适"的教师；在教学形式方面，他们期待"常用 PPT 上课"的教师；在教学计划方面，他们期待"每周教学计划清楚"和"每课教学计划清楚"的教师；在教学语言方面，他们期待"英语水平比较高""上课时声音有变化"和"上课时声音大一点儿"的教师；除此之外，他们还期待教学态度严格和教学气氛紧张的教师。仔细分析，不难得出，这些学习者对学习环境较为重视，而对教师具体地如何教好汉语没有太多要求。

（五）视学好汉语为追求"归属和爱"学习者对教师教学要素的期待

表 7-35 视学好汉语为追求"归属和爱"学习者对教师教学要素的期待

学好汉语，我的家人、老师或公司才会更喜欢我	Pearson 相关性	显著性(双侧)	N
穿着打扮合适	0.145*	0.046	190
每周教学计划清楚	0.186*	0.010	190
上课时大家很紧张	0.272**	0.000	190
上课时声音大一点儿	0.160*	0.027	190

视学好汉语为追求社会归属途径的学习者主要表现为一种被迫性动机，更为关注外在形式，如教师的"穿着打扮合适""每周教学计划清楚""上课时大家很紧张""上课时声音大一点儿"。从期待的四个要素看，与视学好汉语为追求社会自尊学习者相比，视学好汉语为追求"归属和爱"学习者的期待要素相对较少；我们初步认为与后者的学习动机相对较弱有关。

（六）视汉语学习为挑战学习者对教师教学要素的期待

表 7－36　视汉语学习为挑战学习者对教师教学要素的期待

学习汉语是一种挑战，我喜欢这种挑战	Pearson 相关性	显著性（双侧）	*N*
平等对待学生	0.159*	0.029	190
穿着打扮合适	0.146*	0.044	190
常用实物教汉语	0.214**	0.003	190
常常给学生作业	0.187**	0.010	190
教学安排合理	0.163*	0.024	190
不只讲课本上的	0.162*	0.025	190
不用或少用英语上课	0.166*	0.022	190
课堂教学专业	0.183*	0.012	190

将汉语学习视为一种挑战并喜欢这种挑战的来华汉语学习者在对教师教学要素的期待上也表现出了认真学习、勇于接受并努力战胜挑战的决心，如在教学内容上他们期待"不只讲课本上的"，在教学语言上"不用或少用英语上课"，在教学能力上要"专业"，在教学安排上要"合理"，并希望"常常给学生作业"。这些要素是他们期待教师能够帮助或指导他们顺利战胜挑战的一些基本要求。另外，他们也期待教师"平等对待学生""穿着打扮合适""常用实物教汉语"等。

（七）视学好汉语为追求自我实现学习者对教师教学要素的期待

表 7－37　视学好汉语为追求自我实现学习者对教师教学要素的期待

学好汉语能让我觉得自己很成功	Pearson 相关性	显著性（双侧）	N
不会放弃学习不好的学生	0.174*	0.016	190
听取、尊重学生意见	0.211**	0.003	190
愿意回答学生问题	0.149*	0.040	190
愿意帮助学生	0.187**	0.010	190
师生关系很好	0.175*	0.016	190
常给好的学习建议	0.164*	0.023	190
上课时和学生交流多	0.170*	0.019	190
下课常跟学生聊天儿	0.228**	0.002	190
熟悉中国文化	0.170*	0.019	190
语言学知识丰富	0.155*	0.032	190
上课时精神饱满	0.143*	0.050	190
穿着打扮合适	0.150*	0.039	190
创造语境让学生练习	0.156*	0.031	190
多给学生练习的机会	0.197**	0.007	190
让学生复述学习内容	0.160*	0.028	190
偶尔室外上课	0.143*	0.050	190
每周教学计划清楚	0.154*	0.034	190
学期教学计划清楚	0.188**	0.010	190
每课教学计划清楚	0.240**	0.001	190
上课前准备得很好	0.176*	0.015	190
严格	0.181*	0.012	190
常常给学生作业	0.155*	0.033	190
教学安排合理	0.237**	0.001	190
上课有意思	0.203**	0.005	190
多问学生课文内容	0.186*	0.010	190

上文已述，将学好汉语视为成就感的学习者对教师的期待主要集中于能够帮助他们实现学好汉语这个行为目的，所以他们所显著期待的要素多与教师的高效教学有关。他们在教学仪态上期待“上课时精神饱满”“穿着打扮合适”等；在教学态度上期待严格、公平（“不会放弃学习不好的学生”）的汉语教师；在教师素养上期待“熟悉中国文化”“语言学知识丰富”等；在教学方法上期待“创造语境让学生练习”“多给学生练习的机会”“让学生复述学习内容”“多问学生课文内容”等；在教学计划和安排上期待“学期教学计划清楚”“每周教学计划清楚”“每课教学计划清楚”“上课前准备得很好”“常常给学生作业”“教学安排合理”等；在师生关系上期待“听取、尊重学生意见”“愿意回答学生问题”“愿意帮助学生”“师生关系很好”“上课时和学生交流多”“下课常跟学生聊天儿”等。最后几点与曹贤文和王智（2010）的发现类似，即他们认为“综合起来看，学生更加重视学习地道的汉语，期待教师对他们要求更加严格并能及时为他们的学习提供可靠的帮助”。

三、结论与启示

（一）不同学习态度汉语学习者对教师个性要素的期待

首先，对汉语、汉语族群、汉语文化、汉语学习背后的社会价值或个人价值持不同态度的汉语学习者对心目中优秀汉语教师个性要素的期待是有差别的，有的甚至相反。比如，对汉语族群、汉语文化感兴趣的学习者与将汉语学习视为一种追求社会价值途径的学习者，在对教师相貌要素的期待上是相反的。

其次，不管对汉语学习持何种态度的学习者，他们对优秀汉语教师的期待都是站在有利于学习汉语并了解汉语族群和文化这个中心立场上的。他们学习和了解的主要途径不外乎学习、询问和观察体验，前两种途径显然都离不开“教师”这一主体角色。教师是他们学习的对象，也是他们最为信赖的询问对象，因此，他们对教师的“有创造力”“自信”和“聪明”充满期待。学习和询问都离不开“交际”这一重要途径，因此，学习者对有利于交际要素的期待也在情理之中，如能够拉近心灵距离的“大方”“亲切”态度、方便交际的“开朗”“思想开放”“易交流”性格、有助于降低跨文化交际障碍的“情绪可控”和“耐心”的个性要素。

（二）不同学习态度汉语学习者对教师教学要素的期待

不同学习态度汉语学习者对优秀汉语教师教学要素的期待同中有异，各有侧重。“同”的是学习者最为关注的“教”与“学”的有效性和愉悦性，前者如教师知识素养是否丰富、教学能力是否专业、教学方法是否科学等，后者如教学过程的趣味性以及教师对学生的关心、鼓励、表扬、公平等。“异”的多是一些外围要素，如相貌、教学媒介、教学语言等。

第七节　基于努力程度差异的优秀汉语教师要素

Gardner（1985a）认为动机包括四个方面的因素，即目标、付出努力的行为、实现目标的愿望以及对待有关行动的积极态度。而在认知主义理论看来，动机涉及的问题是人们为什么以某种方式去做事情以及影响他们所做选择的因素有哪些，还涉及人们做出选择后在实现目标的时候要付出多大努力的决定。在社会建构主义理论看来,动机被解释为一种认知和情感的激励,这种激励会带来有意识的行动决定,也会产生阶段性的持续的脑力和体力劳动,其目的是要达到预先设定的目标。该定义意味着,一旦活动开始,参与者就应当持续付出努力,以便实现目标。威廉姆斯和布登(2011)提出了一个简单化了的动机三阶段模型,如图7－1:

存在做某事的原因——→决定去做某事——→保持努力并坚持下去

图7－1　动机三阶段模型

可见,在威廉姆斯和布登(2011)看来,"努力"是使行动坚持下去并实现目标的一种付出,即该模型认为动机不仅涉及激发和开始行动,还要涉及最后一个阶段,那就是动机的维持。为了防止读者误认为动机三阶段是按照线性模式来发展的,威廉姆斯和布登(2011)又将"动机三阶段模型"调整为"动机互动模型",如图7－2:

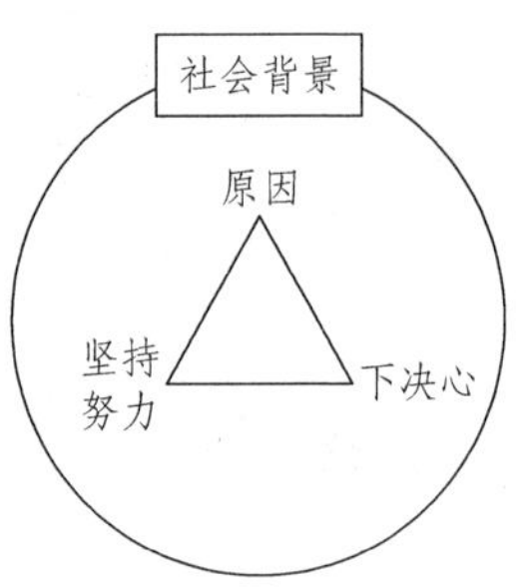

图7－2　动机互动模型

其他动机理论如马斯洛提出的需要层次理论认为,任何一种需要的满足都需要努力;Locke & Latham(2002)提出的目标理论,他们将目标定义为"个人努力要实现的东西";Dweck(2002)提出的能力观，分为能力实体观与能力增长观，能力增长观认为能力是可以通过努力改变增长的一种信念；Weiner（1972）所提出的归因理论认为人们常将成败归因于能力、努力、任务难度和运气；Covington（1992）提出的自我价值理论包括三种动机模式：成功定向型、避免失败型和接受失败型，这其中亦涉及努力这一因素。可见，早期的动机研究理论框架都离不开“努力”程度这一因素。

我们综合参考Oxford（1990）和刘艳（2012）的调查问卷设计了关于汉语学习努力程度的调查问卷，现将所调查条目及得分情况描述统计如表7－38：

表7－38　汉语学习努力程度调查条目描述统计量

调查条目	*N*	均值	标准差	方差
上课时我非常想听懂老师说的话。	190	4.1526	0.880 64	0.776
下课后我很注意听到和看到的汉语。	190	3.8868	0.806 12	0.650
下课后我会认真地做作业。	190	3.6737	0.964 36	0.930
我有自己的课外学习计划。	190	3.4579	1.036 79	1.075
我常常预习和复习。	190	3.4316	0.966 67	0.934
上课时我喜欢玩手机或iPad。（反向设计）	190	2.4868	1.249 80	1.562

从表7－38各调查条目得分情况看，得分均值最高者为“上课时我非常想听懂老师说的话”。学习者对课堂上可懂输入的期待是比较高的，这也验证了前文的统计结果，即汉语学习者对“理解”的期待非常高。至此也不难得出，令学习者“理解”的讲解能力是语言教师的一项基本功。得分较高的还有“下课后我很注意听到和看到的汉语”和“下课后我会认真地做作业”。前者告诉我们，来华汉语学习者比较留意生活中学习语言的各个机会，这是非目的

语环境下的汉语学习者很难做到的;后者告诉我们,这些汉语学习者倾向于同意"认真地做作业"。得分最低的是我们根据当前课堂情况而设计的一项反向调查题,即"上课时我喜欢玩手机和 iPad"。尽管上课时不喜欢玩手机或 iPad 就未必说明努力程度较高,但上课时玩手机或 iPad 绝不是多数教师能够接受的努力学生。在评估被调查者的努力程度时,我们将该项得分进行反向计算,并与其他各项得分相结合,得出各被调查者的努力程度均值。那么不同努力程度的汉语学习者对国际汉语教师有何期待呢?下面将各被调查者的努力程度均值与优秀汉语教师的个性要素和教学要素分别进行相关性统计与分析。

一、基于努力程度差异的优秀汉语教师个性要素

表 7-39 努力程度与教师个性要素相关性统计

个性要素	Pearson 相关性	显著性(双侧)	N
开朗	0.204**	0.005	190
思想开放	0.145*	0.046	190
有创造力	0.153*	0.036	190
自信	0.165*	0.023	190
聪明	0.237**	0.001	190

由表 7-39 可知,被调查者的学习努力程度与教师的"开朗""思想开放""有创造力""自信""聪明"呈显著性相关。从这些要素可以看出,努力学习的学习者对教师"有创造力"和"聪明"的才智、"思想开放""自信"的态度以及"开朗"的性格都有所期待。上文已证明,这几项要素也是视汉语学习为挑战学习者所期待的。

二、基于努力程度差异的优秀汉语教师教学要素

表 7－40　努力程度与教师教学要素相关性统计

教学要素	Pearson 相关性	显著性(双侧)	N
上课时和学生交流多	0.165*	0.023	190
关心学生理解情况	0.164*	0.023	190
熟悉中国文化	0.163*	0.025	190
语言学知识丰富	0.153*	0.035	190
知识丰富	0.143*	0.050	190
多给学生练习的机会	0.150*	0.039	190
让学生复述学习内容	0.150*	0.038	190
常常给学生作业	0.282**	0.000	190
板书清楚	0.190**	0.009	190
作业不太多	－0.157*	0.030	190
多问学生课文内容	0.163*	0.024	190

表 7－40 告诉我们,汉语学习越努力的学生对理解情况、教师知识素养、练习机会、作业布置等要素的期待越高。教师知识素养方面的期待如“熟悉中国文化”“语言学知识丰富”“知识丰富”等,这些要素是学习者最为关心的能否顺利实现有效跨文化交际和汉语学习的基本要求。练习机会方面的期待如“上课时和学生交流多”“多给学生练习的机会”“让学生复述学习内容”“多问学生课文内容”等,这些要素都是包括语言输入和输出在内的最基本的互动过程或要求。对作业的布置最能看得出努力学生的需求,他们期待“常常给学生作业”,排斥“作业不太多”。可见,学习努力的

学生也愿意在作业上付出更多的精力或时间。另外,被调查者也期待“板书清楚”这一要素。

从上面的统计和分析中可以看出,努力程度不同的学习者对优秀汉语教师要素的期待是不一样的。从他们期待的教师个性要素和教学要素来看,一是期待的要素数量不多,二是期待的要素主要围绕“学习”和“提高”汉语水平这一核心问题而展开。在个性要素方面,他们期待开朗、思想开放、有创造力、自信、聪明的教师,对教师的性情和相貌要素不太关心。在教学要素方面,他们的期待主要围绕教师的专业素质和大量的输入、输出与互动方面的练习。

第八节　结论与启示

一、结果分析

(一) 融入性动机需要层次与工具性动机需要层次不同

从第二语言习得理论来看,显性学习与隐性学习是人类学习知识的两种必然途径,也是二语习得领域的基本问题之一。两种学习过程是否有意识性、意图性和抗干扰性颇具争议。但从两种动机对优秀汉语教师要素的期待中可以看出,工具性动机较强的汉语学习者更能显示出学习语言与提高语言水平的意识和意图,而融入性动机较强的汉语学习者则显示出鲜明的个体文化融入意识和意图,即期待在一个舒适的环境里顺利地从知识丰富、耐心友好、亲切的教师那里认知中国语言文化,但语言学习意识没有工具性动机学习者明显。

从马斯洛的需要层次理论来说，融入性动机学习者对“归属和爱”“认知”的需要更明显，他们期待友好、亲切、耐心、易于交流的教师能够关心、帮助、表扬和鼓励自己，期待轻松快乐的教学气氛，期待舒适顺利地从教师那里了解、理解、认知和融入目的语社会文化。而工具性动机学习者仅对教学外在形式充满期待，也有着丰富的基本需要，但层次不明显。

（二）内部动机需要层次与外部动机需要层次不同

Krashen（1985）提出了著名的监察理论（The Monitor Theory），其中包括语言习得和语言学习假说、习得自然顺序假说、监察假说、输入假说和情感过滤假说。Swain（1985）又提出了输出假说，“可懂输入”和“可懂输出”是二语习得的两个重要的过程或机制。内部动机汉语学习者对师生间课内外交流的显著期待恰恰反映了语言习得的这种内在机制需要。另外，学习者对来自教师的关心、帮助、鼓励、表扬和公平的需求，也反映了学习者希望缓解焦虑情绪、降低情感过滤水平并学好汉语的愿望。

从马斯洛的需要层次理论来看，来华汉语学习者同普通人一样，有较易满足的生理需要、不易满足的安全需要、归属和爱的需要、自尊的需要和自我实现的需要。无论是外部动机汉语学习者，还是内部动机汉语学习者，他们都有学好汉语满足基本需要的动机。内部动机汉语学习者还有归属和爱的需要（关心、帮助、鼓励、表扬）、自尊的需要（公平）。对教师知识和交流的期待，也反映了他们还有认知的需要。外部动机汉语学习者对教师相貌要素的期待，反映了他们还有一定程度的审美需要。

（三）不同成就动机学习者的需要层次不同

1. “自信”和“理解”是“教”和“学”的重要影响因素

从第二语言习得理论来说，追求成功型动机和成就动机较强汉语学习者对教师“自信”的期待，与Krashen（1985）和Clément（1986）的研究结果比较一致。前者提出的“情感过滤假说”理论认为影响语言习得成功的最主要情感因素有三个：动机（Motivation）、自信心（Self-confidence）和焦虑（Anxiety），即较高的学习动机、较强的自信和较低的焦虑非常有利于二语习得。后者针对293位以法语为母语的英语学习者研究认为，外语学习结果的最好预测因素是自信。

“输入”和“输出”对语言习得来说非常重要，但前提是“可懂”，即可以“理解”。我们的调查结论也说明了这一点，即无论动机强还是弱的汉语学习者对教师的“可懂”输入都提出了明确的要求。

2. “提高”汉语水平是满足学习者基本需要的主要任务

三种内驱力和两种成就动机汉语学习者学习汉语的基本目的是“提高”语言表达能力，因为这是满足汉语学习者基本需要的手段或工具。自我提高内驱力和避免失败型学习者希望满足“自尊”的需要，附属内驱力学习者希望满足“归属和爱”的需要，追求成功型学习者希望满足“自我实现”的需要。不同的汉语学习者对教师的期待也显示出其不同层次的基本需要。满足这些不同层次需要的一个重要内容就是不断地“提高”学习者的汉语水平。

（四）不同学习态度学习者的期待同多异少、同重异轻

不论何种学习态度的汉语学习者对教师个性要素和教学要素的期待都存在着同多异少、同重异轻的情况，“同”的是教师作为教

学行为主体应具备的一些最为基本的素质、意识和能力，而“异”的是一些教师的相貌要素、教学媒介和教学语言。

二、教学建议

（一）国际汉语教师应全面提高自身素质

国际汉语教师应首先站稳讲台，全面提高自己的专业素质和教学能力，健全自己的专业情意，因为这是第二语言或外语学习者为提高习得效率所需要的，这是优秀汉语教师的核心因素。另外，也不可忽视教师的相貌要素、教学仪态、教学语言、教学媒介等形式方面的问题。

（二）在满足学习者需求上可就高不就低

内部动机较强学习者对优秀汉语教师教学要素的期待基本能够包括外部动机较强学习者的期待内容。因此，在教学中可采取就高不就低的原则，在教学方面做好充分准备，合理安排各教学环节，并且关心帮助学生，搞好师生关系，课内外多交流，但在教学要求方面对外部动机者可适当严格一些，对内部动机者可适当轻松一些，从而满足两种类型学习者的期待要求。同理，在满足努力学习者需要的同时，也不要忘记对欠努力学习者的引导和教育。

（三）教师应设法提高被动型学习者的主动性和自信水平

教师不仅要教好汉语，还要根据学习者的需要深入引导，挖掘学习者的内心认知需求，变被动学习为主动学习。另外，我们应该进一步维护或提高追求成功型汉语学习者的动机水平，改善和提高避免失败型汉语学习者的成就动机水平。如何将一位避免失败型的汉语学习者转变为追求成功型的汉语学习者是一个需要深入探讨的课题。

（四）教师教学要围绕“理解”与“提高”做文章

对来华汉语学习者甚至所有学习第二语言或外语的学习者来说，在学习过程中，“理解”或者“可懂”是他们最为基本的期待，所以，这也应是所有语言教学最基本的核心要求。第二个最基本的核心要求便是在“理解”的基础上“提高”目的语表达水平。国际汉语教师应该围绕“理解”和“提高”这两大核心目标而努力，包括清楚易懂的教学语言、难易适度的沟通能力和科学的讲练方式等。

第八章　基于学习者学习策略差异的优秀汉语教师要素

第一节　语言学习策略研究概述

语言学习策略(Learning Strategies)研究是二语习得研究中最活跃的领域之一(Skehan,1991)。学者们对学习策略下了不同的定义,并以不同的方式划分了学习策略(O'Malley & Chamot,1990;Oxford,1990;文秋芳和王海啸,1996;Cohen,1998;Ellis,1999)。国外对学习策略的研究主要集中于以下四个方面(Anderson,2005):(1)语言使用策略与语言学习策略之间的区别。(2)学习策略与二语成绩或水平的关系。(3)母语策略向二语学习策略的迁移作用。(4)语言策略的培训。这些方面都取得了丰富的成果。国内有关学习策略的研究主要集中在英语作为外语教学的领域。与理论引进和初步探索的前20年(20世纪80年代至21世纪初)相比,近10年有关英语作为外语学习策略的研究在研究成果、研究领域、研究视角、研究深度、研究方法等方面都有了较大的提高。而汉语作为第二语言学习策略的研究,又是二语习得研究中一个重要的新兴研究领域。

汉语作为第二语言的学习策略研究从20世纪90年代才开展起来,目前已出现一些代表性研究成果,如杨翼《高级汉语学习者的学习策略与学习效果的关系》(1998)、吴平《从学习策略到对外汉语写作教学》(1999)、徐子亮《外国学生汉语学习策略的认知心理分析》(1999)、江新《汉语作为第二语言学习策略初探》(2000)、吴勇毅《汉语"学习策略"的描述性研究与介入性研究》(2001)和《不同环境下的外国人汉语学习策略研究》(2007a)、李丽娜《关于留学生汉语学习策略的调查报告》(2004)等。从研究的具体内容来看,主要分为:(1)汉语学习策略的总体调查,如徐子亮(2003)、李丽娜(2004)、林可和吕峡(2005)、吴勇毅(2007a)、陈小芬(2008)、曹晓玉(2010)等。(2)汉语技能和要素学习策略方面的研究,主要有李姜(2007)对口语学习策略的调查,钱玉莲(2006)对阅读策略的调查,赵果和江新(2002)、周健和尉万传(2004)、马明艳(2007)、陈译文(2009)对汉字学习策略的调查,李雅梅(2005)、强薇(2005)对词汇学习策略的调查,吴勇毅和陈钰(2006)对听力策略的调查。(3)汉语学习策略分类方面的研究,主要有钱玉莲(2005)、贾正传和郭惠燕(2006)等。(4)汉语学习策略与其他个体因素的相关性研究,如徐子亮(2003)、陈小芬(2008)、李强等(2011)等。

但将个体学习策略与教师尤其是教师的教学联系起来进行研究的却比较少见。我们将汉语学习策略作为学习者的个体因素之一,考察不同汉语学习策略的学习者对教师和教师的教学有哪些显著期待的要素。只有厘清二者之间的相互关系,方能根据学习者的汉语学习策略配备不同个性的汉语教师,施以不同的教学内容和方法,从而强化或完善不同学习者的汉语学习策略,进而提高汉语学习效率。

第二节　调查过程及结果描述统计

一、调查过程

我们主要参考了 Oxford(1990)的语言学习策略量表(Strategy Inventory for Language Learning,SILL),并根据汉语学习者的特点进行了适当修改。之所以参考 SILL,主要是因为该量表的分类迄今为止最具有综合性和诊断性(Ellis,1999),在语言学习描述性研究中运用最为广泛(Chamot,2005),国内汉语学习策略研究借鉴最多(吴勇毅,2007a;陈小芬,2008)。

在调查中,我们将学习策略分为六类,即直接策略中的记忆策略、认知策略、补偿策略和非直接策略中的元认知策略、情感策略和社交策略。记忆策略是指主体对自身记忆活动有意识地控制和由主体所使用的能增强记忆效果的方法和技能,包括创造心理联想、运用形象和声音记忆、有效复习以及通过行为记忆等。贮存和搜索新信息是记忆策略的两个关键功能。认知策略是直接用于学习语言,用来理解和产生语言的,它包括重复、模仿、利用目的语资源、归类、推测、演绎、迁移、概括、记笔记、翻译、利用关键词、利用上下文情景等,既有练习语言形式的,也有操练语言功能的。补偿策略是指合理猜测以及弥补缺陷和不足。从表面上看,补偿策略是学习者为了补偿语言知识如词汇、语法知识等的不足而采取的策略,但实际上它们几乎都是在交际中遇到困难时使用的策略,因此也可以看作是一种“交际策略”。

元认知策略是通过计划、监控、总结、评价、分配注意等一系列行为对自己的学习进行管理的策略。情感策略指的是学习者为促进某一学习任务的完成而与别人合作,或自己控制情绪,消除紧张和不安等而采取的策略。社交策略指学习者在与其他学习者或本族语者进行交际时所使用的方法或策略,它是一种合作性策略。其他调查信息与前文调查相同,此不赘述。

二、调查结果描述统计

现将被调查者所使用的六种学习策略情况统计如表8－1:

表8－1　六种学习策略均值描述统计量

学习策略	*N*	极小值	极大值	均值	标准差	方差
社交策略	190	1.0000	5.0000	3.7615	0.670 85	0.450
元认知策略	190	1.8900	5.0000	3.6637	0.654 25	0.428
补偿策略	190	2.0000	5.0000	3.5446	0.648 74	0.421
认知策略	190	1.9000	4.9300	3.4622	0.586 26	0.344
记忆策略	190	1.7800	4.7800	3.3018	0.550 23	0.303
情感策略	190	1.0000	5.3300	3.2702	0.743 55	0.553

由表8－1可以看出,总的来说,学习者喜欢的学习策略依次是社交策略(3.7615)>元认知策略(3.6637)>补偿策略(3.5446)>认知策略(3.4622)>记忆策略(3.3018)>情感策略(3.2702)。与吴勇毅(2007a)调查的顺序及平均分数即补偿策略(3.5206)、社交策略(3.4274)、元认知策略(3.3593)、认知策略(3.3380)、情感策略(2.9986)和记忆策略(2.8132)有所出入,原因有待进一步

研究。按照 SILL 的说明，均值在 3.5—5.0（含 3.5 和 5.0）区间为高频度使用的策略类型，均值在 2.5—3.5（含 2.5，不含 3.5）区间为中频度使用的策略类型。那么根据表 8－1 的统计情况，本次调查中的“社交策略”“元认知策略”“补偿策略”都应属于被调查者最为常用的学习策略。

第三节　基于学习者学习策略差异的优秀汉语教师个性要素

我们将六种学习策略均值与教师个性要素进行了相关性统计与分析，结果如表 8－2 至表 8－7：

表 8－2　善用社交策略学习者期待的优秀汉语教师个性要素

个性要素	Pearson 相关性	显著性（双侧）	*N*
微笑	0.214**	0.003	190
开朗	0.218**	0.003	190
思想开放	0.230**	0.001	190
有创造力	0.195**	0.007	190
自信	0.208**	0.004	190
情绪可控	0.264**	0.000	190
易交流	0.183*	0.011	190
大方	0.218**	0.003	190
亲切	0.155*	0.033	190
坦率	0.218**	0.003	190
乐观	0.151*	0.038	190
温和	0.183*	0.011	190
聪明	0.193**	0.008	190

表 8－3　善用元认知策略学习者期待的优秀汉语教师个性要素

个性要素	Pearson 相关性	显著性(双侧)	N
微笑	0.167*	0.021	190
开朗	0.268**	0.000	190
思想开放	0.272**	0.000	190
自信	0.163*	0.025	190
情绪可控	0.224**	0.002	190
易交流	0.222**	0.002	190
大方	0.187**	0.010	190
友好	0.178*	0.014	190
真诚	0.155*	0.033	190
亲切	0.201**	0.005	190
乐观	0.160*	0.027	190
耐心	0.149*	0.041	190
聪明	0.245**	0.001	190

表 8－4　善用补偿策略学习者期待的优秀汉语教师个性要素

个性要素	Pearson 相关性	显著性(双侧)	N
幽默	0.292**	0.000	190
风趣	0.194**	0.007	190
微笑	0.258**	0.000	190
开朗	0.264**	0.000	190
思想开放	0.237**	0.001	190
自信	0.264**	0.000	190
情绪可控	0.152*	0.036	190
可爱	0.208**	0.004	190
好看	0.197**	0.007	190
大方	0.263**	0.000	190
善良	0.205**	0.005	190
友好	0.188**	0.009	190
热情	0.152*	0.037	190

续表

个性要素	Pearson 相关性	显著性(双侧)	N
坦率	0.145 *	0.046	190
乐观	0.261 **	0.000	190
耐心	0.169 *	0.020	190
温和	0.188 **	0.009	190
聪明	0.273 **	0.000	190

表 8－5　善用认知策略学习者期待的优秀汉语教师个性要素

个性要素	Pearson 相关性	显著性(双侧)	N
幽默	0.224 **	0.002	190
微笑	0.157 *	0.030	190
开朗	0.228 **	0.002	190
思想开放	0.165 *	0.023	190
自信	0.193 **	0.008	190
情绪可控	0.150 *	0.039	190
可爱	0.173 *	0.017	190
大方	0.191 **	0.008	190
乐观	0.173 *	0.017	190
聪明	0.212 **	0.003	190

表 8－6　善用记忆策略学习者期待的优秀汉语教师个性要素

个性要素	Pearson 相关性	显著性(双侧)	N
风趣	0.185 *	0.011	190
微笑	0.177 *	0.015	190
开朗	0.246 **	0.001	190
思想开放	0.249 **	0.001	190
有创造力	0.143 *	0.050	190
自信	0.148 *	0.042	190
可爱	0.278 **	0.000	190
好看	0.243 **	0.001	190

续表

个性要素	Pearson 相关性	显著性(双侧)	N
大方	0.223**	0.002	190
善良	0.161*	0.027	190
乐观	0.168*	0.020	190
温和	0.204**	0.005	190
聪明	0.240**	0.001	190

表 8－7　善用情感策略学习者期待的优秀汉语教师个性要素

个性要素	Pearson 相关性	显著性(双侧)	N
微笑	0.190**	0.008	190
开朗	0.244**	0.001	190
思想开放	0.156*	0.032	190
自信	0.155*	0.032	190
年轻	0.143*	0.048	190
可爱	0.185*	0.011	190
好看	0.204**	0.005	190
大方	0.149*	0.041	190
善良	0.169*	0.020	190
友好	0.222**	0.002	190
亲切	0.197**	0.007	190
温和	0.212**	0.003	190
聪明	0.147*	0.043	190

从与六种策略呈显著性相关的教师个性要素来看，擅长使用不同学习策略的学习者对优秀汉语教师要素的期待呈现出较大的共性。例如，六种学习策略都期待的教师个性要素为“微笑”“开朗”“思想开放”“自信”“大方”“聪明”；多数学习策略显著期待“情绪可控”“可爱”“好看”“善良”“友好”“亲切”“乐观”“温和”等。从积极心理学来看，这些要素都能够对学习者的学习行为产生积极的正面的促进作用。与前期相关性统计不同的是，六种学

习策略对教师个性要素期待共性较强的原因在于六种学习策略之间亦呈现出显著性相关，如表8－8：

表8－8　六种学习策略相关性统计

记忆策略	Pearson 相关性	显著性（双侧）	N
记忆策略	1.000		190
认知策略	0.579 **	0.000	190
补偿策略	0.582 **	0.000	190
元认知策略	0.573 **	0.000	190
情感策略	0.523 **	0.000	190
社交策略	0.561 **	0.000	190
认知策略	Pearson 相关性	显著性（双侧）	N
记忆策略	0.579 **	0.000	190
认知策略	1.000		190
补偿策略	0.627 **	0.000	190
元认知策略	0.624 **	0.000	190
情感策略	0.504 **	0.000	190
社交策略	0.511 **	0.000	190
补偿策略	Pearson 相关性	显著性（双侧）	N
记忆策略	0.582 **	0.000	190
认知策略	0.627 **	0.000	190
补偿策略	1.000		190
元认知策略	0.499 **	0.000	190
情感策略	0.517 **	0.000	190
社交策略	0.446 **	0.000	190
元认知策略	Pearson 相关性	显著性（双侧）	N
记忆策略	0.573 **	0.000	190
认知策略	0.624 **	0.000	190
补偿策略	0.499 **	0.000	190
元认知策略	1.000		190
情感策略	0.471 **	0.000	190
社交策略	0.606 **	0.000	190

续表

情感策略	Pearson 相关性	显著性(双侧)	N
记忆策略	0.523**	0.000	190
认知策略	0.504**	0.000	190
补偿策略	0.517**	0.000	190
元认知策略	0.471**	0.000	190
情感策略	1.000		190
社交策略	0.375**	0.000	190
社交策略	Pearson 相关性	显著性(双侧)	N
记忆策略	0.561**	0.000	190
认知策略	0.511**	0.000	190
补偿策略	0.446**	0.000	190
元认知策略	0.606**	0.000	190
情感策略	0.375**	0.000	190
社交策略	1.000		190

六种学习策略呈显著正相关,使用不同学习策略的汉语学习者对优秀汉语教师个性要素的期待呈现出较大共性就不难理解了。同时这也说明学习者在使用学习策略时,不会单独使用某一种学习策略而排斥其他学习策略,而是综合使用各种学习策略,只是各学习策略使用的比例不同。

如果要找出不同学习策略汉语学习者对优秀汉语教师所期待要素的差异的话,那么粗略地讲,凡涉及语言交流尤其是师生交流的一些学习策略,如补偿策略、元认知策略、情感策略、社交策略等,他们显著期待的教师个性要素里基本包括“情绪可控”“友好”“亲切”“耐心”这些有利于实现顺利交际的要素。而较少涉及人际交流的记忆策略和认知策略则对以上要素的期待不太显著,反倒对教师“可爱”“好看”等相貌要素的期待较为显著。

第四节　基于学习者学习策略差异的优秀汉语教师教学要素

我们将六种学习策略均值与教师教学要素进行了相关性统计与分析。

一、基于学习者学习策略差异的优秀汉语教师教学要素

（一）善用社交策略学习者期待的优秀汉语教师教学要素

表 8－9　善用社交策略学习者期待的优秀汉语教师教学要素

教学要素	Pearson 相关性	显著性（双侧）	N
听取、尊重学生意见	0.191 **	0.008	190
平等对待学生	0.254 **	0.000	190
愿意帮助学生	0.172 *	0.017	190
讲解清楚易懂	0.218 **	0.002	190
上课时和学生交流多	0.245 **	0.001	190
了解学生情况	0.158 *	0.029	190
负责任	0.171 *	0.018	190
关心学生理解情况	0.165 *	0.023	190
常常鼓励、表扬学生	0.326 **	0.000	190
常常纠正学生的错误	0.265 **	0.000	190
上课轻松快乐	0.177 *	0.014	190
给学生问问题的时间	0.281 **	0.000	190
学期教学进度不快不慢	0.209 **	0.004	190

续表

教学要素	Pearson 相关性	显著性(双侧)	N
常常关心学生	0.149*	0.040	190
下课常跟学生聊天儿	0.218**	0.003	190
熟悉中国文化	0.256**	0.000	190
语言学知识丰富	0.187**	0.010	190
汉语知识丰富	0.235**	0.001	190
了解学生国家文化	0.249**	0.001	190
知识丰富	0.225**	0.002	190
上课时表情丰富	0.189**	0.009	190
创造语境让学生练习	0.198**	0.006	190
多给学生练习的机会	0.269**	0.000	190
给很多生活中的例子	0.227**	0.002	190
用容易的词解释新内容	0.188**	0.009	190
让学生复述学习内容	0.296**	0.000	190
上课时保持目光接触	0.165*	0.023	190
学期教学计划清楚	0.179*	0.014	190
教学安排合理	0.167*	0.021	190
教学方法科学有效	0.206**	0.004	190
板书清楚	0.316**	0.000	190
上课时说得慢	0.157*	0.030	190
上课有意思	0.194**	0.007	190
上课时声音有变化	0.150*	0.038	190
课堂教学专业	0.170*	0.019	190

社交策略主要是通过提问或协作来增加语言的互动,从而达到提高语言学习或习得效率的目的。从表8-9的教师教学要素可以看出,常使用社交策略的汉语学习者对师生间的有效语言互动充满了期待,如教师包括汉语在内的丰富的知识素养,上课时丰富的表情和目光的交流,丰富真实的语言练习方式,科学、合理、有效、专业、清晰的教学方法和计划,恰当的语速和抑扬顿挫的教学

语言，关心、理解、帮助、鼓励、尊重、平等对待学生等。这些期待要素有的是对交际对象素质的要求，有的是对交际过程的要求，有的是对交际环境气氛的要求，有的是对交际媒介的要求，有的是对交际对象给予自己积极心理情感的要求，可谓丰富而全面。

（二）善用元认知策略学习者期待的优秀汉语教师教学要素

表8－10　善用元认知策略学习者期待的优秀汉语教师教学要素

教学要素	Pearson 相关性	显著性（双侧）	N
听取、尊重学生意见	0.205**	0.005	190
平等对待学生	0.227**	0.002	190
讲解清楚易懂	0.212**	0.003	190
常给好的学习建议	0.239**	0.001	190
上课时和学生交流多	0.313**	0.000	190
负责任	0.168*	0.021	190
有很多好的教学方法	0.170*	0.019	190
课堂内容丰富有趣	0.144*	0.048	190
关心学生理解情况	0.167*	0.021	190
常常鼓励、表扬学生	0.269**	0.000	190
常常纠正学生的错误	0.187**	0.010	190
上课轻松快乐	0.202**	0.005	190
给学生问问题的时间	0.282**	0.000	190
学期教学进度不快不慢	0.198**	0.006	190
常常关心学生	0.212**	0.003	190
熟悉中国文化	0.298**	0.000	190
语言学知识丰富	0.281**	0.000	190
汉语知识丰富	0.249**	0.001	190
了解学生国家文化	0.257**	0.000	190
知识丰富	0.291**	0.000	190

续表

教学要素	Pearson 相关性	显著性(双侧)	N
上课时表情丰富	0.166*	0.022	190
穿着打扮合适	0.150*	0.039	190
多给学生练习的机会	0.218**	0.003	190
给很多生活中的例子	0.222**	0.002	190
让学生复述学习内容	0.266**	0.000	190
上课时保持目光接触	0.146*	0.044	190
每周教学计划清楚	0.217**	0.003	190
学期教学计划清楚	0.234**	0.001	190
每课教学计划清楚	0.184*	0.011	190
上课前准备得很好	0.197**	0.006	190
教学经验丰富	0.171*	0.019	190
教学方法科学有效	0.222**	0.002	190
板书清楚	0.225**	0.002	190
上课时大家很紧张	0.177*	0.014	190
上课有意思	0.159*	0.028	190
多问学生课文内容	0.211**	0.003	190
课堂教学专业	0.212**	0.003	190

由表8－10可以看出,元认知策略主要强调的是学习者对语言学习任务的确定、安排与计划、评估与监控。因此,与社交策略相比,常使用元认知策略学习者除了对教师知识素养、教师仪态、课堂气氛、教学能力、积极师生关系有较强的期待以外,还更突出地期待教学的计划性,如对学期、每周、每课的教学计划有较高的要求。另外,元认知策略与“常给好的学习建议”相关性较强,常使用元认知策略的学习者最需要的就是学习的方法,而较好的学习方法常常来自于教师。这也启示我们,国际汉语教师应结合汉语的特点提供给学习者一些好的学习方法或建议。

（三）善用补偿策略学习者期待的优秀汉语教师教学要素

表8-11 善用补偿策略学习者期待的优秀汉语教师教学要素

教学要素	Pearson 相关性	显著性(双侧)	N
不会放弃学习不好的学生	0.262**	0.000	190
不会看不起学习不好的学生	0.171*	0.019	190
听取、尊重学生意见	0.274**	0.000	190
愿意回答学生问题	0.231**	0.001	190
平等对待学生	0.257**	0.000	190
愿意帮助学生	0.188**	0.009	190
师生关系很好	0.271**	0.000	190
讲解清楚易懂	0.249**	0.001	190
热爱汉语教学工作	0.188**	0.009	190
常给好的学习建议	0.309**	0.000	190
上课时和学生交流多	0.283**	0.000	190
了解学生情况	0.198**	0.006	190
负责任	0.153*	0.035	190
有很多好的教学方法	0.164*	0.024	190
课堂内容丰富有趣	0.325**	0.000	190
关心学生理解情况	0.185*	0.011	190
用心	0.197**	0.006	190
常常鼓励、表扬学生	0.298**	0.000	190
常常纠正学生的错误	0.149*	0.041	190
上课轻松快乐	0.190**	0.009	190
给学生问问题的时间	0.312**	0.000	190
学期教学进度不快不慢	0.263**	0.000	190
常常关心学生	0.156*	0.031	190
下课常跟学生聊天儿	0.410**	0.000	190
熟悉中国文化	0.257**	0.000	190
语言学知识丰富	0.221**	0.002	190

续表

教学要素	Pearson 相关性	显著性(双侧)	N
汉语知识丰富	0.245 **	0.001	190
了解学生国家文化	0.291 **	0.000	190
知识丰富	0.151 *	0.037	190
上课时表情丰富	0.289 **	0.000	190
创造语境让学生练习	0.193 **	0.008	190
多给学生练习的机会	0.194 **	0.007	190
给很多生活中的例子	0.226 **	0.002	190
用容易的词解释新内容	0.190 **	0.009	190
让学生复述学习内容	0.194 **	0.007	190
上课时保持目光接触	0.281 **	0.000	190
常用 PPT 上课	0.151 *	0.037	190
通过玩游戏学习汉语	0.215 **	0.003	190
偶尔室外上课	0.212 **	0.003	190
每周教学计划清楚	0.247 **	0.001	190
学期教学计划清楚	0.249 **	0.001	190
每课教学计划清楚	0.232 **	0.001	190
认真	0.167 *	0.021	190
按时上下课	0.155 *	0.033	190
教学安排合理	0.180 *	0.013	190
详细批改学生作业	0.207 **	0.004	190
不只讲课本上的	0.224 **	0.002	190
教学经验丰富	0.161 *	0.026	190
教学方法科学有效	0.249 **	0.001	190
板书清楚	0.199 **	0.006	190
上课时说得慢	0.197 **	0.006	190
上课时大家很紧张	0.160 *	0.028	190
作业不太多	0.235 **	0.001	190
上课有意思	0.170 *	0.019	190
上课时声音有变化	0.142 *	0.050	190
多问学生课文内容	0.221 **	0.002	190

续表

教学要素	Pearson 相关性	显著性(双侧)	N
不跟别的班比成绩	0.208**	0.004	190
不在班上批评学生	0.178*	0.014	190
胜任对外汉语教学	0.145*	0.046	190
课堂教学专业	0.219**	0.002	190

SILL 补偿策略主要基于“有理据地猜测”“克服口语与写作的不足”“理解他人”三种情况进行调查，这种策略主要帮助学习者跨越知识欠缺的羁绊，顺畅交流。由表 8－11 可以看出，使用补偿策略的学习者对教师教学要素的期待非常全面，我们共调查了 74 条教学要素，其中与补偿策略呈显著性相关的有 60 条，主要包括教师丰富的知识素养，专业的教学能力，有效的教学方法，表情丰富、目光接触的教学仪态，合理的教学安排，有趣的教学内容和教学过程，语速适中、富有变化的教学语言，灵活的教学形式，融洽的教学气氛，适量并且详细批改的作业，认真、用心、负责任的教学态度，关心、帮助、尊重、平等对待学生，不歧视不放弃学生的师生关系等。而剩下的与补偿策略不具有显著性相关的 14 个教学要素如表 8－12：

表 8－12　善用补偿策略学习者不显著期待的优秀汉语教师教学要素

序号	教学要素	序号	教学要素
1	令学生很感兴趣	8	上课前准备得很好
2	普通话标准	9	严格
3	上课时精神饱满	10	常常给学生作业
4	穿着打扮合适	11	英语水平比较高
5	常让学生看电影	12	上课时声音大一点儿
6	常用图片教汉语	13	不用或少用英语上课
7	常用实物教汉语	14	教学内容系统

为了顺畅地交流，善于使用补偿策略的汉语学习者通过种种办法“补偿”的主要是词汇习得广度和深度不够的问题，这些词汇可能多是一些意义抽象的实词和意义虚化的虚词。因此，他们主要关心的仍然是语言教学和习得效率的问题，而不是表8－12中所列的一些具体的教学媒介和教学语言，前者如通过电影、实物、图片学习汉语，后者如教师的教学语言、英语水平、使用情况、普通话标准程度、声音大小等。同理，他们也不太关心教师的穿着打扮。

(四) 善用认知策略学习者期待的优秀汉语教师教学要素

表8－13　善用认知策略学习者期待的优秀汉语教师教学要素

教学要素	Pearson 相关性	显著性(双侧)	N
听取、尊重学生意见	0.193**	0.008	190
平等对待学生	0.169*	0.020	190
师生关系很好	0.152*	0.036	190
讲解清楚易懂	0.156*	0.032	190
常给好的学习建议	0.257**	0.000	190
上课时和学生交流多	0.241**	0.001	190
了解学生情况	0.154*	0.034	190
负责任	0.156*	0.031	190
有很多好的教学方法	0.183*	0.011	190
课堂内容丰富有趣	0.211**	0.003	190
用心	0.223**	0.002	190
常常鼓励、表扬学生	0.224**	0.002	190
上课轻松快乐	0.143*	0.049	190
给学生问问题的时间	0.302**	0.000	190
下课常跟学生聊天儿	0.292**	0.000	190
熟悉中国文化	0.186*	0.010	190
语言学知识丰富	0.202**	0.005	190

续表

教学要素	Pearson 相关性	显著性（双侧）	N
汉语知识丰富	0.220**	0.002	190
了解学生国家文化	0.187**	0.010	190
知识丰富	0.179*	0.014	190
上课时表情丰富	0.177*	0.015	190
穿着打扮合适	0.189**	0.009	190
多给学生练习的机会	0.176*	0.015	190
给很多生活中的例子	0.162*	0.026	190
让学生复述学习内容	0.195**	0.007	190
上课时保持目光接触	0.179*	0.013	190
常用 PPT 上课	0.152*	0.037	190
通过玩游戏学习汉语	0.159*	0.028	190
每周教学计划清楚	0.219**	0.002	190
学期教学计划清楚	0.217**	0.003	190
每课教学计划清楚	0.193**	0.008	190
严格	0.189**	0.009	190
认真	0.268**	0.000	190
教学经验丰富	0.148*	0.042	190
教学方法科学有效	0.327**	0.000	190
板书清楚	0.151*	0.037	190
上课时大家很紧张	0.174*	0.016	190
多问学生课文内容	0.171*	0.018	190

认知策略是学习者认识语言的心理过程，主要分为练习、接收与发送信息、分析与推理、构建输入与输出结构四种情况。经过与其他五种学习策略比对，我们发现善用认知策略的汉语学习者对教师教学要素的期待除了教师素养、教学能力、教学仪态、教学方法、教学互动、教学计划以外，还显著地期待：(1)良好的师生关系，如听取和尊重学生的意见、平等对待学生、了解学生的情况等。

(2)严格、认真、用心、负责任的教学态度。(3)使用 PPT 上课。(4)通过游戏活动学习汉语。

与其他五种学习策略相比,认知策略的使用主要表现为一种内隐的心理认知活动,但从调查条目来看,使用认知策略的汉语学习者学习积极主动、自我要求高,如"我想把汉语说得像中国人一样""我用不同的方法来用生词""我会把听到或者读到的汉语信息总结一下"等等。为了证明这种看法,我们将认知策略均值与学习动机进行了相关性分析,结果如表 8-14:

表 8-14　六种学习策略与学习动机的相关性统计

学习动机	Pearson 相关性	显著性(双侧)	N
外部动机	0.463**	0.000	190
内部动机	0.308**	0.000	190
成就趋近型动机	0.434**	0.000	190
成就趋避型动机	-0.019	0.798	190
成就动机	0.306**	0.000	190
努力程度	0.268**	0.000	190

从表 8-14 可以看出,认知策略均值与外部动机、内部动机、成就趋近型动机、成就动机、努力程度等都呈显著正相关关系,即善用认知策略的汉语学习者其学习动机、努力程度也相对较强。因此,这些汉语学习者明确地期待严格、认真、用心、负责任的教师,同时也希望能与任课教师保持良好的师生关系,从而满足自己认知汉语、提高汉语水平的学习需求。至于这些学习者为何期待教师常用 PPT 上课、通过游戏来学习汉语,我们认为可能与学习者构建汉语词汇知识的途径或偏好有关。

（五）善用记忆策略学习者期待的优秀汉语教师教学要素

表 8－15　善用记忆策略学习者期待的优秀汉语教师教学要素

教学要素	Pearson 相关性	显著性（双侧）	N
听取、尊重学生意见	0.172*	0.018	190
常给好的学习建议	0.154*	0.034	190
上课时和学生交流多	0.186*	0.010	190
了解学生情况	0.146*	0.044	190
常常鼓励、表扬学生	0.212**	0.003	190
给学生问问题的时间	0.169*	0.020	190
学期教学进度不快不慢	0.178*	0.014	190
下课常跟学生聊天儿	0.209**	0.004	190
熟悉中国文化	0.213**	0.003	190
语言学知识丰富	0.232**	0.001	190
汉语知识丰富	0.180*	0.013	190
了解学生国家文化	0.248**	0.001	190
知识丰富	0.147*	0.043	190
上课时表情丰富	0.179*	0.013	190
穿着打扮合适	0.196**	0.007	190
给很多生活中的例子	0.156*	0.032	190
让学生复述学习内容	0.231**	0.001	190
上课时保持目光接触	0.147*	0.043	190
常让学生看电影	0.184*	0.011	190
常用图片教汉语	0.149*	0.041	190
常用实物教汉语	0.175*	0.016	190
常用 PPT 上课	0.236**	0.001	190
通过玩游戏学习汉语	0.232**	0.001	190
偶尔室外上课	0.240**	0.001	190
每周教学计划清楚	0.253**	0.000	190
学期教学计划清楚	0.246**	0.001	190
每课教学计划清楚	0.143*	0.048	190

续表

教学要素	Pearson 相关性	显著性(双侧)	N
按时上下课	0.180*	0.013	190
教学经验丰富	0.204**	0.005	190
教学方法科学有效	0.214**	0.003	190
板书清楚	0.243**	0.001	190
上课时大家很紧张	0.317**	0.000	190
上课时声音有变化	0.194**	0.007	190
多问学生课文内容	0.184*	0.011	190
不在班上批评学生	0.190**	0.009	190
课堂教学专业	0.193**	0.008	190

Oxford(1990)将记忆策略分为建立心理联系、运用图像与声音、详细审查、运用行为四种情况,使用记忆策略的主要目的是存储知识。从表8-15的统计可以看出,善用记忆策略的汉语学习者同样在教师知识素养、教学能力、教学方法、教学仪态、教学计划、师生关系方面有显著期待。但与其他策略期待的教学要素相比,与记忆策略呈显著性相关的一些教学要素主要包括教学媒介、教学形式、容错环境三个方面,主要表现为:

1. 在教学媒介方面,学习者期待一些直观的教学媒介,如通过电影、图片、实物、PPT等来学习汉语。另外,他们也希望教师的教学语音富有变化。被调查者希望通过直观教学手段来帮助建立心理联系、运用图像与声音来提高记忆效果,与"我会用卡片记生词""我尽量把汉字的音、形、义结合起来记忆汉字""我会用好听的方式来记住生字词"等条目十分相符。

2. 在教学形式方面,被调查者显著期待"通过玩游戏学习汉语""偶尔室外上课"两大要素。被调查者对这两大要素的期待恰与记忆策略里“运用行动来增加记忆”的特点，即“我会用表演的方法记生词”“我会记在课本、黑板或街道广告上出现生词或短语的地方，来记住生词或短语”十分相符。

3. 在容错环境方面，与其他策略相比，善用记忆策略者还期待“按时上下课”“不在班上批评学生”的教师。为何显著期待“按时上下课”我们不得而知，但“不在班上批评学生”这一要素，恐与汉语学习者比较“自我”主动的记忆方式有关，如主动尝试使用、用好听的声音或表演来记生词等，所以也特别期望一个容错的环境。此处的“容错”非指“容忍”，而是对语言学习者偏误的一种理解和宽容。

（六）善用情感策略学习者期待的优秀汉语教师教学要素

表 8－16　善用情感策略学习者期待的优秀汉语教师教学要素

教学要素	Pearson 相关性	显著性（双侧）	N
师生关系很好	0.144*	0.048	190
常常鼓励、表扬学生	0.243**	0.001	190
常常纠正学生的错误	0.146*	0.045	190
上课轻松快乐	0.166*	0.022	190
令学生很感兴趣	0.152*	0.036	190
给学生问问题的时间	0.150*	0.039	190
下课常跟学生聊天儿	0.240**	0.001	190
了解学生国家文化	0.226**	0.002	190
上课时表情丰富	0.224**	0.002	190
穿着打扮合适	0.161*	0.027	190
用容易的词解释新内容	0.164*	0.024	190
上课时保持目光接触	0.158*	0.030	190
常用 PPT 上课	0.229**	0.001	190

续表

教学要素	Pearson 相关性	显著性(双侧)	N
每周教学计划清楚	0.203**	0.005	190
学期教学计划清楚	0.164*	0.023	190
每课教学计划清楚	0.146*	0.045	190
严格	0.154*	0.034	190
认真	0.204**	0.005	190
详细批改学生作业	0.152*	0.036	190
教学经验丰富	0.172*	0.018	190
教学方法科学有效	0.177*	0.014	190
上课时大家很紧张	0.326**	0.000	190
作业不太多	0.171*	0.018	190
上课有意思	0.197**	0.006	190
上课时声音大一点儿	0.172*	0.018	190
不在班上批评学生	0.300**	0.000	190

情感策略主要关注的是学习者的情感需求。调查条目主要分为降低焦虑、自我鼓励、监控自己情感波动三种情况。善用情感策略学习者显著期待的要素相对简略,如对教师知识素养的期待仅有“了解学生国家文化”一条,对教师教学能力的期待有“教学经验丰富”“教学方法科学有效”等。前者是师生之间跨越文化差异、顺利实现沟通的基本条件,后者是优秀汉语教师能够胜任汉语教学的基本条件。

经与善用其他学习策略学习者显著期待的教学要素相比,善用情感策略的学习者除了对教师的教学有“严格”“认真”的要求外,还希望教师能够与他们一起创造一个有利于降低情感焦虑、增强学习自信的学习环境和学习过程。在学习环境方面,他们期待“师生关系很好”和“不在班上批评学生”。在学习过程方面,他们期待教师能够保证“可理解性”的输入和一定程度的趣味性,前者如“用容易的词解释新内容”，后者如“令学生很感兴趣”。在作业布置上，他们期待作业的数量不要太多，但希望教师能够对他们的作业给予详细批改。可见，善用情感策略的汉语学习者一方面对教师严格、认真的教学充满期待，另一方面对降低情感焦虑的语言学习环境充满向往。

二、基于学习者学习策略差异的优秀汉语教师教学要素分析

从上面的统计中可以看出，不同学习策略汉语学习者对教师教学要素的期待比较全面而丰富。经进一步统计，我们发现，六种学习策略学习者共同期待七条教学要素，如表 8 －17：

表 8 －17　善用不同学习策略学习者共同期待的优秀汉语教师教学要素

序号	教学要素	备注	序号	教学要素	备注
1	常常鼓励、表扬学生	情感关注	5	上课时保持目光接触	交流方式
2	给学生问问题的时间	问题时间	6	学期教学计划清楚	教学计划
3	了解学生国家文化	教师素养	7	教学方法科学有效	教学方法
4	上课时表情丰富	教学仪态	—		

表 8 －17 中所列的七条教师教学要素恰是一位优秀汉语教师应该具备的一些素质、能力或教学方法，因为：

“常常鼓励、表扬学生”与六种学习策略都呈显著性相关，其中与“补偿策略”“社交策略”相关性最强，是减轻学习者学习焦虑、获得情感动力的最有效方式之一，也是人们在接受教育时最希望得到的情感关注。

“给学生问问题的时间”与“认知策略”“补偿策略”“元认知策

略”“社交策略”相关性最强，是我们汉语教师常常忽略的一个重要环节，因为许多汉语教师受传统灌输式教学的影响，在对外汉语教学过程中常不能给学习者留下问问题的时间，或不太关心学习者的理解情况。

“了解学生国家文化”与“补偿策略”“元认知策略”相关性较强，是师生能够顺利进行跨文化交际从而完成教学或学习任务的基本保障。

“上课时表情丰富”与“补偿策略”相关性较强，是保证课堂语言教学逼近自然语言真实的一个辅助性交际条件。达尔文(Darwin,1872)认为，“处于极为不同的文化背景中的人们，其非言语表情却是极为相似的”。后来的一些证据也表明面部表情是具有普遍性的。就以汉语为第二语言的学习者来说，身处与母语文化存在不同程度差异的汉语文化环境里，面部表情的非言语交流可谓是弥补语言障碍或其他文化差异的重要手段。另外，我们认为一堂好的汉语课所学习或练习的语言应该力所能及地接近真实的自然语言，而语言交际的伴随性表情恰是真实语言交际中时时存在的非言语交际形式。

学习者对“上课时保持目光接触”的期待，大概有两种原因：(1)目光接触是我们拥有的最常见、最有力的非言语信号之一，眼睛常常被人们看作心灵的窗户，多数人还认为眼睛在提示内心信息方面具有特别重要的意义。现象学家阿尔弗雷德·舒茨(Alfred Schütz)在其社会交际分析中也认识到目光接触的重要性，即通过目光接触的最有力的传意而相互意识到他人的主观性。(2)就以汉语为第二语言的学习者来说，目光上的交流是师生亲切交际、学习者检查第二语言正误、从教师那里获得自信或鼓励的重要手段。

就语言教师来说，目光的接触是教师教学自信的体现之一，一些教师由于备课不充分、专业素质不够、不知如何解释等情况，常表现为目光游离不定、不敢直视学习者的神情。所以，使用不同学习策略的汉语学习者对“上课时保持目光接触”的要求是合情合理的。

“学期教学计划清楚”与“记忆策略”“补偿策略”“元认知策略”相关性较强。对教学计划的关注表现了不同学习策略的汉语学习者对教师教学计划性的要求，也反映了现实汉语教学过程中部分教师教学的随意性。

“教学方法科学有效”与“认知策略”相关性较强，表现了教学方法的科学性和有效性对汉语学习策略的使用、汉语水平的提高有着直接的帮助，也是一位优秀汉语教师应该具备的基本条件。

第五节 结论与启示

一、基本结论

从上面的论述中我们可以看出，偏好不同学习策略的汉语学习者对教师的个性要素和教学要素的期待同中有异。之所以有“同”，是因为不同学习策略之间也有着显著的相关性。这也告诉我们，一般学习者在汉语学习过程中不可能只使用一种学习策略，相反，多数学习者常常是多种学习策略综合使用或以某种学习策略为主、其他学习策略为辅的形式。有研究证明，熟练的语言学习者和初学者一样都可能使用相同的认知和情感策略，但就成功的语言学习者来讲，二者不同之处在于是否使用一套有效的学习程序(O'Malley & Chamot,2001)。此外,熟练的语言学习者能够以一种有效的、适切的方式独自使用各种学习策略。Chamot & Rubin(1994)指出,当有效综合使用各种策略的时候才最有用,语言学习的成功并不取决于使用某种单个的学习策略,而是取决于是否有效管理和使用一套策略系统。之所以有"异",是因为不同的学习策略有不同的特点和侧重,对教师的要求或期待亦有所不同。

二、进一步探讨

(一)学习者期待更多的交际互动

语言输入、输出和互动对第二语言或外语习得极为重要,在不同学习策略使用者期待的教学要素中也体现了这一内在需求。这些善用某种或某些学习策略的汉语学习者期待教师能够"上课时和学生交流多""给学生问问题的时间""下课常跟学生聊天儿""创造语境让学生练习""多给学生练习的机会""让学生复述学习内容"等,这些要素无不跟语言交际有关。

(二)学习者对舒适自然的交际(学习)方式充满期待

二语或外语学习是一种基于跨文化交际的互动活动,学习者不仅对交际互动的多量充满期待,也对得体、舒适、轻松的交际方式充满期待。在教师的个性方面,教师要亲切、友好、耐心、大方、开朗、易于交流、可以控制不良的情绪;交际形式方面,"上课时说得慢"和"上课时声音有变化";师生关系方面,教师要关心、帮助、鼓励、表扬、尊重学习者,师生关系良好;交际环境方面,如"不会放弃学习不好的学生""不会看不起学习不好的学生""平等对待学生""上课轻松快乐""不在班上批评学生"等;交际伴随方式方面,如“表情丰富”“目光接触”等；交际内容方面，如可减少误解的“了解学生情况”“了解学生国家文化”等。总之，语言学习是建立在交际互动基础之上的一种认知行为，学习者对师生交际互动的需求是理所当然、无可厚非的。

（三）学习者对汉语教师的期待呈现出层次性

从本章统计来看，学习者对汉语教师的期待要素并不具有完全相等的重要性，而是具有一定的层次性，即主要可以分为两层，教学核心层和教学形式层，如图 8－1：

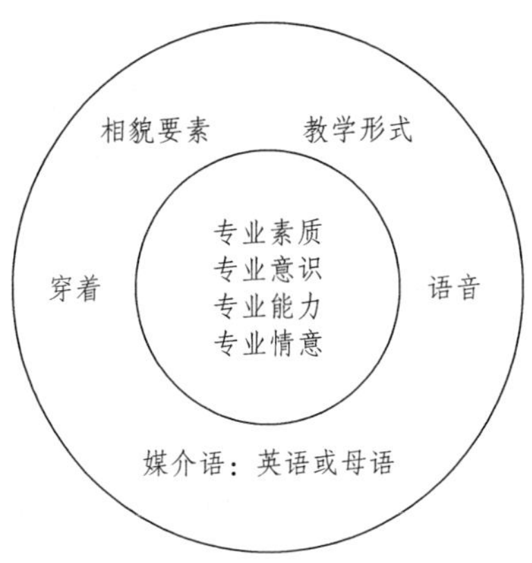

图 8－1　优秀汉语教师要素层次性

从学习者的期待情况来看，教师的专业素质、专业意识、专业能力和专业情意处在核心层，这是一位优秀汉语教师能够胜任汉语作为第二语言或外语教学、有效提高语言学习和习得效率的基本条件。而外层的形式层则只有部分学习者充满期待，如“年轻”“可爱”“好看”等相貌要素，年龄较大的、汉语水平较高的、欧美学习者、融入性动机和内部动机学习者、学习努力者不显著期待甚至排斥，而年龄较小的、汉语水平较低的、亚洲学习者、工具性动机和外部动机学习者、学习欠努力者、记忆策略和认知策略使用者则显著期待。偏重教学形式的还有教学媒介语和教学媒介物，前者如是否使用英语、用多少英语，后者如在教学过程中使用图片、实物、PPT、电影、室外上课等，这些教学形式要素多数学习者也没有表现出显著性期待。

（四）二语学习者存在种种需要

前文已述，从马斯洛需要层次理论来看，每个来华汉语学习者都有着种种需要。从上文不同学习策略的汉语学习者期待的要素来看，学习者需要在舒适、自然的跨文化交际中通过与教师的可懂互动提高汉语水平，从而实现自己的学习目标。他们最为需要的是归属和爱的需要（如教师的关心、帮助和鼓励等）以及自尊需要（如听取和尊重学习者的意见）。当然，这两种需要是建立在最基本的生理需要和安全需要基础上的，总体目标是为了自我实现需要。

三、教学建议

国际汉语教师应时刻将“人”放在第一位。在汉语国际教育领域有两个最重要的“人”，一个是学习者，一个是教师。学习者对教师的期待要素较为丰富，有些要素是我们无法彻底改变的，但也有许多要素是我们可以通过努力完善或弥补的，前者如教师的相貌要素，后者如六种学习策略学习者共同期待的六大个性要素，即“微笑”“开朗”“思想开放”“自信”“大方”“聪明”。上面的统计和分析告诉我们，不同学习者对教师个性要素和教学要素的期待都是有理可循、有据可依的，表现出了鲜明的规律性。这些要素的有无将关系着包括汉语习得在内的汉语国际教育效率。

作为或欲成为一名国际汉语教师，应该发展和提高自身以教学为核心的素质、意识、能力和情意，认真调查和掌握不同学习者偏爱的学习策略，并有针对性地根据学习者的个体差异实施有效的教学。

处在外围的形式要素与教学有着或大或小的关系，国际汉语教师也应该给予足够的重视。相貌因素虽无法改变，但可以通过得体的打扮弥补；禀性虽然难移，但可以通过积极的个性训练改善。教师的教学媒介和教学形式应根据学习者的年龄和教学内容适当地使用。教师的教学语言看似形式因素，其实，如教学媒介语、语速、语音的变化等也是教学能力的外在显现，显然也是非常重要的。

语言是“人”的语言。在课堂内外，应与学习者保持良好的师生关系，在舒适的环境下，与学习者展开丰富的交流与互动，因为语言的学习离不开语言的使用。学习语言的“人”同所有的人一样有着不同层次的基本需要。教师在提高教学质量的同时，应陶冶积极的个性，关心、帮助、鼓励、表扬、尊重学习者，平等对待学习者。

第九章　基于学习者学习风格差异的优秀汉语教师要素

第一节　语言学习风格研究概述

“学习风格（Learning Style）”这一概念来源于普通心理学。1954年，由美国学者Herbert Thelen首次提出。关于学习风格的定义差不多与对这一课题的研究者一样多。Dunn *et al.*（1975）将学习风格定义为“学习者集中注意力，努力掌握并记住新的或困难的知识技能时采用的方法”。Keefe（1979）认为，学习风格是个人特有的认知、情感和心理行为，它是学习者感知学习环境、如何与学习环境相互作用、相互影响的一个相对稳定的指标。Reid（2002）认为学习风格是学习者在学习过程中表现出来的一种综合性的、持久的、并具有个性化的信息处理方式。

Leaver *et al.*（2005）认为，在第二语言习得研究界，尽管一些研究者对认知风格（Cognitive Style）和学习风格（Learning Style）做了区分，但两个术语依然常等同使用。如Kolb（1976）认为学习风格就是认知风格，是学习者的认知风格在学习环境中的展现。Bonham（1989）使用学习风格既指学习风格又指认知风格。不过，多数学者将认知风格看作学习风格的重要组成部分，如Keefe

(1979)就把学习风格直接分为认知风格、情感风格和生理风格三类,谭顶良(1995)将学习风格分为生理、心理、社会三个方面的因素,其中心理方面包括认知风格方面的问题。

我们认为,如果将认知看作人类学习一种方式的话,那么认知风格的确是学习风格的一部分。从一些研究对“认知风格”的定义中也不难看出认知风格与学习风格的关系。Larsen-Freeman & Long(2000)认为认知风格是学习者个人处理信息或完成任务的一种偏好方式。不过他们更愿意称之为一种倾向(Tendency)。Saville-Troike(2005)将认知风格定义为个人处理信息如感知、建构、组织、提取信息的一种喜欢的方式。由此看来,无论是认知风格还是学习风格,都是与个性相关的、相对稳定的、在学习或认知过程中表现出来的一种偏好。

西方关于学习风格的研究主要集中于学习风格要素、影响因素、应用实践、量表制作、与学习策略或学习成绩的关系等几个方面,并产生了诸多与学习风格有关的理论和模式。而国内有关学习风格的主要研究领域是外语教学界,研究内容集中于理论引进、风格内涵、构成要素、与学习策略的关系等。经检索,国内对外汉语教学界将认知风格或学习风格与汉语教学结合起来的研究相对较少,从研究内容来看,主要集中在:(1)学习风格与学习策略之间的关系,如徐子亮(2006)、杨兆乐(2012)等。(2)学习风格与汉语学习成就之间的关系,如吴思娜(2008、2013)、姚梦晔和李柏令(2012)等。(3)学习风格与汉语教学之间的关系,如王添淼(2007、2009)、钟国荣(2014)等。(4)不同国别汉语学习者学习风格及原因调查研究,如吴思娜(2009)、王静(2011)、郭珊珊(2012)、韦书蕾(2012)、方敏(2013)、丽娜(2014)等。有关汉语学习或教学的上述成果除了王添淼和吴思娜的系列文章外，其他多为近几年的一些硕士学位论文。

至于不同学习风格的汉语学习者对课堂教学尤其是教师有哪些需求方面的研究更不多见。吴思娜(2009)对不同认知风格留学生的课堂需求进行了调查研究，如讲练比例、提问策略、纠错方式、学习材料、教学活动等。但吴文仅限认知风格里的场独立和场依存这一角度，与复杂烦琐的整个汉语教学过程相比较为简单。我们借鉴 Cohen *et al*.(2001)的学习风格问卷(Learning Style Survey, LSS)，对 190 名学习者的学习风格进行了全面调查、统计和分析。

之所以采用 LSS，是因为“这是迄今为止与语言学习最为相关的问卷，并且为许多语言研究者采用，具有很高的信度与效度”(樊淑玲，2009)。另外，“它主要针对语言方面的学习风格类型进行测量……所以对语言的教学和学习会更加有意义”(吴笑嫦，2014)。该问卷分为感知方式(Sensory Preferences)、认知方式(Cognitive Styles)、个性特点(Personality Types)三个方面，其中感知方式包括视觉型、听觉型、触觉型/动觉型三个部分，认知方式分为整体型和细节型、综合型和分析型、尖锐型和齐平型、演绎型和归纳型、场独立型和场依存型、冲动型和审慎型六个部分，个性特点分为外向型和内向型、随机-直觉型和具体-程序型、封闭型和开放型三个部分，共 110 道测试题目。被调查者根据符合自己学习风格的程度给予从 1—5 不同程度的分数。克隆巴赫系数为 0.826，调查信度较高。

限于篇幅，本章主要从学界考察最多的感知方式(视觉型、听觉型、触觉型/动觉型)、认知方式(场独立型、场依存型)和个性特点(外向型、内向型)三个方面进行统计和研究。LSS 的 21 种学习风格以及隐喻型、字面型共 23 种学习风格仅简略讨论。

第二节　基于学习者感知方式差异的优秀汉语教师要素

一、基于学习者感知方式差异的优秀汉语教师个性要素

在 Cohen *et al*.(2001)看来,视觉型学习者通过视觉的方式(如书籍、图表、图片、视频等)学得最好。而听觉型学习者更喜欢听和说的活动(如讨论、辩论、演讲、角色扮演、音频等),触觉型/动觉型学习者会在运作项目和躯体活动(如游戏、建造模型、进行实验等)中学得语言。三种感知方式均值与教师个性要素相关性统计结果如表9－1 至表9－3:

表9－1　视觉型学习者期待的优秀汉语教师个性要素

个性要素	Pearson 相关性	显著性(双侧)	*N*
微笑	0.183*	0.012	190
开朗	0.286**	0.000	190
思想开放	0.251**	0.000	190
情绪可控	0.200**	0.006	190
易交流	0.219**	0.002	190
可爱	0.195**	0.007	190
好看	0.262**	0.000	190
大方	0.257**	0.000	190
善良	0.225**	0.002	190
友好	0.204**	0.005	190
热情	0.148*	0.042	190
真诚	0.151*	0.037	190

续表

个性要素	Pearson 相关性	显著性(双侧)	N
亲切	0.176*	0.015	190
乐观	0.179*	0.014	190
温和	0.182*	0.012	190
聪明	0.209**	0.004	190

表 9－2　听觉型学习者期待的优秀汉语教师个性要素

个性要素	Pearson 相关性	显著性(双侧)	N
风趣	0.236**	0.001	190
开朗	0.215**	0.003	190
思想开放	0.180*	0.013	190
年轻	0.209**	0.004	190
可爱	0.223**	0.002	190
好看	0.266**	0.000	190

表 9－3　触觉型/动觉型学习者期待的优秀汉语教师个性要素

个性要素	Pearson 相关性	显著性(双侧)	N
风趣	0.179*	0.013	190
微笑	0.166*	0.022	190
年轻	0.238**	0.001	190
可爱	0.227**	0.002	190
好看	0.231**	0.001	190
坦率	0.183*	0.011	190
温和	0.182*	0.012	190

三种感知方式学习者对教师年轻、可爱、好看的外表充满期待。不同的是，视觉型学习者对优秀汉语教师个性方面的期待较多，包括微笑、亲切友好、热情大方、可控的情绪、温和的行为或态

度等，其他还包括善良真诚的心地、开朗乐观的性格、聪明的才智等。而听觉型学习者和触觉型/动觉型学习者对优秀汉语教师个性要素的期待相对较少，前者对开朗的性格、风趣的语言、开放的思想充满期待，而后者对微笑的面容、坦率温和的性格、风趣的语言充满期待。从这些期待要素中可以看出，三者同中有异，视觉型学习者期待较为全面，有语言和性格方面的期待，但更多的是一些诉诸视觉要素的期待，其他两种学习风格则多侧重语言的风趣、性格的开朗和坦率。如将统计结果应用于教学实践，我们建议国际汉语教师首先要照顾到视觉型学习者的期待，因为该风格学习者的期待要素基本能够囊括听觉型和触觉型/动觉型学习者的期待。

按照 LSS 的计算方法，即以得分最高者为标准确定学习风格类型，将被调查者分为视觉型（116 人）、听觉型（39 人）、触觉型/动觉型（18 人）三组。[①] 方差检验结果显示，三种感知方式对优秀汉语教师个性要素的期待不具有显著的组间差异。

二、基于学习者感知方式差异的优秀汉语教师教学要素

我们将三种感知方式均值与教师教学要素进行相关性统计，再根据各组得分高低将被调查者分为三组，利用单因素方差分析检验各组学习者存在的显著组间差异。三种感知方式均值与教师教学要素相关性统计结果如表 9－4 至表 9－6：

① 有两项或两项以上得分相同者为复合型感知方式，共 17 人，为考察三种感知方式之间的差异，复合型感知方式暂不列入。

表 9-4　视觉型学习者期待的优秀汉语教师教学要素

教学要素	Pearson 相关性	显著性(双侧)	N
听取、尊重学生意见	0.270**	0.000	190
师生关系很好	0.179*	0.013	190
讲解清楚易懂	0.257**	0.000	190
热爱汉语教学工作	0.194**	0.007	190
常给好的学习建议	0.184*	0.011	190
上课时和学生交流多	0.221**	0.002	190
课堂内容丰富有趣	0.199**	0.006	190
关心学生理解情况	0.204**	0.005	190
常常鼓励、表扬学生	0.231**	0.001	190
常常纠正学生的错误	0.151*	0.038	190
上课轻松快乐	0.149*	0.040	190
给学生问问题的时间	0.216**	0.003	190
学期教学进度不快不慢	0.295**	0.000	190
常常关心学生	0.176*	0.015	190
下课常跟学生聊天儿	0.234**	0.001	190
熟悉中国文化	0.226**	0.002	190
语言学知识丰富	0.146*	0.044	190
汉语知识丰富	0.144*	0.047	190
了解学生国家文化	0.239**	0.001	190
上课时表情丰富	0.195**	0.007	190
穿着打扮合适	0.172*	0.017	190
创造语境让学生练习	0.147*	0.043	190
多给学生练习的机会	0.205**	0.005	190
给很多生活中的例子	0.218**	0.002	190
用容易的词解释新内容	0.174*	0.017	190
让学生复述学习内容	0.237**	0.001	190
上课时保持目光接触	0.266**	0.000	190
常用图片教汉语	0.238**	0.001	190
常用 PPT 上课	0.299**	0.000	190
通过玩游戏学习汉语	0.229**	0.001	190

续表

教学要素	Pearson 相关性	显著性(双侧)	N
每周教学计划清楚	0.238**	0.001	190
学期教学计划清楚	0.249**	0.001	190
每课教学计划清楚	0.200**	0.006	190
按时上下课	0.161*	0.026	190
教学安排合理	0.223**	0.002	190
详细批改学生作业	0.248**	0.001	190
教学经验丰富	0.196**	0.007	190
教学方法科学有效	0.239**	0.001	190
板书清楚	0.214**	0.003	190
英语水平比较高	0.192**	0.008	190
上课时说得慢	0.154*	0.033	190
上课时大家很紧张	0.167*	0.021	190
作业不太多	0.162*	0.025	190
上课时声音有变化	0.251**	0.000	190
上课时声音大一点儿	0.192**	0.008	190
多问学生课文内容	0.193**	0.008	190
不跟别的班比成绩	0.193**	0.008	190
不在班上批评学生	0.341**	0.000	190
胜任对外汉语教学	0.151*	0.037	190
课堂教学专业	0.181*	0.012	190

视觉型学习者对优秀汉语教师教学要素的期待较为全面,包括教师的知识素养、穿着打扮、教学仪态、语境练习、课堂气氛、情感关怀、清楚板书、问题时间、教学计划安排、直观教学手段、教学能力、教学语言、作业布置与批改、师生关系等。直接诉诸视觉的一些要素主要有教师的穿着打扮、教学表情、目光接触、板书、直观教学形式、详细批改学生作业等。

表9－5　听觉型学习者期待的优秀汉语教师教学要素

教学要素	Pearson 相关性	显著性(双侧)	N
给学生问问题的时间	0.147*	0.043	190
学期教学进度不快不慢	0.194**	0.007	190
下课常跟学生聊天儿	0.163*	0.025	190
穿着打扮合适	0.282**	0.000	190
上课时保持目光接触	0.195**	0.007	190
常让学生看电影	0.392**	0.000	190
常用图片教汉语	0.268**	0.000	190
常用实物教汉语	0.226**	0.002	190
常用 PPT 上课	0.310**	0.000	190
通过玩游戏学习汉语	0.272**	0.000	190
偶尔室外上课	0.168*	0.020	190
每周教学计划清楚	0.210**	0.004	190
每课教学计划清楚	0.156*	0.031	190
严格	0.226**	0.002	190
认真	0.148*	0.042	190
常常给学生作业	0.149*	0.040	190
教学方法科学有效	0.196**	0.007	190
英语水平比较高	0.220**	0.002	190
上课时大家很紧张	0.387**	0.000	190
上课时声音有变化	0.211**	0.003	190
不在班上批评学生	0.216**	0.003	190
教学内容系统	0.163*	0.025	190
课堂教学专业	0.190**	0.009	190

听觉型学习者对优秀汉语教师的期待相对较少，主要包括合适的穿着打扮、目光接触、既轻松又紧张的课堂气氛、清楚的教学计划、直观的教学手段、系统的教学内容、专业的教学能力和方法、严格认真的教学态度、较高的英语水平、抑扬顿挫的教学语音、常给学生作业、师生交流等。听觉型学习者相对视觉型学习者来说，

缺少了对教师知识素养、语境练习、情感关怀、清楚板书的期待，与视觉型学习者期待“作业不太多”相反的是，听觉型学习者期待教师“常常给学生作业”。

表9－6　触觉型/动觉型学习者期待的优秀汉语教师教学要素

教学要素	Pearson 相关性	显著性（双侧）	N
听取、尊重学生意见	0.155*	0.032	190
关心学生理解情况	0.159*	0.028	190
常常鼓励、表扬学生	0.147*	0.043	190
给学生问问题的时间	0.172*	0.018	190
上课时表情丰富	0.182*	0.012	190
常让学生看电影	0.295**	0.000	190
常用图片教汉语	0.225**	0.002	190
常用实物教汉语	0.189**	0.009	190
常用 PPT 上课	0.301**	0.000	190
通过玩游戏学习汉语	0.294**	0.000	190
偶尔室外上课	0.174*	0.016	190
每周教学计划清楚	0.148*	0.042	190
教学经验丰富	0.157*	0.031	190
教学方法科学有效	0.144*	0.047	190
英语水平比较高	0.233**	0.001	190
上课时大家很紧张	0.318**	0.000	190
作业不太多	0.198**	0.006	190
上课时声音有变化	0.191**	0.008	190
上课时声音大一点儿	0.185*	0.011	190
不在班上批评学生	0.249**	0.001	190
胜任对外汉语教学	0.152*	0.036	190
教学内容系统	0.152*	0.036	190

触觉型/动觉型学习者对教师的教学仪态、教学气氛、情感关怀、教学计划、教学活动、直观教学、教学能力和方法、教学语言、作

业布置、师生关系等都有所期待。下面我们将三种感知方式所期待的教师教学要素进行对比分析,将三者之间的异同呈现出来。三种感知方式共同期待的教师教学要素如表9－7:

表9－7 三种感知方式学习者共同期待的优秀汉语教师教学要素

序号	教学要素	序号	教学要素
1	给学生问问题的时间	6	教学方法科学有效
2	常用图片教汉语	7	英语水平比较高
3	常用 PPT 上课	8	上课时大家很紧张
4	通过玩游戏学习汉语	9	上课时声音有变化
5	每周教学计划清楚	10	不在班上批评学生

三种感知方式共同期待的主要内容为教学气氛(紧张、不在班上批评学生)、教学安排(留出问问题的时间、每周教学计划)、教学活动(游戏)、直观教学(图片、PPT)、教学方法、教学语言(语音变化、英语水平)等。可见,这些要素多是语言教学的环境、计划、形式、方法和语言。

将每种感知方式期待的要素除去三者共同期待的部分,那么则可理解为各自侧重的教师教学要素,如表9－8至表9－10:

表9－8 视觉型学习者侧重的优秀汉语教师教学要素

序号	教学要素	序号	教学要素
1	听取、尊重学生意见	8	关心学生理解情况
2	师生关系很好	9	常常鼓励、表扬学生
3	讲解清楚易懂	10	常常纠正学生的错误
4	热爱汉语教学工作	11	上课轻松快乐
5	常给好的学习建议	12	学期教学进度不快不慢
6	上课时和学生交流多	13	常常关心学生
7	课堂内容丰富有趣	14	下课常跟学生聊天儿

续表

序号	教学要素	序号	教学要素
15	熟悉中国文化	28	每课教学计划清楚
16	语言学知识丰富	29	按时上下课
17	汉语知识丰富	30	教学安排合理
18	了解学生国家文化	31	详细批改学生作业
19	上课时表情丰富	32	教学经验丰富
20	穿着打扮合适	33	板书清楚
21	创造语境让学生练习	34	上课时说得慢
22	多给学生练习的机会	35	作业不太多
23	给很多生活中的例子	36	上课时声音大一点儿
24	用容易的词解释新内容	37	多问学生课文内容
25	让学生复述学习内容	38	不跟别的班比成绩
26	上课时保持目光接触	39	胜任对外汉语教学
27	学期教学计划清楚	40	课堂教学专业

表 9－9　听觉型学习者侧重的优秀汉语教师教学要素

序号	教学要素	序号	教学要素
1	学期教学进度不快不慢	8	每课教学计划清楚
2	下课常跟学生聊天儿	9	严格
3	穿着打扮合适	10	认真
4	上课时保持目光接触	11	常常给学生作业
5	常让学生看电影	12	教学内容系统
6	常用实物教汉语	13	课堂教学专业
7	偶尔室外上课	—	

表 9－10　触觉型/动觉型学习者侧重的优秀汉语教师教学要素

序号	教学要素	序号	教学要素
1	听取、尊重学生意见	7	偶尔室外上课
2	关心学生理解情况	8	教学经验丰富
3	常常鼓励、表扬学生	9	作业不太多
4	上课时表情丰富	10	上课时声音大一点儿
5	常让学生看电影	11	胜任对外汉语教学
6	常用实物教汉语	12	教学内容系统

视觉型学习者期待的教师教学要素主要包括教师的职业素质（中国文化、对象国文化、汉语知识、语言学理论知识）、穿着打扮、教学表情、情感关怀（鼓励、表扬、关心）、教学计划（学期、每课、教学速度、教学安排、按时上课）、教学能力（喜欢、胜任、专业、讲解清楚）和教学方法（词语解释、基于课文提问、复述学习内容、例子来源于生活、语境练习）、师生关系（给学习建议、听取和尊重学生）、课堂气氛（不比成绩、轻松快乐）、教学语言（语速问题、声音情况）、作业批改详细、板书清楚等。

听觉型学习者侧重的教师教学要素主要有穿着打扮、教师目光、教学计划、教学能力、教学内容、直观教学（实物、电影）、师生交际、常给作业等，与其他两种风格不同的是，听觉型学习者更期待教学态度“严格”“认真”的国际汉语教师。

触觉型/动觉型学习者侧重的教学要素主要有教学表情、教学能力（胜任、经验）、教学内容（系统）、教学形式（室外上课）、直观教学（实物、电影）、情感关怀（鼓励、表扬）、师生关系（听取和尊重学生意见）、教学语言（教学声音）、作业布置（作业量不多）。

如果根据三种感知方式得分高低将被调查者分为三组，那么学习者是否存在显著的组间差异呢？经方差检验，有以下要素不符合方差齐性检验条件：“平等对待学生（$P=0.028$）”“负责任（$P=0.006$）”“用心（$P=0.022$）”“上课轻松快乐（$P=0.031$）”“下课常跟学生聊天儿（$P=0.025$）”“了解学生国家文化（$P=0.000$）”“多给学生练习的机会（$P=0.005$）”“让学生复述学习内容（$P=0.017$）”“常用图片教汉语（$P=0.041$）”“严格（$P=0.009$）”“教学经验丰富（$P=0.001$）”“英语水平比较高（$P=0.013$）”“课堂教学专业（$P=0.024$）”。经单因素方差分析，仅有

“熟悉中国文化($P=0.022$)”和“教学安排合理($P=0.037$)”两个要素存在显著的组间差异。

经过多项式均值比较发现，三种感知方式学习者对教师教学要素的期待具体有以下几个方面的差别，如表9－11：

表9－11　三种感知方式学习者期待的教师教学要素比较

感知方式	均值比较结果(差异显著者)	
	前者	后者
视觉型&听觉型	愿意帮助学生($P=0.034$) 板书清楚($P=0.024$)	上课时大家很紧张($P=0.024$)
视觉型&触觉型/动觉型	熟悉中国文化($P=0.006$) 常常给学生作业($P=0.029$) 教学安排合理($P=0.011$)	作业不太多($P=0.030$)
听觉型&触觉型/动觉型	熟悉中国文化($P=0.044$)	听取、尊重学生意见($P=0.046$) 上课时表情丰富($P=0.045$)

如表9－11所示，视觉型学习者与听觉型学习者相比，前者显著期待教师“愿意帮助学生”和“板书清楚”两个要素，而听觉型学习者比较期待“上课时大家很紧张”的教学气氛。对板书的要求显示了视觉型学习者的特点，而对紧张学习气氛的期待显示了听觉型学习者喜欢在听和说的紧张的活动(如讨论、辩论、演讲、角色扮演、音频等)中学习的特点。

视觉型学习者与触觉型/动觉型学习者相比，前者显著期待教师能够“熟悉中国文化”“常常给学生作业”“教学安排合理”，而后者显著期待“作业不太多”。这说明，在作业布置方面两者期待相反，前者要求“量多”，后者要求“量少”。这也符合 Cohen *et al.*(2001)对视觉型和触觉型/动觉型风格的界定。

听觉型学习者相比触觉型/动觉型学习者来说，显著期待“熟悉中国文化”的老师，而触觉型/动觉型学习者则显著期待“听取、尊重学生意见”“上课时表情丰富”的老师。对上述几个要素的期待反映了两种学习风格，即前者喜欢听和说的活动，喜欢听老师讲解中国的概况和文化，而后者喜欢躯体活动，希望成为教师常常关注或严格管理的对象，在参加课堂活动时，希望老师能够有着丰富的表情。据了解，年龄较小的学习者使用触觉/动觉学习的情况较多，随着年龄的增长，多数人越来越喜欢使用视觉和听觉来学习。

三、结论与启示

（一）基本结论

三种感知方式学习者期待的教师个性要素同中有异，“同”的是三种感知方式都期待年轻、可爱和好看的教师，“异”的是视觉型学习者期待较为全面，主要是一些诉诸视觉要素的期待，其他两种感知方式则多侧重语言的风趣、性格的开朗和坦率。三种感知方式对教师个性要素的期待并无显著的组间差异。

三种感知方式学习者都期待教师的教学能力，不同的是，视觉型和听觉型学习者还期待教师的穿着打扮、专业素质、教学计划等。视觉型和触觉型/动觉型学习者还期待教师的教学表情、教学语言、专业情意、师生关系等。听觉型和触觉型/动觉型学习者还期待教师的系统的教学内容和直观的教学形式。三种感知方式之间呈显著性差异的要素也不太多。视觉型学习者侧重清楚的板书，听觉型学习者侧重紧张的学习气氛，触觉型/动觉型学习者侧重“听取、尊重学生意见”和“上课时表情丰富”。值得注意的是，视觉型和触觉型/动觉型学习者对作业量的期待正好相反，前多后少。

（二）教学建议

国际汉语教师不应忽略学习者的感知方式，如果不能通过专业问卷进行测量，那么通过仔细观察也不难区分，视觉型学习者常借助于板书学习，听觉型学习者常表现为专注聆听，触觉型/动觉型学习者常表现为好动和“坐立不安”。

语言学习风格的已有研究告诉我们，每种感知方式都有自己的优点和缺点，不应歧视任何一种感知方式的学习者。触觉型/动觉型学习者在初级阶段常表现为好动、成绩差、不听老师劝告等，其中一些因此被赶出学校，但后来却取得惊人的成绩，如爱迪生、爱因斯坦等。因此，国际汉语教师如果遇到一些触觉型/动觉型学习者，要适当满足他们的学习需求，因势利导，因材施教，如开展游戏、角色扮演、语言实践调查等课堂活动。

第三节　基于学习者认知方式差异的优秀汉语教师要素

在认知心理学界、教育学界尤其是第二语言教育学界，场独立和场依存两种认知方式相关的研究较多、较为成熟。在怎么处理各种知识的输入方面，场独立型学习者善于从给定的上下文语境里区分或提取一些信息细节，甚至在有一些干扰因素存在的时候，但这些学习者一般整体处理信息的能力不强。而场依存型学习者倾向于以一个整体或完形的方式来处理信息，但很难从一个给定的上下文语境里区分或提取出信息细节，这样的学习者在没有任何干扰的情况下学习得最好。本节将分析场独立型和场依存型学习者对教师的个性要素和教学要素的显著性差异。

一、基于学习者认知方式差异的优秀汉语教师个性要素

我们将两种认知方式均值与优秀汉语教师个性要素均值进行相关性统计,结果如表9－12和表9－13：

表9－12　场独立型学习者期待的优秀汉语教师个性要素

个性要素	Pearson 相关性	显著性(双侧)	N
风趣	0.142*	0.050	190
情绪可控	0.165*	0.023	190
易交流	0.146*	0.045	190
真诚	0.175*	0.016	190
亲切	0.152*	0.037	190
坦率	0.147*	0.043	190
乐观	0.162*	0.026	190

表9－13　场依存型学习者期待的优秀汉语教师个性要素

个性要素	Pearson 相关性	显著性(双侧)	N
年轻	0.150*	0.039	190
大方	0.193**	0.008	190
坦率	-0.183*	0.011	190
温和	0.146*	0.045	190

从表9－12和表9－13中可以看出,场独立型学习者对优秀汉语教师个性要素的期待主要侧重教师的语言交际和人生态度,前者如有助于开启交际的"易交流",有助于保持交际的"亲切"和"情绪可控",有助于形成交际趣味的"风趣",有助于交际信度的"真诚"和"坦率",后者如"乐观"的人生态度。而场依存型学习者则倾向

于“年轻”“大方”与“温和”的教师，不太喜欢“坦率”的老师。

按照得分情况，我们将被调查者分为场独立型（77 人）和场依存型（66 人）学习者两组，①经单因素方差分析显示，两种风格的学习者对优秀汉语教师个性要素的期待没有任何显著的组间差异。

二、基于学习者认知方式差异的优秀汉语教师教学要素

我们同样将两种认知方式均值与优秀汉语教师教学要素均值进行相关性统计，结果如表 9－14 和表 9－15：

表 9－14　场独立型学习者期待的优秀汉语教师教学要素

教学要素	Pearson 相关性	显著性（双侧）	N
平等对待学生	0.149*	0.041	190
上课时和学生交流多	0.151*	0.037	190
负责任	0.173*	0.017	190
常常鼓励、表扬学生	0.202**	0.005	190
常常纠正学生的错误	0.165*	0.023	190
给学生问问题的时间	0.174*	0.017	190
下课常跟学生聊天儿	0.188**	0.009	190
了解学生国家文化	0.221**	0.002	190
上课时表情丰富	0.221**	0.002	190
穿着打扮合适	0.184*	0.011	190
上课时保持目光接触	0.211**	0.004	190
每周教学计划清楚	0.203**	0.005	190
学期教学计划清楚	0.160*	0.028	190
每课教学计划清楚	0.158*	0.030	190
严格	0.151*	0.038	190
板书清楚	0.143*	0.049	190

① 得分相同者共 47 人，不统计在内。

续表

教学要素	Pearson 相关性	显著性(双侧)	N
上课时大家很紧张	0.280**	0.000	190
上课有意思	0.170*	0.019	190
不在班上批评学生	0.187**	0.010	190
教学内容系统	0.144*	0.047	190

表 9-15 场依存型学习者期待的优秀汉语教师教学要素

教学要素	Pearson 相关性	显著性(双侧)	N
不会放弃学习不好的学生	0.165*	0.023	190
听取、尊重学生意见	0.204**	0.005	190
讲解清楚易懂	0.150*	0.039	190
热爱汉语教学工作	0.283**	0.000	190
课堂内容丰富有趣	0.205**	0.004	190
下课常跟学生聊天儿	0.148*	0.042	190
上课时表情丰富	0.197**	0.006	190
穿着打扮合适	0.164*	0.024	190
上课时保持目光接触	0.153*	0.035	190
常用图片教汉语	0.193**	0.008	190
常用实物教汉语	0.181*	0.013	190
常用 PPT 上课	0.166*	0.022	190
通过玩游戏学习汉语	0.171*	0.018	190
偶尔室外上课	0.245**	0.001	190
每周教学计划清楚	0.182*	0.012	190
每课教学计划清楚	0.183*	0.012	190
教学安排合理	0.171*	0.018	190
英语水平比较高	0.177*	0.014	190
上课时说得慢	0.318**	0.000	190
上课时大家很紧张	0.224**	0.002	190
作业不太多	0.236**	0.001	190
上课时声音有变化	0.248**	0.001	190
上课时声音大一点儿	0.190**	0.009	190
不在班上批评学生	0.147*	0.042	190

两种认知方式对优秀汉语教师教学要素的期待都较多，下面我们从两种认知方式期待的相同点和侧重点对比探讨。两类学习者共同期待的教师教学要素如表9－16：

表9－16　两种认知方式学习者共同期待的优秀汉语教师教学要素

序号	教学要素	序号	教学要素
1	下课常跟学生聊天儿	5	每周教学计划清楚
2	上课时表情丰富	6	每课教学计划清楚
3	穿着打扮合适	7	上课时大家很紧张
4	上课时保持目光接触	8	不在班上批评学生

共同的要素主要集中在教学仪态、教学计划、教学气氛和师生交际几个方面。表9－17和表9－18分别为场独立型学习者和场依存型学习者对教师教学要素的侧重：

表9－17　场独立型学习者侧重的优秀汉语教师教学要素

序号	教学要素	序号	教学要素
1	平等对待学生	7	了解学生国家文化
2	上课时和学生交流多	8	学期教学计划清楚
3	负责任	9	严格
4	常常鼓励、表扬学生	10	板书清楚
5	常常纠正学生的错误	11	上课有意思
6	给学生问问题的时间	12	教学内容系统

场独立型学习者对教师教学要素的期待主要集中于教师的课堂教学过程，如教学计划、教学内容、问问题时间、态度、交流等。对这些要素的期待充分体现了场独立型学习者对课堂语言学习的重视。相关研究表明，场独立型学习者在课堂环境中学习二语或外语较易获得成效，因为他们更善于关注课堂学习中的相关变

量。对这些要素的期待也充分体现了场独立型学习者独立学习的心理特点：对教学计划和教学内容系统性的要求是因为场独立型学习者自身缺少这方面的能力；对问问题时间的要求显示了场独立型学习者独立学习和思考的特点；对“平等对待学生”“负责任”“常常鼓励、表扬学生”“严格”的期待反映了他们独立学习的意志。

表9－18　场依存型学习者侧重的优秀汉语教师教学要素

序号	教学要素	序号	教学要素
1	不会放弃学习不好的学生	9	通过玩游戏学习汉语
2	听取、尊重学生意见	10	偶尔室外上课
3	讲解清楚易懂	11	教学安排合理
4	热爱汉语教学工作	12	英语水平比较高
5	课堂内容丰富有趣	13	上课时说得慢
6	常用图片教汉语	14	作业不太多
7	常用实物教汉语	15	上课时声音有变化
8	常用 PPT 上课	16	上课时声音大一点儿

场依存型学习者对教师教学要素的期待主要集中于课堂教学这个“场”的环境，如教师的教学态度、合理的教学安排、清楚易懂的讲解、丰富有趣的教学内容、直观的教学媒介（图片、实物、PPT）、丰富的教学形式（玩游戏、室外上课）、恰当的教学语言（英语水平高、教学语速慢、声音洪亮且富有变化）、适量的作业布置、良好的师生关系等。这些要素反映了场依存型学习者对教学环境和教学形式的期待，而且这些教学环境和形式多带有自然语言环境的一些特点，如丰富有趣的教学内容、直观的教学媒介、室外上课、教学语言的种种要求等，可见场依存型学习者更愿意在自然环境下学习语言。

我们将被调查者按照得分的高低分为场独立型和场依存型两组，对他们期待的优秀汉语教师教学要素进行了单因素方差分析，除了“常常鼓励、表扬学生（$P=0.017$）”“上课时保持目光接触（$P=0.028$）”两个教学要素外其他要素都具备方差齐性检验条件。单因素方差分析发现，仅有“常常鼓励、表扬学生（$P=0.035$）”和“知识丰富（$P=0.040$）”两个要素有着显著的组间差异，而且前者是在不具备方差齐性的条件下呈现显著组间差异的。这说明两种认知方式对优秀汉语教师教学要素的期待没有太多的显著性差异。

三、结论与启示

（一）基本结论

场独立型学习者和场依存型学习者对优秀汉语教师的期待大同小异。均值比较结果显示，两种认知方式学习者在对教师个性要素的期待上并没有多少显著性差别。但相关性分析显示，场独立型学习者对教师的期待主要侧重教师的语言交际和人生态度，显示出他们独立学习语言的专注与主动。场依存型学习者则倾向于“年轻”“大方”与“温和”的教师，不太喜欢“坦率”的老师，显示出他们关注与语言教学不太相关的一些个性要素。

在教学要素方面，场独立型学习者对教师的期待主要集中于教师的课堂教学过程，如教学计划、教学内容、问问题时间、态度、交流等，对这些要素的期待充分显示出场独立型学习者对课堂语言学习的重视，也体现了该类学习者独立学习的心理特点。场依存型学习者对教师教学要素的期待主要集中于课堂教学这个“场”

的环境,显示出他们对学习环境依赖的特点。

(二)教学建议

国际汉语教师应该了解学习者的认知方式,有针对性地提高自己的知识水平和教学技能,并实施最为恰当的教育形式和内容。针对场独立型学习者,应紧紧抓住课堂教学过程中的教学内容、教学形式、教学态度、课堂交际、教学安排,并给予适时的鼓励和表扬。针对场依存型学习者,要尽可能地创造逼近真实的课堂语言教学环境,如接近自然语言的教学语言、丰富真实的语言讲练、直观的教学媒介、真实的意义协商等,更要有针对性地为场依存型学习者创造丰富的课外语言学习活动,如有目的的课外语言实践、汉语角或俱乐部、中国家庭体验活动等。实践证明,教师教学风格与学习者认知风格的匹配可以有效提高语言教学的效率。

第四节　基于学习者个性特点差异的优秀汉语教师要素

性格倾向与语言学习的关系相关研究较多,但将性格倾向与优秀汉语教师要素联系起来进行研究的成果尚未见到。本节以此为切入点进行研究。

一、基于学习者个性特点差异的优秀汉语教师个性要素

我们将两种个性特点——外向型和内向型——得分与教师个性要素进行了相关性分析,结果呈显著性相关的教师个性要素如表9－19和表9－20:

表 9－19　外向型学习者期待的优秀汉语教师个性要素

个性要素	Pearson 相关性	显著性（双侧）	N
风趣	0.155*	0.033	190
微笑	0.175*	0.016	190
开朗	0.192**	0.008	190
思想开放	0.187**	0.010	190
有创造力	0.178*	0.014	190
自信	0.220**	0.002	190
年轻	0.149*	0.040	190
好看	0.232**	0.001	190
大方	0.147*	0.043	190
友好	0.150*	0.039	190
乐观	0.157*	0.030	190
聪明	0.194**	0.007	190

表 9－20　内向型学习者期待的优秀汉语教师个性要素

个性要素	Pearson 相关性	显著性（双侧）	N
风趣	0.193**	0.008	190
情绪可控	0.163*	0.024	190
温和	0.217**	0.003	190

从表 9－19 和表 9－20 可以看出，越是外向的学习者，越期待如“年轻”“好看”的相貌、“微笑”的面容、“大方”“友好”的交际态度、“风趣”的语言、“开朗”的性格、“自信”“乐观”的人生态度、开放的思想以及“有创造力”“聪明”的才智等要素。而越是内向的学习者，对教师的“风趣”“情绪可控”和“温和”三个要素的期待越强烈。由此看来，外向型学习者和内向型学习者对优秀汉语教师个性要素的期待有着明显的不同，前者期待全面，后者仅期待能够维护其自尊的三个要素。

我们根据个性特点得分高低，将被调查者分为外向型（92 人）和内向型（78 人）两组，[①]再将两组期待的优秀汉语教师个性要素进行单因素方差分析。方差齐性检验显示，除“幽默（$P=0.018$）”“风趣（$P=0.045$）”不具有方差齐性外，其他要素都符合方差齐性检验条件。方差检验的结果是，两种个性特点在“年轻（$P=0.021$）”“好看（$P=0.015$）”“热情（$P=0.042$）”三个要素方面存在显著的组间差异。对两种个性特点学习者进行比较后发现，外向型学习者相对于内向型学习者，对教师“年轻（$P=0.021$）”“好看（$P=0.015$）”“热情（$P=0.045$）”的相貌要素和情感要素充满期待。

二、基于学习者个性特点差异的优秀汉语教师教学要素

我们将两种个性特点得分与教师教学要素进行了相关性分析，结果呈显著性相关的教师教学要素如表 9－21 和表 9－22：

表 9－21　外向型学习者期待的优秀汉语教师教学要素

教学要素	Pearson 相关性	显著性（双侧）	N
常给好的学习建议	0.150*	0.040	190
常常鼓励、表扬学生	0.143*	0.048	190
常常纠正学生的错误	0.180*	0.013	190
给学生问问题的时间	0.196**	0.007	190
下课常跟学生聊天儿	0.219**	0.002	190

① 个性特点得分完全相等的共有 20 人，可称之为中向型。由于中向型被调查者人数未能达到最低的样本统计要求，我们仅对比统计外向型和内向型学习者对优秀汉语教师要素的期待情况。

续表

教学要素	Pearson 相关性	显著性(双侧)	N
上课时表情丰富	0.158*	0.029	190
穿着打扮合适	0.183*	0.012	190
创造语境让学生练习	0.237**	0.001	190
多给学生练习的机会	0.209**	0.004	190
让学生复述学习内容	0.245**	0.001	190
上课时保持目光接触	0.163*	0.025	190
常让学生看电影	0.174*	0.016	190
常用图片教汉语	0.174*	0.017	190
常用实物教汉语	0.188**	0.010	190
常用 PPT 上课	0.154*	0.034	190
通过玩游戏学习汉语	0.161*	0.026	190
偶尔室外上课	0.150*	0.038	190
每周教学计划清楚	0.222**	0.002	190
学期教学计划清楚	0.188**	0.010	190
每课教学计划清楚	0.198**	0.006	190
常常给学生作业	0.158*	0.029	190
教学经验丰富	0.198**	0.006	190
上课时大家很紧张	0.231**	0.001	190
作业不太多	0.165*	0.023	190
上课有意思	0.151*	0.038	190
多问学生课文内容	0.177*	0.015	190

表 9－22　内向型学习者期待的优秀汉语教师教学要素

教学要素	Pearson 相关性	显著性(双侧)	N
平等对待学生	0.204**	0.005	190
师生关系很好	0.147*	0.043	190
常给好的学习建议	0.149*	0.040	190
上课时和学生交流多	0.169*	0.020	190
了解学生情况	0.197**	0.006	190

续表

教学要素	Pearson 相关性	显著性(双侧)	N
有很多好的教学方法	0.150*	0.039	190
课堂内容丰富有趣	0.200**	0.006	190
关心学生理解情况	0.164*	0.023	190
常常鼓励、表扬学生	0.201**	0.005	190
常常纠正学生的错误	0.186*	0.010	190
上课轻松快乐	0.206**	0.004	190
给学生问问题的时间	0.194**	0.007	190
下课常跟学生聊天儿	0.155*	0.033	190
了解学生国家文化	0.152*	0.036	190
知识丰富	0.159*	0.028	190
上课时表情丰富	0.164*	0.024	190
给很多生活中的例子	0.183*	0.012	190
让学生复述学习内容	0.147*	0.043	190
常用实物教汉语	0.156*	0.032	190
通过玩游戏学习汉语	0.154*	0.033	190
每周教学计划清楚	0.194**	0.007	190
每课教学计划清楚	0.220**	0.002	190
教学方法科学有效	0.197**	0.006	190
英语水平比较高	0.161*	0.027	190
上课时大家很紧张	0.191**	0.008	190
作业不太多	0.210**	0.004	190
上课有意思	0.182*	0.012	190
上课时声音有变化	0.191**	0.008	190
不在班上批评学生	0.187**	0.010	190
课堂教学专业	0.167*	0.021	190

为易于分析，我们同样将外向型学习者期待的教师教学要素与内向型学习者期待的教师教学要素进行了比较，找出二者异同。二者共同期待的教师教学要素如表9－23：

表 9－23　两种个性特点学习者共同期待的优秀汉语教师教学要素

序号	教学要素	序号	教学要素
1	常给好的学习建议	8	常用实物教汉语
2	常常鼓励、表扬学生	9	通过玩游戏学习汉语
3	常常纠正学生的错误	10	每周教学计划清楚
4	给学生问问题的时间	11	每课教学计划清楚
5	下课常跟学生聊天儿	12	上课时大家很紧张
6	上课时表情丰富	13	作业不太多
7	让学生复述学习内容	14	上课有意思

共同之处的内容主要包括丰富的教学表情、紧张的课堂气氛、清楚的教学计划、丰富的教学形式、基于学习内容的复述、学生问问题的时间、适量的作业布置、教师的情感关怀、良好的师生关系等。这些要素是优秀汉语教师有效提高教学效率应该具备的基本条件。

除去共同要素，外向型学习者侧重期待的教师教学要素如表 9－24：

表 9－24　外向型学习者侧重的优秀汉语教师教学要素

序号	教学要素	序号	教学要素
1	穿着打扮合适	7	常用 PPT 上课
2	创造语境让学生练习	8	偶尔室外上课
3	多给学生练习的机会	9	学期教学计划清楚
4	上课时保持目光接触	10	常常给学生作业
5	常让学生看电影	11	教学经验丰富
6	常用图片教汉语	12	多问学生课文内容

越是外向型学习者，越显著期待教师的穿着打扮、目光接触、教学经验、教学计划、练习方式、直观教学手段等。这在一定程度上反映了外向型学习者在语言学习方面的自信，他们对教师教学要素的期待主要是一些具体的汉语教学方法和教学媒介。

除去共同要素，内向型学习者侧重期待的教师教学要素如表9－25：

表9－25　内向型学习者侧重的优秀汉语教师教学要素

序号	教学要素	序号	教学要素
1	平等对待学生	9	了解学生国家文化
2	师生关系很好	10	知识丰富
3	上课时和学生交流多	11	给很多生活中的例子
4	了解学生情况	12	教学方法科学有效
5	有很多好的教学方法	13	英语水平比较高
6	课堂内容丰富有趣	14	上课时声音有变化
7	关心学生理解情况	15	不在班上批评学生
8	上课轻松快乐	16	课堂教学专业

内向型学习者明显侧重于教师的知识素质、专业的教学能力、科学有效的教学方法、丰富有趣的课堂内容、课堂上的交际互动、轻松快乐公平舒适的教学环境、较高的教学语言水平、良好的师生关系等。从这些期待要素来看，与外向型学习者关注语言教学的具体方法和教学媒介不同的是，内向型学习者对教师的专业教学能力、舒适教学氛围和丰富教学语言更为期待。

同样，将两组学习者期待的优秀汉语教师教学要素进行单因素方差分析，结果有以下要素不具有方差齐性：“听取、尊重学生意见（$P=0.004$）”“愿意帮助学生（$P=0.042$）”“常给好的学习建议

($P=0.004$)""了解学生国家文化($P=0.030$)""教学经验丰富($P=0.047$)",其他要素皆符合方差分析条件。单因素方差分析发现,"教学经验丰富($P=0.045$)""多问学生课文内容($P=0.036$)"两条要素存在着显著的组间差异,即外向型学习者相对内向型学习者显著期待"教学经验丰富"和"多问学生课文内容"的教师。

三、结论与启示

(一)基本结论

外向型和内向型学习者对优秀汉语教师个性要素和教学要素的期待大同小异。"大同"指的是,两种个性特点学习者对教师个性要素和教学要素的期待组间差异较小。"小异"指的是,两种个性特点学习者对教师要素的期待又各有侧重。在教师个性要素方面,外向型学习者期待年轻好看、面带微笑、大方友好、风趣开朗、自信乐观、思想开放、聪明且有创造力等的教师。内向型学习者则期待"风趣""情绪可控""温和"的教师。在教学要素方面,外向型学习者主要关注语言教学的具体方法和教学媒介,内向型学习者则比较关注教师的教学能力、教学氛围和教学语言。

(二)教学建议

教师的专业素质、专业意识、专业能力、专业情意是教师站稳讲台的基本要求,无论学习者的个性特点是外向型还是内向型,国际汉语教师都要平等对待学生,鼓励、表扬学生。在积极教学的过程中,更要关注内向型学习者的自尊需求,营造宽松的教学氛围。

第五节　结论与启示

本章限于篇幅,仅选择感知方式、认知方式、个性特点三个方面探讨不同学习风格学习者对优秀汉语教师要素的期待。但学习风格类型十分丰富,为增强本章的全面性和系统性,我们将包括上述学习风格在内的23种学习风格对优秀汉语教师要素期待的相关研究结果进行了汇总。

第一,23种学习风格学习者期待的教师个性要素和频次如表9－26:

表9－26　23种学习风格学习者期待的优秀汉语教师个性要素和频次

个性要素	频次	个性要素	频次	个性要素	频次	个性要素	频次
风趣	13	思想开放	10	可爱	6	自信	5
开朗	13	易交流	10	好看	6	坦率	5
情绪可控	12	友好	10	大方	6	幽默	4
乐观	12	年轻	9	善良	6	热情	4
温和	12	聪明	9	真诚	6	灵活	4
微笑	10	亲切	8	有创造力	5	耐心	3

表9－26显示,24条教师个性要素皆在表中,学习者期待较多的前5个要素为"风趣""开朗""情绪可控""乐观""温和",其次为"微笑""思想开放""易交流""友好",期待频次较低的几个要素为"耐心""幽默""热情""灵活"。需要说明的是:第一,该表的统计并不意味着我们只顾期待频次较高的要素,而忽略期待频次较低的要素。第二,建议对症下药,因材施教。第三,上述要素许

多是我们难以一时改变的，如“年轻”“可爱”“好看”“聪明”“有创造力”等，但我们可以通过打扮、着装、学习、训练等提高或弥补。

第二，23种学习风格学习者期待的教师教学要素和频次如表9－27：

表9－27　23种学习风格学习者期待的优秀汉语教师教学要素和频次

教学要素	频次	教学要素	频次
每周教学计划清楚	17	不在班上批评学生	11
每课教学计划清楚	16	平等对待学生	10
给学生问问题的时间	15	师生关系很好	10
下课常跟学生聊天儿	15	课堂内容丰富有趣	10
上课时表情丰富	15	常常鼓励、表扬学生	10
上课时大家很紧张	14	上课轻松快乐	10
常常纠正学生的错误	13	常用图片教汉语	10
上课时保持目光接触	13	板书清楚	10
通过玩游戏学习汉语	13	听取、尊重学生意见	9
上课时和学生交流多	12	熟悉中国文化	9
穿着打扮合适	12	语言学知识丰富	9
学期教学计划清楚	12	汉语知识丰富	9
教学方法科学有效	12	教学安排合理	9
课堂教学专业	12	上课有意思	9
讲解清楚易懂	11	多问学生课文内容	9
常给好的学习建议	11	热爱汉语教学工作	8
了解学生国家文化	11	了解学生情况	8
给很多生活中的例子	11	知识丰富	8
让学生复述学习内容	11	多给学生练习的机会	8
常用PPT上课	11	常用实物教汉语	8
作业不太多	11	严格	8

续表

教学要素	频次	教学要素	频次
认真	8	用心	6
按时上下课	8	常常关心学生	6
详细批改学生作业	8	用容易的词解释新内容	6
教学经验丰富	8	偶尔室外上课	6
上课时声音有变化	8	常常给学生作业	6
不会放弃学习不好的学生	7	愿意回答学生问题	5
负责任	7	常让学生看电影	5
有很多好的教学方法	7	上课前准备得很好	5
关心学生理解情况	7	上课时声音大一点儿	5
学期教学进度不快不慢	7	上课时精神饱满	4
创造语境让学生练习	7	不用或少用英语上课	4
英语水平比较高	7	教学内容系统	4
上课时说得慢	7	不只讲课本上的	3
胜任对外汉语教学	7	不跟别的班比成绩	3
不会看不起学习不好的学生	6	令学生很感兴趣	1
愿意帮助学生	6	普通话标准	1

表9－27显示，74条教师教学要素皆在表中，23种学习风格学习者十分期待的教师教学要素（频次≥15）不是教学专业能力，而是教学计划、问问题的时间、课下交际和教学表情。这四个方面的要素是我们常常忽略的几个问题，如在教学计划方面，教师们常无“计”可依，或有“计”不依，教学安排随意性强。学习者更是“丈二和尚摸不着头脑”，跟着教师的随意安排被动地学习。在问问题的时间方面，教师常将课上得过满，不给学习者留下一些答疑释惑的时间。对教师“表情丰富”的要求则反映了学习者对自然语境的要求，因为在自然语言环境中，说话者常伴随着丰富的面部表情，哪怕独自一个人与别人通话时也会有丰富的面部表情，而在语言教

室里集中学习语言时，教师容易缺少的正是这些丰富的非言语交际手段，进而使得所教语言显得不太真实自然。

23 种学习风格学习者较多期待的教师教学要素（11 ≤ 频次 ≤ 14）还包括紧张的教学气氛、较强的纠错意识、师生间的目光接触和交流、有趣的游戏活动、合适的穿着打扮、科学有效的教学方法、专业的教学能力、了解学生国家文化、自然真实的例子、常用 PPT 上课、适量的作业布置等。其中，教学气氛属于学习环境，目光接触属于情感沟通，师生交流和了解学生国家文化属于跨文化交际，穿着打扮属于教师形象，游戏活动和使用 PPT 属于教学形式，纠错意识、教学方法、教学能力、作业布置属于教学素质，可见各种学习风格学习者对优秀汉语教师教学要素的期待比较全面。频次小于 11 次的教师教学要素也能在一定程度上反映学习者的内心需求，仅罗列于上表，不再赘述。

统计结果显示，同一条教师要素与多种学习风格都有着显著的相关性关系，一个原因在于那些要素对语言教学或学习来说十分重要，还有一个直接原因就是，23 种学习风格之间也存在较多显著的正相关关系，即许多学习风格之间存在着较强的一致性。

总的来说，通过上文统计和分析，我们认为：

1. 各有侧重的教师要素多与学习风格需求或学习者性格有关

不同学习风格学习者对优秀汉语教师要素的期待既有相同的一面，又各有侧重，各自侧重的教师要素多与学习风格需求或学习者性格有关，如场依存型学习者对教学环境有着明显的期待。

2. 各学习风格间呈显著性组间差异的教师要素并不多

相关性分析结果显示，各种学习风格侧重的教师要素较多，但经过分组、单因素方差分析、均值比较后，呈显著性组间差异的教师要素却并不多，原因主要在于各学习风格之间也多显著相关。

3．教师应充分了解不同学习者的不同学习风格倾向

在教学过程中，教师应充分了解不同学习者的不同学习风格倾向，实施合理、适切的教学行为，提高教学效率。李黎等（2009）通过功能磁共振实验研究发现，被试者在接受符合其学习风格的输入时，全脑激活较大，即符合学习风格的输入能更好地激发工作记忆的作用。据 Xu（2009）研究，教师教学风格与学习者整体或分析的风格的匹配，有助于加强学习者学习动机，有助于提高学习者的听说读写能力。

4．复合型教学风格或许更能促进学习者的语言习得

部分研究表明，在某些维度上师生风格的匹配可间接改善语言学习效果。但事实上，教师们常常面对的是由不同风格学习者组成的学习群体，因此，我们更赞成教师采用复合型教学风格，使各种风格偏好的学习者都能从教学活动中受益。Tight（2010）调查 128 名以英语为母语的大学生的感知偏好和记忆西班牙语词汇效果的关系，结果发现复合型教学风格比单一型教学风格更能促进感知偏好不同的学习者记住单词，教学风格与学习者的感知偏好相匹配比不匹配更能提高学习者单词记忆效果。

但据刘铁梅（2011）研究，教学风格与学习风格失配与外语学习成绩并未产生显著的负相关，两者的匹配与外语学习成绩亦无正相关，而在审慎型方面的匹配却与外语学习成绩呈显著负相关。不同的研究有着不同甚至相反的结论是正常的，也是可以理解的。本章仅统计和分析不同学习风格学习者期待的优秀汉语教师要素，供汉语教师和相关研究者参考。

第十章　对国际汉语教师成长的几点建议

据 Brown & McIntyre（1993）观察，不同的学习者群体有着不同的教师评价标准，对他们的任课教师亦有着不同的期望，如日本学习者在优秀教师的评价标准上就和美国学习者有着明显的不同。因此，搞清楚学习者对一个好的语言教师的认识，以及不同文化背景学习者对好的语言教师的期待的差异这两个问题就非常重要。本书正是站在汉语国际教育这一语境下考察具有不同个体差异的学习者对优秀汉语教师的期待与需求。这是一个基础性题目，也是一个永无止境的开放性题目，世界上没有两片完全相同的树叶，也没有两个完全相同的学习者和教师。

第一节　何谓优秀汉语教师？

何谓优秀教师？学界有三条常用的标准：一是学生确认的优秀教师，二是同行或领导确认的优秀教师，三是通过量表测试确定的优秀教师。但至于优秀教师的“优秀”该如何界定，学界并没有一致的答案，有的从教师的基本素质入手，有的从教师完成政府和学校规定的教学任务出发，有的从教师的特点谈起。我们不一一罗列这些研究结果，而是基于本书的调查、统计和分析结果，对优秀汉语教师的性质特点和组成要素简要叙述如下。

一、从研究路线看优秀汉语教师研究的科学性

本书从学习者的个体差异出发，考察了优秀汉语教师的组成要素。被调查者期待的优秀汉语教师要素繁多，我们通过开放性问卷对调查得来的621条要素进行了归并，并将这些要素主要分为教师的个性要素和教学要素两大类。前者主要包括教师独特的、稳定的和本质的心理倾向和心理要素，即教师在思想、性格、品质、意志、情感、态度等方面的特质，这类特质表现于外就是言语方式、行为方式和情感方式等。个性要素多为不可变的或难以改变的，在教学过程中常常以一种无意识的方式被不自觉地表现出来。后者主要包括与教师汉语教学相关的一些要素，如教师的教学态度、教学情感、知识素质、能力素质、专业意识、职业意识、教学方法、教学行为、教学语言等。教师教学要素包括的内容更多、更复杂，与“教育”行为的关系更直接。

在调查研究前，我们曾参考了几项采用类似方法研究理想或优秀语言教师的科研成果，但这些研究存在着调查问题主观性强、不全面，以及调查对象不广等情况。本书所有的调查要素皆来自学习者问卷调查，从被调查者中来，到被调查者中去，将被调查者的个体差异与他们期待的优秀汉语教师要素和程度结合起来进行考察。如此，调查内容全面细致，调查对象数量多覆盖面广，统计结果规律性强，结论应是可信的。

二、从调查要素均值看优秀汉语教师

（一）十大个性要素

从统计结果看，被调查者高度期待的十大优秀汉语教师个性要素如表 10－1：

表 10－1　学习者期待的十大优秀汉语教师个性要素

序号	个性要素	序号	个性要素
1	易交流	6	自信
2	耐心	7	热情
3	思想开放	8	真诚
4	情绪可控	9	亲切
5	友好	10	有创造力

这十大个性要素对教师的教学和师生之间的跨文化交际都十分重要。因为无论是在教学中还是在交际中，“易交流”都是有效启动的前提条件；“耐心”和“情绪可控”都是顺利进行的重要保障；“思想开放”“自信”和“有创造力”都是保证信息质量的重要因素；“友好”“热情”“真诚”“亲切”都是师生人际吸引的重要条件，也是师生愿意交流沟通的重要保障。

我们的结论与学界的相关研究存在着一定的一致性。Takamizawa 对优秀教师的调查结论是：“他们（教师）应该心情愉快，和蔼可亲，富有耐心和创造性。”（转引自 Banno，2003）Ryan（1998）比较了 220 位自然科学或人文科学专业的日本和澳大利亚大学生，问了四个关于好的大学老师的问题。第一个问题就是：“一个好的老师有什么样的个性？”日本和澳大利亚的被调查者选择最多的都是创造性，而澳大利亚的被调查者对耐心的教师也表达了明显的偏爱。这两项研究结果都包括“耐心”“亲切”和“有创造力”三个要素。Shimizu（1995）请1088名日本大学生（男217人，女871人）从列举的21个项目中做出选择，这21个项目是研究者认为母语为英语的英语教师和母语为日语的英语教师应该拥有的品质。研究者要求被调查者指出哪些项目对所有教师来说都重要，哪些项目只适合母语为英语的教师，哪些项目只适合母语为日语的教师，哪些项目对他们来说都不适合。结果表明，日本学习者最看重外籍英语教师的“友好”要素。而Hadley（1996）请日本学生就“什么样的老师才是一个好的老师”写下8个或更多的要素。165名被调查者（男99人，女66人）的专业是国际关系研究、医学、农学、初等教育和经济学等，当进行这项调查研究时，他们都注册了必修英语课程。结果表明，“和蔼”是选择最多的要素，其次是“友好”“公平”“可以理解”“愉快”“有趣”“热情”“幽默”。日本学生不太关心他们的老师做了什么，而是关心他们的老师是一个什么样的人。这两项研究结果也都包括“友好”“热情”“公平”（本书将“公平”列为教学要素）等要素。

从被调查者高度期待的十条教师个性要素中可以看出，学习者对教师个性要素的期待主要围绕师生间的人际吸引、信息质量、信息传播条件、信息传播维持等方面。也可以看出，第二语言教学的过程与母语习得过程有相同或相通之处，无论母语学习还是第二语言学习，其实质过程是一种基于言语信息交际的学习和习得过程。

另外，“年轻”“可爱”“好看”等相貌要素均值皆在4分以下。可见，对优秀汉语教师的界定不必将形象考虑在内。

（二）十大教学要素

从统计结果看，被调查者高度期待的十大优秀汉语教师教学要素如表10－2：

表10－2　学习者期待的十大优秀汉语教师教学要素

序号	教学要素	序号	教学要素
1	愿意回答学生问题	6	平等对待学生
2	知识丰富	7	汉语知识丰富
3	不会看不起学习不好的学生	8	不会放弃学习不好的学生
4	讲解清楚易懂	9	多给学生练习的机会
5	愿意帮助学生	10	热爱汉语教学工作

这十大教学要素均值都在6分以上，可见它们对学习者来说非常重要。由此可知，国际汉语教师在教学方面应该：（1）热爱本职工作。（2）教学公平。（3）知识丰富。（4）语言解释力强。（5）练习意识高。

我们的结论与国外相关研究较为一致。Shimizu（1995）发现，在日本学习者对两大英语教师群体的期待要素中，“知识丰富”是最重要的，其次是“值得信赖和尊敬”。Ryan（1998）就“一个好的老师知道什么？”的问题进行了调查，澳大利亚学习者选择“精通学科内容”，而日本学习者则选择关于生活、笑话和教学的知识。就“一个好的老师能做好什么？”这个问题，两组学生都选择了“解释事情”和“经常激发学生积极性”。不同的是，日本学习者更喜欢“帮助学生思考和友好纠正错误”的老师，澳大利亚学习者更喜欢“有效提供信息”的老师。就“一个好的老师如何对待学生？”这个问题，澳大利亚学习者将“公平”列为最重要的要素，而日本学习者却较多地选择了“聆听学生内心”。

我们的结论不同于上述研究结果的是:其一,我们的调查显示,汉语学习者对教师热爱工作、热爱学生、愿意帮助学生的态度有着更高的期待。当然,这样的教师无疑也是“值得信赖和尊敬”的。其二,汉语学习者对教师的“练习意识”有着较高的要求,这说明了第二语言学习者对基于言语信息交际活动掌握一门语言的深层心理需求。

实际教学经验告诉我们,包括教师专业素质、专业意识、专业能力、专业情意等在内的这些教学要素,是成为一名优秀汉语教师的基本条件,退一步说,也是一名合格汉语教师应该具备的条件。这些要素可成为国际汉语教师教育、教师个体发展、国家汉语教师标准制定的重要参考依据。

教师教学要素中均值在5 分以下的主要是一些与教学形式、教学活动、教学手段、教学语言、紧张的教学气氛有关的要素。这些与教学过程相关的教学要素不是学习者最为期待的,但也不是可有可无的。

优秀汉语教师的“优秀”首先表现在教师的教学认知和教学情感两大方面,如热爱教育、热爱学生、愿意帮助学生、具有教学公平意识和语言练习意识、知识素质等,其次才是教师的教学行为,主要包括科学有效的教学方法和专业高超的教学能力。可以说,优秀汉语教师既要掌握教学之“术”,更要拥有教学之“道”。

三、从不同个体差异学习者的期待要素看优秀汉语教师

我们从学习者的五大方面 11 种个体差异角度考察了不同学习者对优秀汉语教师的期待要素。研究发现,多数学习者对优秀汉

语教师的期待要素有着鲜明的二分性。在对教师个性要素的期待中，可以分为与教学相关度较高的核心要素和与教学相关度不高的教师相貌要素。在对教师教学要素的期待中，多数学习者对教师的专业素质、专业意识、专业能力、专业情意等期待较多，而对教师的穿着打扮、教学媒介、教学活动、教学语言等形式要素期待不高。也就是说，优秀汉语教师要素可以分为内外两个层面，即教师的核心要素层和外围要素层，核心要素层主要是那些与有效提高教学效率直接相关的要素，外围要素层主要是那些对学习有一定影响的教学形式要素，如图 10－1 和图 10－2。

就语言教学和语言习得来说，核心要素层里的每一个要素都非常重要，缺少其中任何一个方面，都会或多或少影响教学效率。核心要素并非都有着同等的重要性，本书没有对核心要素进一步划分层次，相信第二章内容可为今后进一步划分出更细致的层次提供一些线索。

之所以将教师的相貌要素、穿着打扮、教学媒介、教学活动、教学语言等要素处理成外围要素，一是因为这些要素均值较低，二是因为这些要素常被焦虑较强学习者、动机较弱学习者、努力程度不高学习者、工具性动机和外部动机学习者、外向型学习者所期待。这些要素虽然不是核心要素，但它们对语言教学和语言习得来说都会有不同程度的影响，国际汉语教师不应忽视这些外围要素。

如果根据学习焦虑、学习动机等个体差异将学习者分为积极性学习者和消极性学习者两大群体的话，那么积极性学习者对优秀汉语教师核心要素层的期待更为强烈。

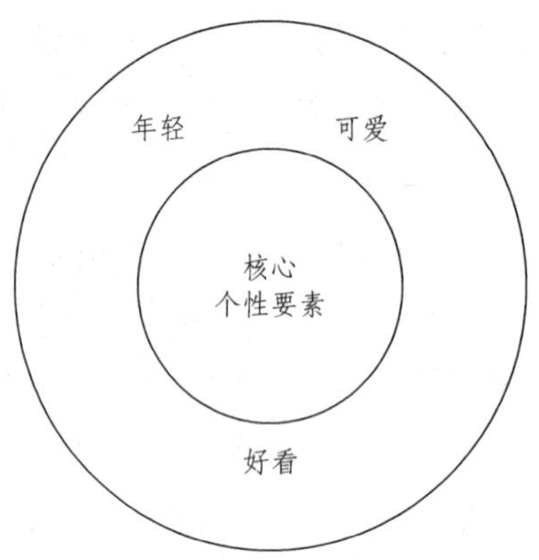

图 10－1　优秀汉语教师个性要素层次图

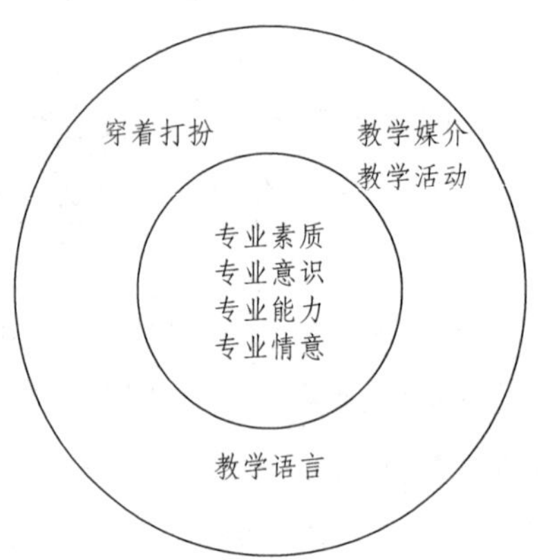

图 10－2　优秀汉语教师教学要素层次图

四、“优秀汉语教师”尝试性界定

结合本书调查、统计、分析和结论，我们认为“优秀汉语教师”是热爱本职工作，跨文化交际能力强，能够保证信息质量和信息顺利传播，具有较高专业素质、专业意识、专业能力和专业情意，以学习者为中心，重视个体差异的汉语国际教育工作者。

其一，我们对“优秀汉语教师”的界定主要是围绕教师的教学效率这一中心主题而展开的。在教育学领域，无论是“以教师为中心”的传统教学模式，还是“以学习者为中心”和“以学为中心”的现代教学观念，站在学习者的角度来讲，高效的学习效率是学习者不变的追求，但站在教师的角度来讲，高效的教学效率则是社会对教师永恒的要求。

其二，这一界定表面上没有过多考虑教师的科研能力及其他与汉语国际教育或传播有关的复合能力。这是因为，一位教学高效的优秀汉语教师离不开较强的科研意识、能力和扎实的研究基础；一位优秀的汉语教师也需要具备处理行政事务公文写作、身心适应与调节、中华文化传播、活动组织、团队领导等其他方面的复合能力。但这些能力并不是学习者关注的主要内容，也不是我们重点考察的“汉语教学”能力，尽管我们认为，这些能力与汉语教师的教学能力几乎一样重要。

其三，所谓“保证信息质量”，主要是指教师教学内容和语言表达的科学性和准确性；所谓“保证信息顺利传播”，主要是指教师容易交流、愿意帮助、乐于解释、耐心友善的个性要素。

如若粗略地将国际汉语教师分为优秀汉语教师、合格汉语教师与不合格汉语教师，那么一位汉语教师不具备上文所说的核心要素，则可以认为这位汉语教师为不合格教师；如果一位汉语教师基本具备这些核心要素，那么可以判断这位汉语教师为合格教师；如果一位汉语教师完全具备上文提到的十大个性要素和十大教学要素，那么可以说这位汉语教师是一位优秀的汉语教师。

第二节　对国际汉语教师成长的几点建议

如何成长为一位优秀汉语教师？这是一个十分复杂的问题，我们能做的，只是根据本书结果，从学习者对优秀汉语教师的期待要素方面谈一些认识和体会。“知彼”才能“知己”，从学习者角度考察优秀汉语教师要素、考察学习者对教师的需求，无疑兼具必要性和科学性，有助于我们探索优秀汉语教师的成长途径。因为“教学”既包括教师的“教”，也包括学习者的“学”，教学效率的高低既包括“教”的效率，也包括“学”的效率，高效的“教”与“学”不是两个独立的言行过程，而是一个集师生双方认知、情感和行为于一体的化合过程。

我们曾结合自身成长经历撰文认为，如欲成长为优秀汉语教师，首先，要有成为优秀汉语教师的梦想；其次，要有丰富的理论素养和人文素养；再次，需要不断地进行汉语教学实践；最后，离不开深入及时的教学反思。最后两点可归结为一点，即要成为一个“反思实践型”教师（黄启庆，2017）。而本书调查结果还告诉我们，优秀汉语教师还应将学习者的内心需求与期待放在心中，在教学过程中真正体现出学习者的主体作用。我们希望本书调查结果能够对汉语国际教育领域教师教育、教师教学、专业发展、职业发展等有所启发。

一、不同学习者对优秀汉语教师有着不同甚至相反的需求

本书从学习者的个体差异如年龄、性别、国籍、母语所属语系、

家庭背景(是否华裔)、汉语学习时长、汉语水平、学习焦虑、学习动机、学习策略、学习风格等角度,探讨不同学习者对优秀汉语教师个性要素和教学要素的期待。不难看出,不同学习者对优秀汉语教师的期待存在着或大或小甚至相反的差异,如东方学习者对教师的相貌、表情、师生关系等有较高期待,而西方学习者则主要关注教师的教学胜任力。如果说,不同的学习者对教师有不同的需求是一个常识的话,那么本研究的价值之一则在于利用调查数据和统计证明了这种常识的存在。

(一) 学习者个体因素决定着对教师的期待要素

除性别外,其余六项心理发展因素、社会文化背景因素、学习经历因素皆与教师个性要素存在明显的相关性。如在年龄方面,18—25 岁正值寻求亲密关系的学习者对教师的相貌和思想开放程度有着较高期待;在来源区域方面,欧美学习者不太看重教师相貌因素,而期待有耐心、风趣、幽默、坦率、有创造力的教师,亚洲学习者则对师生关系有着较高需求;从母语所属语系看,汉藏语系学习者更加重视教师温和善意的性格,印欧语系学习者更加重视教师语言或思想上的风趣和幽默,南亚语系学习者更加重视教师自信、乐观的生活态度,而日韩学习者更加重视教师年轻的外表与可爱的特征;在家庭背景方面,华裔学习者相比非华裔学习者更期待风趣幽默、可爱善良、开朗大方的教师;在汉语学习时长和汉语水平方面,学习汉语时间越长、水平越高,则越期待与教师进行正常的社会性交往,并因此对教师的热情、真诚、微笑、亲切、年轻有着较高的期待。总之,学习者个体差异所体现的群体性需求决定着对汉语教师个性要素的期待。

（二）学习者对教师的期待全面而丰富

本文提出的24条个性要素和74条教学要素全被学习者期待着，只不过不同的要素被不同的学习者期待。鉴于语言本身的复杂性和教学对象的多样性，汉语国际教育事业对教师的要求是非常全面的。做一位汉语老师或许不难，但做好一位汉语老师，或者做一位非常优秀的汉语教师却并非易事。

二、以学习者为中心

近年来，“以学为中心”的教育理念呼声甚高，但这并不意味着“以学习者为中心”的教育理念已经过时，相反，我们认为二者并不矛盾，只是后者覆盖面更广，既包括学习者的“学”，也包括学习者的认知、情感、需求等因素。“以学为中心”在表达上淡化了学习者的主体性作用。鉴于本研究结论，我们认为，第二语言教学更应该“以学习者为中心”。

（一）第二语言教学离不开学习者这一中心主体

探索语言习得效率不能不关注语言教学活动中“人”的因素，同其他语言一样，汉语国际教育离不开学习者和教师两大主体。无论从社会建构主义角度，还是从基于使用的语言习得心理学或者社会文化互动理论来看，语言习得是一个基于个体构建的社会互动的行为过程，学习者是该学习行为过程的中心主体。

让·皮亚杰（Jean Piaget）是认知心理学的代表人物，其著作的永恒主题是强调学习过程的建构性，学习并不是事实的积累或技能的发展，而是个人从出生那一刻起，就积极地从自身经验中建构个人意义。当学习者学习一门新的语言时，他们会积极地去理解周围的语言输入及学习任务,而教师应当根据学习者的认知发展水平,帮助并鼓励学习者积极建构,而不应将他们视为被动的接受者。建构主义运动的另一位先驱人物乔治·凯利(George A. kelly)认为,语言学习是一个学习者积极参与其中、理解和创造所接触语言世界的认识活动。认知功能语言学或称为基于使用的语言学强调语言结构源于语言使用。Tomasello(2010)对儿童语言习得过程进行了大量研究并提出了基于使用的社会语用学观点来解释语言习得,即儿童解读他人意向和探求语言模式的努力使他们逐步掌握越来越多的语言构式,并最终掌握了语言。该理论的主旨依然将学习者放在语言习得的中心。以埃里克·埃里克森(Erik H. Erikson)、亚伯拉罕·马斯洛(Abraham H. Maslow)和卡尔·罗杰斯(Carl R. Rogers)为代表的教育心理学人本学派和苏联利维·维果茨基(Lev Vygotsky)为代表的社会互动理论无不强调学习者的内心情感和意义的构建。

基于种种个体差异的汉语学习者对教师的个性要素和教学要素有着千差万别甚至相反的需求,因此,无论是教师之"教",还是学生之"学",抑或是"习得",都离不开对语言学习者个体和具有某些共性群体的研究和关注。

(二)第二语言教学的本质是基于学习者"理解"和"提高"需求的跨文化交际过程

从调查结果中可以看出,学习者期待的教师个性要素和教学要素主要是围绕如何促进学习者的"理解"和汉语水平的"提高"而展开的。无论课堂语言教学还是课外交际,学习者与教师之间的互动都是跨文化交际的过程。既然是交际,那么双方关注的中心便是基于意义的理解,因此,学习者对教师的沟通能力、便于沟通的个性要素、舒适的环境气氛有许多期待。同时,学习者的主要目的是“提高”自己的汉语水平和文化认知程度,因此,他们对教师专业素质、专业意识、专业能力和专业情意有着较高的要求。

不同学习者对优秀汉语教师个性要素和教学要素的期待,也证明或暗合了 Krashen(1985)的可懂输入假说、Swain(1985)的输出假说和 Long(1983)的互动假说的合理性与科学性。首先,语言“教”“学”的基础是一种跨文化交际行为,而跨文化交际过程就是语言“接受”和“发出”的意义协商和互动过程。其次,语言教学是一种集中有效促进语言习得的专门教学行为,这种专门教学行为是为了提高语言学习效率而人为设计的一种跨文化交际过程,自然的语言“接受”和“发出”便转变为带有教学目的、人为设计的“输入”和“输出”。

(三)关注和满足学习者的心理或情感需求是有效提高第二语言教学的前提和保障

在华学习者的汉语学习是一个复杂的学习过程,更是一个多变的心理或情感历程,如初来乍到的孤独和焦虑、文化休克,适应期的交流期待,完全适应期的情感追求等。心理或情感的满足是有效提高教学和习得效率、创造和谐学习氛围的前提和保障。卡尔·罗杰斯和杰罗姆·福雷伯格(2006)指出,只有在“无条件关注”的氛围中,才能产生理想的学习效果;只有当教师将学生看作是客户,并且满足他们合理正当的需要时,才能很好地建立这种理想的氛围。因此,国际汉语教师如要提高教学效率和学习者的习得效率,就不能不关注不同个体学习者的心理或情感需求,并有效实施差异性教学。

三、"因材施教",实施"差异教学"

(一)"因材施教"是"教无定法"的最好脚注

不同个体差异的汉语学习者对教师有着不同的需求,最为理想有效的汉语教学行为应该是满足学习者的内心需求,从而实施和实现"因材施教"。"因材施教"顾名思义是针对不同的教学对象和内容施以不同的教学方法。在语言教学后方法时代,不是只要教学原则,不要教学方法,而是应该针对不同的教学对象和教学内容灵活有效地实施不同的教学方法。"教无定法"也不是不讲方法,而是针对不同的教学对象、教学内容、教学环境、教学条件、教学要求等实施不同的教学方法。从这一点来看,"因材施教"是"教无定法"的最好解释。

(二)充分了解学习者个体差异,有效实施"差异教学"

差异教学主要是指"教师改变教学的速度、水平或类型,以适应学习者的需要、学习风格或兴趣"(黛安·荷克丝,2004)。汤姆林森(2003)指出:"差异教学的核心思想是,将学生个别差异视为教学的组成要素,教学从学生不同的准备水平、兴趣和风格出发来设计差异化的教学内容、过程与结果,最终促进所有学生在原有水平上得到应有的发展。"

"因材施教"与"差异教学"被奉为教育的基本原则。就国际汉语教学来说,这里的"材"主要指汉语学习者的年龄、性别、国籍、母语所属语系、家庭背景(是否华裔)、汉语学习时长、汉语水平、焦虑状况、认知水平、认知风格、学习能力、性格倾向、兴趣爱好等种种个体差异。而这里的"差异"不仅是指学习者的个体差异,还包括教师教学内容、教学法和教学方法的差异。Banno(2003)认为,在外语课堂,学习者拥有与教师不同的文化背景,如果学习者和教师之间的不同观念果真存在,而教师没有意识到这个问题,那么他们可能无法满足学生的需要,从而无从知晓地被学习者认为不能胜任语言教学这一工作。为了避免这一情况,在教学过程中,教师无疑需要全面了解学习者个体差异,并对学习者期待的教师要素做出判断,以便有针对性地实施"因材施教"和"差异教学",从而提高学习效率。Gardner(1993)指出,实施个性化教学没有捷径可走,教师必须花大量的时间去加深对学生智力潜能、学习策略、学习风格和多元评价的认识与研究。其中道理正同本书。

(三)实施"差异教学"并非一味满足学习者的需求

本书是在汉语国际教育领域实施差异教学的基础性探索,意在揭示不同个体差异学习者对优秀汉语教师期待要素的异同,从而大致掌握不同个体或具有某一共性群体学习者的学习特点和需求。但这并不意味着,实施差异教学要一味满足学习者的需求,而是应该根据其学习特点和需求灵活科学地选择合适的教学方法。如日韩学生习惯于课堂沉默,但教师未必一定要"削足适履",相反,或许应该通过提问和其他方式请他们主动"输出"。

(四)实施"差异教学"更需要师生之间的平等与互相尊重

实施差异教学的本质和主要目的符合人类教育的宗旨,即促进和完善人类个体身体和心灵的科学健康成长。就国际汉语教学来说,实施差异教学,绝非是"偏爱教学",教师不能"顾此"而"失彼"。相反,应严格秉持教学公平、不偏不倚的教学态度,关心并尊重汉语学习者,正确科学地对待学习者之间存在的汉语水平差异。可遗憾的是,在汉语教学过程中,偏见、歧视、刻板印象、不公平现象屡有发生，如有的教师常常提问汉语水平较高的学生，忽略汉语水平较低的学生；常常提问西方学生，忽略东方学生；也有的教师在性别上表现出区别对待的态度。尽管这些现象多是潜意识教学行为，但与差异教学的本质和目的背道而驰，是不可接受的。

第三节　问题与不足

本书借助相关学科理论探索不同个体差异学习者对教师个性和教学要素的期待，以便汉语国际教育界更好地开展教师教育和实施差异教学等实践活动。研究至此，我们满怀自信地认为，本研究的调查、统计和分析是科学的，得出的规律和结论是比较鲜明的，对国际汉语教师教育和教学实践有着较多的启发意义，达到了研究的预期目标。但国际汉语教师教育和教学实践的复杂性是人所共知的，学习者个体差异的丰富性是客观存在的。限于篇幅、精力和能力，本书并未就如何借助研究结论在汉语国际教育领域开展教师教育和实施差异教学进行深入具体的探讨，仅在每一部分研究的后面根据统计分析结果提出了一些建议。这是其一。

其二，本研究约调查了 40 个国家的 600 名汉语学习者。调查对象多，范围广，调查问卷项目多，调查角度广，调查过程持续时间长。调查信度较高，调查质量较好，从调查结果的统计和分析来看，多数调查结果与我们的教学经验和常识相符。但是，本研究调查对象未能覆盖所有国家的汉语学习者，东南亚学习者较多，欧美学习者相对较少，也有许多国家的被调查者数量未能达到统计学的最低样本要求，造成统计分析不够全面、细致、具体。

其三，第二语言或外语学习者多处于25岁以前的青少年期甚至幼儿时期，身心变化较快，影响因素较多，个体差异情况复杂。因此，针对这些学习者的需求分析不仅是教育学问题，也涉及心理学、语言学、社会学、人类学、文化学甚至传播学等方面的理论。这些理论每一个都是“深千尺”的“桃花潭”。笔者理论素质积累不够，在分析时难免有捉襟见肘之处，难以深入“潭底”一探究竟。本研究只是一个“试水石”，望抛砖引玉，为后续研究提供一些参考和思路。

其四，就提高国际汉语教学效率来说，学习者对优秀汉语教师的每一个期待要素都是一个值得深入挖掘的课题，如语言教师的专业素质问题、语言教学中的练习意识问题、作业布置的科学性问题、教学公平性问题、教学语言问题、教学体态语问题、教学趣味性问题等等。篇幅和精力所限，本书亦未能一一深入探讨。

最后，本书调查的原始数据较多，未能一一列入文后，如有需要，笔者愿意提供所有原始数据。另外，感谢云南师范大学云南华文学院和云南师范大学中国语言文学学科建设项目的资助出版。

主要参考文献

Alpert, R., Haber, R. N. 1960. Anxiety in academic achievement situations. *The Journal of Abnormal and Social Psychology* 61(2).

Anderson, N. J. 2005. L2 learning strategies. In Hinkel, E. (ed.). *Handbook of Research in Second Language Teaching and Learning*. Mahwah, NJ: Lawrence Erlbaum Associates.

Bailey, K. 1983. Competitiveness and anxiety in adult second language learning: Looking at and through the diary studies. In Seliger, H., Long, M. H. (eds.). *Classroom-oriented Research in Second Language Acquisition*. Rowley, MA: Newbury House.

Banno, E. 2003. A cross-cultural survey of students' expectations of foreign language teachers. *Foreign Language Annals* 36(3).

Bonham, L. A. 1989. Using learning style information, too. *New Directions for Continuing Education* 43.

Brown, S., McIntyre, D. 1993. *Making Sense of Teaching*. Buckingham: Open University Press.

Chamot, A. U. 2005. Language learning strategy instruction: Current issues and research. *Annual Review of Applied Linguistics*. New York: Cambridge University Press.

Chamot, A. U., Rubin, J. 1994. Comments on Janie Rees-Miller's "a critical appraisal of learner training: theoretical bases and teaching implications". *TESOL Quarterly* 28(4).

Chastain, K. 1975. Affective and ability factors in second language acquisition. *Language Learning* 25(1).

Chihara, T., Oller, J. W. Jr. 1978. Attitudes and attained proficiency in EFL: A sociolinguistic study of adult Japanese speakers. *Language Learning* 28(1).

Clément, R. 1986. Second language proficiency and acculturation: An investigation of the effects of language status and individual characteristics. *Journal of Language and Social Psychology* 5(4).

Cohen, A. D. 1998. *Strategies in Learning and Using a Second Language*. London: Longman.

Cohen, A. D., Oxford, R. L., Chi, J. C. 2001. Learning style survey: Assessing your own learning styles. *Maximizing Study Abroad* 1.

Covington, M. V. 1992. *Making the Grade: A Self-worth Perspective on Motivation and School Reform*. New York: Cambridge University Press.

Crookes, G., Schmidt, R. W. 1991. Motivation: Reopening the research agenda. *Language Learning* 41(4).

Csizér, K., Dörnyei, Z. 2005. The internal structure of language learning motivation and its relationship with language choice and learning effort. *The Modern Language Journal* 89(1).

Dabaghi, A., Goharimehr, N. 2011. The relationship between learning styles of field-dependence/independence & integrative/discrete point methods of grammar teaching. *World Journal of English Language Vol. 1*. Toronto: Sciedu Press.

Darwin, C. 1872. *The Expression of the Emotions in Man and Animals*. London: John Marry.

Dörnyei, Z. 1994. Motivation and motivating in the foreign language classroom. *The Modern Language Journal* 78(3).

Dörnyei, Z. 1998. What is motivation? Paper presented at the AAAL 1998 Conference. Seattle, WA.

Dörnyei, Z. 2000. Motivation in action: Towards a process-oriented conceptualization of student motivation. *British Journal of Educational Psychology* 70(4).

Dörnyei, Z. 2001. *Motivational Strategies in the Language Classroom*. Cambridge: Cambridge University Press.

Dörnyei, Z. 2005. *The Psychology of the Language Learner: Individual Differences in Second Language Acquisition*. Mahwah, NJ: Lawrence Erlbaum Associates.

Dörnyei, Z., Ottó, I. 1998. Motivation in action: A process model of L2 motivation. *Working papers in Applied Linguistics Vol. 4*. London: Thames

Valley University.

Dunn, R., Dunn, K., Price, G. E. P. 1975. *The Learning Style Inventory*. Lawrence, KS: Price Systems.

Dweck, C. S. 2002. The development of ability conceptions. In Wigfield, A., Eccles, J. S. (eds.). *Development of Achievement Motivation. A Volume in the Educational Psychology Series*. San Diego, CA: Academic Press.

Ellis, R. 1999. *The Study of Second Language Acquisition*. 上海:上海外语教育出版社.

Ellis, R. 2004. Individual differences in second language learning. In Davies, A., Elder, C. (eds.). The *Handbook of Applied Linguistics*. Oxford: Blackwell.

Ellis, R., Rathbone, M. 1987. *The Acquisition of German in a Classroom Context*. London: Ealing College of Higher Education.

Ely, C. M. 1986. An analysis of discomfort, risktaking, sociability, and motivation in the L2 classroom. *Language Learning* 36(1).

Furrer, C., Skinner, E. 2003. Sense of relatedness as a factor in children's academic engagement and performance. *Journal of Educational Psychology* 95(1).

Gardner, H. 1993. *Multiple Intelligences: The Theory in Practice*. New York: Harper Collins Publishers.

Gardner, R. C. 1980. On the validity of affective variables in second language acquisition: Conceptual, contextual and statistical considerations. *Language Learning* 30(2).

Gardner, R. C. 1985a. *Social Psychology and Second Language Learning: The Role of Attitudes and Motivation*. London: Edward Arnold.

Gardner, R. C. 1985b. The attitude/motivation test battery: Technical report. http://publish.uwo.ca/~gardner/docs/AMTBmanual.pdf.

Gardner, R. C. 2004. Attitudes/motivation test battery: International AMTB research project. http://wenku.baidu.com/view/60904568a98271fe910ef99e.html.

Gardner, R, C., Lambert, W. E. 1972. *Attitudes and Motivation in Second Language Learning*. Rowley, MA: Newbury House.

Gardner, R. C., MacIntyre, P. D. 1993. On the measurement of affective variables in second language learning. *Language Learning* 43(2).

Hadley, G. 1996. The culture of learning and the good teacher in Japan: An analysis of student views. *The Language Teacher* 20(9).

Hatfield, E., Sprecher, S. 1986. *Mirror, Mirror...: The Importance of Looks in Everyday Life*. Albany: State University of New York Press.

Hoffman, M. 1986. Affect, cognition and motivation. In Sorrentino, R. M., Higgins, E. T. (eds.). *Handbook of Motivation and Cognition: Foundations of Social Behavior*. New York: Guilford Press.

Horwitz, E. K., Horwitz, M. B., Cope, J. 1986. Foreign language classroom anxiety. *The Modern Language Journal* 70(2).

Howe, N., Strauss, W. 2002. *Millennial Rising: The Next Great Generation*. New York: Random House.

Howe, N., Strauss, W. 2003. *Millennial Go to College*. Great Falls: AACRAO & Life Course Association.

Johnson, K. 2005. *Expertise in Second Language Learning and Teaching*. New York: Palgrave Macmillan.

Keefe, J. W. 1979. *Student Learning Styles: Diagnosing and Prescribing Programs*. Reston, VA: National Association of Secondary School Principals.

Kolb, D. 1976. *The Learning Style Inventory: Self-scoring Test and Interpretation*. Boston, MA: McBer.

Krashen, S. D. 1985. *The Input Hypothesis: Issues and Implications*. London: Longman.

Kroll, J. F., Stewart, E. 1994. Category interference in translation and picture naming: Evidence for asymmetric connections between bilingual memory representations. *Journal of Memory & Language* 33(2).

Labov, W. 1990. The intersection of sex and social class in the course of linguistic change. *Language Variation and Change* 2(2).

Lanoue, G. 1991. Language loss, language gain: Cultural camouflage and social change among the Sekani of Northern British Columbia. *Language in Society* 20(1).

Larsen-Freeman, D., Long, M. H. 2000. *An Introduction to Second Language Acquisition Research*. 北京:外语教学与研究出版社.

Leaver, B. L., Ehrman, M., Shekhtman, B. 2005. *Achieving Success in Second Language Acquisition*. New York: Cambridge University Press.

Locke, E. A., Latham, G. P. 2002. Building a practically useful theory of goal setting and task motivation: A 35-year odyssey. *American Psychologist* 57(9).

Long, M. H. 1983. Native speaker/non-native speaker conversation and the negotiation of comprehensible input. *Applied Linguistics* 4(2).

Muchnick, A. G., Wolfe, D. E. 1982. Attitudes and motivations of American students of Spanish. *Canadian Modern Language Review* 38(2).

O' Malley, J. M., Chamot, A. U. 1990. *Learning Strategies in Second Language Acquisition*. Cambridge: Cambridge University Press.

O' Malley, J. M., Chamot, A. U. 2001. *Learning Strategies in Second Language Acquisition.* 上海:上海外语教育出版社.

Oller, J., Baca, L., Vigil, F. 1977. Attitudes and attained proficiency in ESL: A sociolinguistic study of Mexican Americans in the southwest. *TESOL Quarterly* 11(2).

Oller, J. W. Jr., Perkins, K. 1978. Intelligence and language proficiency as sources of variance in self-reported affective variables. *Language Learning* 28(1).

Oxford, R. L. 1990. *Language Learning Strategies: What Every Teacher Should Know*. New York: Newbury House/Harper & Row.

Pappamihiel, N. E. 2002. English as a second language students and English language anxiety: Issues in the mainstream classroom. *Research in the Teaching of English* 36(3).

Piasetski, L. 2001. Classroom ambiance to facilitate foreign language acquisition. *Explorations in Teacher Education* 9.

Preston, C. C., Colman, A. M. 2000. Optimal number of response categories in rating scales: Reliability, validity, discriminating power, and respondent preferences. *Acta Psychologica* 104(1).

Reid, J. M. 2002. *Learning Styles in the ESL/EFL Learning*. 北京:外语教学与研究出版社.

Ryan, S. M. 1998. Student evaluation of teachers. *The Language Teacher* 22(9).

Saville-Troike, M. 2005. *Introducing Second Language Acquisition*. Cambridge: Cambridge University Press.

Saville-Troike, M. 2008. *Introducing Second Language Acquisition.* 北京:外语

教学与研究出版社.

Schumann, J. H. 1998. *The Neurobiology of Affect in Language*. Oxford: Blackwell.

Schunk, D. H. 2000. *Learning Theories: An Educational Perspective* (*3rd edition*). New Jersey: Pearson Education.

Shimizu, K. 1995. Japanese college student attitudes towards English teachers: A survey. *The Language Teacher* 19(10).

Skehan, P. 1989. *Individual Difference in Second-language Learning*. London: Edward Arnold.

Skehan, P. 1991. Individual differences in second language learning. *Studies in Second Language Acquisition* 13(2).

Sung, H., Padilla, A. M. 1998. Student motivation, parental attitudes, and involvement in the learning of Asian language in elementary and secondary schools. *The Modern Language Journal* 82(2).

Svanes, B. 1987. Motivation and cultural distance in second-language acquisition. *Language Learning* 37(3).

Svanes, B. 1988. Attitudes and "cultural distance" in second language acquisition. *Applied Linguistics* 9(4).

Swain, M. 1985. Communicative competence: Some roles of comprehensible input and comprehensible output in its development. In Gass, S., Madden, C. (eds.). *Input in Second Language Acquisition*. Rowley, MA: Newbury House.

Takamizawa, H. 1996. *Hajimete No Nihongo Kyooiku*(*Introduction to Japanese Language Education 2*). Tokyo: Asuku Koodansha.

Tight, D. G. 2010. Perceptual learning style matching and L2 vocabulary acquisition. *Language Learning* 60(4).

Tomasello, M. 2010. *Constructing a Language: A Usage-based Theory of Language Acquisition*. 北京:外语教学与研究出版社.

Tremblay, P. F., Gardner, R. C. 1995. Expanding the motivation construct in language learning. *The Modern Language Journal* 79(4).

Tsui, A. B. M. 2005. Expertise in teaching: Perspectives and issues. In Johnson, K. (ed.). *Expertise in Second Language Learning and Teaching*. New York: Palgrave Macmillan.

Weiner, B. 1972. *Theories of Motivation: From Mechanism to Cognition.* Chicago: Markham.

Wen, X.-H. 1997. Motivation and language learning with students of Chinese. *Foreign Language Annals* 30(2).

Widdowson, H. G. 1990. *Aspects of Language Teaching.* Oxford: Oxford University Press.

Williams, K. 1991. Anxiety and formal second/foreign language learning. *RELC Journal* 22(2).

Williams, M., Burden, R. L. 1997. *Psychology for Language Teachers: A Social Constructivist Approach.* Cambridge: Cambridge University Press.

Xu, H. 2009. An empirical study of integrating EFL learners' learning styles into the classroom interaction. 《中国英语教学(英文版)》32(5).

Yang, J. S. R. 2003. Motivational orientations and selected learner variables of East Asian language learners in the United States. *Foreign Language Annals* 36(1).

Young, D. J. 1992. Language anxiety from the foreign language specialist's perspective: Interviews with Krashen, Omaggio, Hadley, Terrell, and Rardin. *Foreign Language Annals* 25(2).

阿德勒　2013　《阿德勒说自我超越》,高适编译,武汉:华中科技大学出版社。

埃利奥特·阿伦森、蒂姆·威尔逊、罗宾·埃克特　2012　《社会心理学(第7版)》,侯玉波等译,北京:世界图书出版公司。

安会云、吕琳、尚晓静　2005　《学习风格研究综述》,《现代中小学教育》第4期。

安妮塔·伍尔福克　2012　《教育心理学(原书第11版)》,伍新春等译,北京:中国人民大学出版社。

安胜利、陈平雁　2002　《应答条目的级数及条目数对量表内部一致性信度影响的研究》,《中国卫生统计》第2期

毕继万　2019《跨文化交际与第二语言教学》,北京:北京语言大学出版社。

伯格　2010　《人格心理学(第7版)》,陈会昌等译,北京:中国轻工业出版社。

蔡辉、尹星　2005　《西方幽默理论研究综述》,《外语研究》第1期。

蔡贤榜　2005　《印尼华文教师队伍现状及培养对策》,《海外华文教育》

第 4 期。
曹莉　2006　《关于日韩留学生汉语课堂教学的思考》,《教育理论与实践》第 10 期。
曹贤文、王智　2010　《对外汉语教师与欧美留学生对"有效教师行为"的评价》,《语言教学与研究》第 6 期。
曹晓玉　2010　《留学生汉语学习策略的调查与分析》,《语文学刊(外语教育教学)》第 6 期。
曹秀玲等　2006　《汉语作为第二语言话题句习得研究》,《世界汉语教学》第 3 期。
陈绂　2005　《谈对外汉语教学硕士研究生的知识结构》,《语言文字应用》第 S1 期。
陈荷荣　2010　《国际汉语教师跨文化交际中的平视心态》,《广州大学学报(社会科学版)》第 10 期。
陈静、兰国帅、张一春　2016　《图文声信息不同呈现方式对学生学习效果影响的实证研究》,《数字教育》第 3 期。
陈琦、刘儒德主编　2007　《当代教育心理学(第 2 版)》,北京:北京师范大学出版社。
陈琦、刘儒德主编　2011　《教育心理学(第 2 版)》,北京:高等教育出版社。
陈青妮、骆小所　2010　《泰中泰北公立中学汉语教师培训状况调查研究》,《云南师范大学学报(对外汉语教学与研究版)》第 1 期。
陈荣岚　2000　《东南亚华文师资培训教材编写的几个原则》,《海外华文教育》第 4 期。
陈荣岚　2001　《华文教师需要什么样的语法培训教材——谈〈汉语研修教程〉语法章的编写思路》,《海外华文教育》第 1 期。
陈淑萍、颜秀红　2008　《专业自我:教师专业发展的原动力》,《当代教育科学》第 21 期。
陈水胜　2008　《浅析现代网络技术在海外华文教师培训中的运用——以中国华文教育网为例》,《海外华文教育》第 4 期。
陈向明　2003　《实践性知识:教师专业发展的知识基础》,《北京大学教育评论》第 1 期。
陈小芬　2008　《留学生汉语学习策略研究》,厦门大学硕士学位论文。
陈译文　2009　《初级阶段美国学生汉字学习策略的调查与研究》,华东师范大学硕士学位论文。

陈振艳　2011　《对外汉语教师的着装对教学的影响调查》,《赤峰学院学报(科学教育版)》第8期。

程乐乐、李向农　2012　《论国际汉语教师培训中的教师介入》,《中国大学教学》第11期。

崔希亮　2010　《汉语国际教育“三教”问题的核心与基础》,《世界汉语教学》第1期。

崔希亮　2013　《说汉语教师的学术自觉》,《世界汉语教学》第4期。

戴桂英　1992　《学生心目中的期望值与对外汉语教师的素质》,《汉语学习》第3期。

戴维·迈尔斯　2006　《社会心理学(第8版)》,侯玉波等译,北京:人民邮电出版社。

戴维·迈尔斯　2011　《心理学(第7版)》,黄希庭等译,北京:人民邮电出版社。

戴云娟　2006　《汉语作为第二语言的教学模式探析》,《云南师范大学学报(对外汉语教学与研究版)》第3期。

戴运财　2012　《二语习得中个体差异研究的宏观描述及其新进展》,《当代外语研究》第9期。

黛安·荷克丝　2004　《差异教学——帮助每个学生获得成功》,杨希洁译,北京:中国轻工业出版社。

丁安琪　2012　《美国夏威夷大学沉浸式汉语师资培训模式分析——兼谈国际汉语教师培训》,《课程·教材·教法》第7期。

董小川　2002　《美国文化特点综论》,《东北师大学报(哲学社会科学版)》第4期。

樊淑玲　2009　《不同专业大学生语言学习风格研究》,《山西农业大学学报(社会科学版)》第6期。

樊淑玲　2010　《不同年级大学生语言学习风格研究》,《太原师范学院学报(社会科学版)》第3期。

范慧琴　2013　《国际汉语教师传播能力的构成及培养》,《现代传播(中国传媒大学学报)》第5期。

范琳　2002　《认知方式差异与外语的因材施教》,《外语教学》第2期。

方敏　2013　《泰国学生汉语学习风格及其学习效果研究》,上海师范大学硕士学位论文。

冯小钉　2003　《短期留学生学习动机的调查分析》,《云南师范大学学报(对外汉语教学与研究版)》第2期。

盖苏珊、塞林克　2011　《第二语言习得(第3版)》,赵杨译,北京:北京大学出版社。

高爱辉　2012　《汉语教师志愿者归国保障机制探讨》,《全国商情(理论研究)》第15期。

高海洋　2000　《第二语言习得情感因素研究》,北京语言文化大学硕士学位论文。

高彦德　1993　《阿拉伯语状语的汉译问题——阿拉伯语翻译课课题之一》,《世界汉语教学》第1期。

高一虹等　2003a　《中国大学本科生英语学习动机类型》,《现代外语》第1期。

高一虹等　2003b　《英语学习动机类型与动机强度的关系——对大学本科生的定量考察》,《外语研究》第1期。

高媛媛　2013　《国内近二十年来汉语学习动机研究述评》,《云南师范大学学报(对外汉语教学与研究版)》第5期。

格桑央京　2007　《情绪心理学与第二语言习得》,《兰州大学学报(社会科学版)》第2期。

苟承益　1999　《谈对外汉语教师的综合修养》,《成都大学学报(社会科学版)》第3期。

郭风岚　2012　《关于海外汉语教师培训的几点思考》,《语言教学与研究》第2期。

郭凌云　2013　《面向国际汉语教师的支架式速成培训模式研究》,《语文建设》第23期。

郭睿　2014　《初级汉语综合课教师话语的个案研究——基于两位汉语教师课堂话语语料的分析》,《华文教学与研究》第3期。

郭珊珊　2012　《基于韩国留学生学习风格的调查研究》,华中师范大学硕士学位论文。

国家汉语国际推广领导小组办公室编　2007/2012　《国际汉语教师标准》,北京:外语教学与研究出版社。

哈默　2000　《怎样教英语》,田贵森导读,北京:外语教学与研究出版社。

韩秀梅　2004　《充分发挥情感因素在对外汉语教学中的作用》,《云南师范大学学报(对外汉语教学与研究版)》第6期。

郝丽霞　2010　《对外汉语教师队伍建设研究回顾与思考》,《教育与教学研究》第8期。

郝琳　2003　《对外汉语教师与汉语学习者交际时语言使用情况考察》,《暨南大学华文学院学报》第2期。

郝玫、郝若平　2001　《英语成绩与成就动机、状态焦虑的相关研究》,《外语教学与研究》第2期。

何姗　2014　《外国留学生汉语学习焦虑研究》,《云南师范大学学报(对外汉语教学与研究版)》第2期。

侯颖　2012　《对外汉语教师资格制度的回顾与前瞻》,《语言教学与研究》第6期。

黄宏　2002　《浅议对外汉语公派出国教师的跨文化交际问题及其对策》,《海外华文教育》第1期。

黄娇瑛　2009　《国际汉语教师专业化教育实践个案研究》,华东师范大学硕士学位论文。

黄启庆　2015　《基于留学生个体差异的国际汉语教师个性特征研究》,《云南师范大学学报(对外汉语教学与研究版)》第5期。

黄启庆　2017　《梦想·反思·实践·研究——汉语教师专业发展个案研究》,《区域国际化人才培养理论与实践》,昆明:云南人民出版社。

黄启庆、刘娟娟、杨春雍　2013　《外国留学生对汉语教师期望要素的初步调查》,《云南师范大学学报(对外汉语教学与研究版)》第2期。

黄启庆等　2014　《基于留学生个体差异的优秀国际汉语教师教学特征研究》,《云南师范大学学报(对外汉语教学与研究版)》第4期。

黄希庭　2002　《人格心理学》,杭州:浙江教育出版社。

黄晓颖　2007　《论对外汉语教师反思能力的培养》,《云南师范大学学报(对外汉语教学与研究版)》第4期。

黄莺、李鸿曜　2008　《从语言教师到文化使者——浅议对外汉语教师的角色定位》,《思想战线》第S2期。

计道宏　2006　《对外汉语教师综合素质浅议》,《湖北教育学院学报》第1期。

贾正传、郭惠燕　2006　《第二语言学习策略系统观》,《外语与外语教学》第1期。

江傲霜、吴应辉　2012　《泰国汉语教师志愿者教学适应能力探析》,《华文教学与研究》第1期。

江新 2000 《汉语作为第二语言学习策略初探》,《语言教学与研究》第1期。
江新、郝丽霞 2010 《对外汉语教师实践性知识的个案研究》,《世界汉语教学》第3期。
江新、郝丽霞 2011 《新手和熟手对外汉语教师实践性知识的研究》,《语言教学与研究》第2期。
姜有顺 2013 《对外汉语教师话语标记语赘言——以西南某大学为例》,《云南师范大学学报(对外汉语教学与研究版)》第1期。
焦文铭 2007 《再论高校学生工作的专业化》,《扬州大学学报(高教研究版)》第4期。
教育部师范教育司编 2001 《教师专业化的理论与实践》,北京:人民教育出版社。
教专处 1979 《数十名汉语教师陆续出国任教》,《语言教学与研究》第1期。
景萍 2005 《情感因素与汉语教学》,《语言与翻译(汉文)》第1期。
卡尔·罗杰斯、杰罗姆·福雷伯格 2006 《自由学习》,伍新春等译,北京:北京师范大学出版社。
李丹洁 2007 《来华留学生跨文化社会心理适应问题研究与对策》,《云南师范大学学报(哲学社会科学版)》第5期。
李东伟 2014 《大力培养本土汉语教师是解决世界各国汉语师资短缺问题的重要战略》,《民族教育研究》第5期。
李冬耘 2005 《学习风格与外语教学研究刍议》,《外语与外语教学》第10期。
李红宇、刘春荣、宋鹭 2011 《汉语教师志愿者规模影响因素的灰色关联分析》,《云南师范大学学报(对外汉语教学与研究版)》第1期。
李嘉郁 2008 《海外华文教师培训问题研究》,《世界汉语教学》第2期。
李坚、唐燕儿 2007 《东南亚汉语教师远程教育教与学模式及媒体选择探索》,《广州广播电视大学学报》第1期。
李姜 2007 《初级水平留学生汉语口语学习策略的研究》,北京语言大学硕士学位论文。
李金钞 2000 《谈海外华文教师培训教材的编写》,《海外华文教育》第4期。
李黎、李霄翔、居胜红 2009 《感官型学习风格对词汇学习效果影响机制的功能磁共振研究》,《东南大学学报(哲学社会科学版)》第1期。
李丽娜　2004　《关于留学生汉语学习策略的调查报告》,《汉语学习》第3期。
李琳　2011　《国际汉语教师专业发展探索》,《中国成人教育》第17期。
李强、姚怡如、刘乃仲　2011　《汉语学习策略与个体因素的相关性研究》,《语言教学与研究》第1期。
李泉　2005　《对外汉语教学理论思考》,北京:教育科学出版社。
李泉　2009　《汉语国际教育硕士培养目标与教学理念探讨》,《语言文字应用》第3期。
李泉　2012　《国际汉语教师培养规格问题探讨》,《华文教学与研究》第1期。
李世讴　2010　《教育硕士课程体系构建研究》,西南大学博士学位论文。
李雅梅　2005　《泰国学生汉语词汇学习策略调查研究》,云南师范大学硕士学位论文。
李艳娟　2008　《试析如何成为一名优秀的对外汉语教师》,《现代经济信息》第10期。
丽娜　2014　《俄罗斯留学生汉语学习风格和策略研究》,山东师范大学硕士学位论文。
梁社会　2008　《国际汉语教师志愿者应具备的基本条件》,《中国成人教育》第16期。
梁焱　2010　《影响中亚留学生汉语学习的情感因素调查研究》,《语言与翻译(汉文)》第3期。
林可、吕峡　2005　《越南留学生汉语学习策略分析》,《暨南大学华文学院学报》第4期。
林太荣　2015　《论优秀泰国高中汉语教师的条件和素质》,天津师范大学硕士学位论文。
林奕高　2011　《印尼华文教师现状调查研究》,《华文教学与研究》第2期。
刘春立　2000　《对外汉语教师行为规范刍议》,《首都师范大学学报(社会科学版)》第S3期。
刘汉银　2014　《浅论海外汉语教师志愿者的日常管理——以孟加拉国为例》,《保山学院学报》第3期。
刘弘、王冰　2013　《对外汉语教师课堂积极反馈语研究》,《语言教学与研究》第3期。
刘弘、周力群　2015　《中学国际汉语教师课堂提问研究——基于五位教师的考察》,《现代语文(语言研究版)》第3下期。
刘红英　2015　《韩国本土汉语教师来华培训创新案例分析》,《沈阳师范大学学报(社会科学版)》第1期。
刘晶晶　2006　《试论对外汉语教师自身跨文化交际能力的培养》,《辽宁教育行政学院学报》第3期。
刘君栓　2006　《情感因素与第二语言习得》,《西安外国语学院学报》第1期。
刘铁梅　2011　《学习风格、教学风格与外语学习成绩的相关研究》,《华南理工大学学报(社会科学版)》第1期。
刘香露　2014　《海外汉语教师志愿者管理初探》,《学理论》第24期。
刘晓雨　1999　《对对外汉语教师业务培训的思考》,《北京大学学报(哲学社会科学版)》第4期。
刘秀荣、王晓霞　2004　《论教师专业发展及特质》,《辽宁师范大学学报(社会科学版)》第2期。
刘珣　1992　《语言学习理论的研究与对外汉语教学》,《语言学习理论研究》,北京:北京语言学院出版社。
刘珣　1996　《关于汉语教师培训的几个问题》,《世界汉语教学》第2期。
刘艳　2012　《期望价值、学习目的和学习行为:汉语作为第二语言学习动机研究》,南京大学博士学位论文。
刘元满　2009　《中日母语作为第二语言教学的师资培养比较研究》,《汉语学习》第3期。
卢淑芳　2014　《论国际汉语教师的教师意识》,《语文建设》第12期。
卢伟　2007　《国外汉语师资远程培训网络资源建设》,《汉语教学学刊》第3辑。
卢娅　2003　《汉语口语教学中情感因素与互动式教学》,《职业教育研究》第12期。
鲁承发、李艳丽　2013　《反思性教学理论视野下的国际汉语教师培养模式解析》,《江汉大学学报(社会科学版)》第1期。
陆俭明　2005　《汉语教员应有的意识》,《世界汉语教学》第1期。
陆俭明　2009　《当代语言学理论与汉语教学》,《世界汉语教学》第3期。
吕必松　1989　《关于对外汉语教师业务素质的几个问题》,《世界汉语教学》第1期。

吕必松　2005　《语言教育与对外汉语教学》，北京：外语教学与研究出版社。

吕玉兰　2000　《来华欧美留学生的文化适应问题调查与研究》，《首都师范大学学报（社会科学版）》增刊。

马兰　2000　《对外汉语情感教学的课堂实施》，《天津外国语学院学报》第4期。

马明艳　2007　《初级阶段非汉字圈留学生汉字学习策略的个案研究》，《世界汉语教学》第1期。

茅海燕、唐敦挚　2007　《对外汉语教师及其培养模式探索》，《高校教育管理》第2期。

孟伟　2007　《外语留学生汉语学习动机及与成绩间关系的研究》，东北师范大学硕士学位论文。

孟长勇　2013　《哈萨克斯坦汉语教师培养的不同类别及模式》，《西安外国语大学学报》第2期。

莫新语　2012　《近十年外语学习风格实证研究综述》，《西华大学学报（哲学社会科学版）》第2期。

倪传斌　2006　《汉语作为外语的需求分析》，南京：河海大学出版社。

彭军　2013　《国际汉语教师跨文化交际能力调查研究》，《辽宁师范大学学报（社会科学版）》第5期。

亓华　2013　《国际汉语教师志愿者中华文化传播成功个案研究——以英国曼彻斯特地区首位优秀教师志愿者为对象》，《汉语国际传播研究》第2期。

亓华　2014　《高校优秀汉语教师课堂副言语行为量化研究——基于初中级三位百分教师的教学录音分析》，《国际汉语教育》第2期。

亓华　2015a　《美国高校汉语教师“非言语行为”规范及优秀个案研究》，《云南师范大学学报（对外汉语教学与研究版）》第3期。

亓华　2015b　《新手与熟手汉语教师课堂体态语的特点及量化标准研究——基于高校初中级汉语会话课教师教学录像的量化对比分析》，《汉语应用语言学研究》第4辑。

亓华、陈振艳　2014　《普林斯顿大学优秀汉语教师非言语行为量化研究》，《云南师范大学学报（对外汉语教学与研究版）》第2期。

亓华、陈振艳、王方宇　2013　《对外汉语教师服饰对课堂教学的影响——

基于多元文化背景留学生的实证调查分析》,《云南师范大学学报(对外汉语教学与研究版)》第 2 期。

齐飞　2008　《语言焦虑与对外汉语口语教学——消减交际畏惧的话题选择策略研究》,《语文学刊》第 10 期。

钱旭菁　1999　《外国留学生学习汉语时的焦虑》,《语言教学与研究》第 2 期。

钱玉莲　2004　《第二语言学习策略研究的现状与前瞻》,《暨南大学华文学院学报》第 3 期。

钱玉莲　2005　《第二语言学习策略的分类及相关问题》,《汉语学习》第 6 期。

钱玉莲　2006　《韩国学生中文阅读学习策略调查研究》,《世界汉语教学》第 4 期。

强薇　2005　《留学生汉语词汇学习策略研究》,北京语言大学硕士学位论文。

秦晓晴　1997　《第二语言习得中认知方式研究的现状》,《外语教学与研究》第 2 期。

秦晓晴　2002　《动机理论研究及其对外语学习的意义》,《外语研究》第 4 期。

秦晓晴　2003　《第二语言学习动机研究及其存在的问题》,《外语教学》第 3 期。

秦晓晴、文秋芳　2002　《非英语专业大学生学习动机的内在结构》,《外语教学与研究》第 1 期。

邱睿、张家政　2013　《泰国中小学本土汉语教师短期培训研究》,《云南师范大学学报(对外汉语教学与研究版)》第 2 期。

全国十二所重点师范大学联合编写　2006　《教育学基础》,北京:教育科学出版社。

邵滨、邵辉　2013　《国际汉语教师培训中案例教学运用的原则研究》,《现代语文(学术综合版)》第 4 上期。

沈亚丽　2008　《来华留学生汉语学习动机与学习策略及其相关性研究》,上海交通大学硕士学位论文。

盛双霞　2015　《从传统的听评课到互助反思的课堂观察——基于对外汉语教师专业发展的思考》,《云南师范大学学报(对外汉语教学与研究版)》第 3 期。

施家炜　2004　《成人第二语言习得过程中个体因素与习得效果的相关研究》,《第七届国际汉语教学讨论会论文选》,北京:北京大学出版社。

施仁娟　2005　《留学生汉语学习焦虑的状况、成因和应付方式研究》,华东师范大学硕士学位论文。

施渝、徐锦芬　2013　《国内外外语焦虑研究四十年——基于 29 种 SSCI 期刊与 12 种 CSSCI 期刊 40 年(1972—2011)论文的统计与分析》,《外语与外语教学》第 1 期。

斯滕伯格　2006　《认知心理学(第 3 版)》,杨炳钧等译,北京:中国轻工业出版社。

孙德金　2010　《教育叙事研究与对外汉语教师发展——〈北京语言大学对外汉语教学名师访谈录〉编后》,《世界汉语教学》第 3 期。

孙德坤　2008　《教师认知研究与教师发展》,《世界汉语教学》第 3 期。

孙德坤　2014　《国际汉语教师个人实践性知识个案研究》,《世界汉语教学》第 1 期。

孙雷、安然　2010　《来华印尼留学生跨文化适应研究——华南理工大学短期汉语师资培训人员跨文化适应》,《云南师范大学学报(对外汉语教学与研究版)》第 5 期。

孙永红　2007　《全球化背景下对外汉语教师的素质》,《现代教育科学》第 11 期。

泰勒、佩普劳、希尔斯　2004　《社会心理学(第 10 版)》,谢晓非等译,北京:北京大学出版社。

谭顶良　1995　《学习风格论》,南京:江苏教育出版社。

汤姆林森　2003　《多元能力课堂中的差异教学》,刘颂译,北京:中国轻工业出版社。

唐玉光　1999　《教师专业发展的研究》,《外国教育资料》第 6 期。

唐智芳　2013　《对外汉语教师的文化自觉》,《教育评论》第 6 期。

童辉杰　2001　《孤独、抑郁、焦虑与心理控制源》,《中国临床心理学杂志》第 3 期。

王爱平　2000　《东南亚华裔学生的文化认同与汉语学习动机》,《华侨大学学报(哲学社会科学版)》第 3 期。

王初明编著　1990　《应用心理语言学——外语学习心理研究》,长沙:湖南教育出版社。

王宏丽、陈海平　2009　《国际汉语教师的胜任力研究——任务分析和招聘面试问题归类得出的结论》,《河北大学学报(哲学社会科学版)》第5期。
王静 2011 《认知风格对泰国大学生汉语合作学习的影响》,山东大学硕士学位论文。
王炯、洪明 2011 《菲律宾华文师资队伍现状与建设思考》,《海外华文教育》第4期。
王添淼 2007 《场独立与场依存型认知风格与对外汉语教学》,《云南师范大学学报(对外汉语教学与研究版)》第6期。
王添淼 2009 《基于认知风格理论的对外汉语教学策略》,《汉语学习》第2期。
王添淼 2010 《成为反思性实践者——由〈国际汉语教师标准〉引发的思考》,《语言教学与研究》第2期。
王添淼 2011 《文化定势与文化传播——国际汉语教师的认知困境》,《中国文化研究》第3期。
王添淼 2015 《国际汉语教师专业发展现状及其对策》,《东北师大学报(哲学社会科学版)》第2期。
王婉莹 2005 《大学非专业学生日语学习动机类型与动机强度的定量研究》,《日语学习与研究》第3期。
王晓华 2006 《对外汉语教师专业发展模式初探》,《浙江工商大学学报》第4期。
王晓华 2011 《国际型师生关系与独特的对外汉语教师角色》,《西安电子科技大学学报(社会科学版)》第2期。
王学松 2000 《论对外汉语教师的纽带作用》,《中国高教研究》第5期。
王学松 2008 《来华美国留学生对汉语教师的评价标准——以PiB"教学评价"为例》,《东北师大学报(哲学社会科学版)》第2期。
王银泉、万玉书 2001 《外语学习焦虑及其对外语学习的影响——国外相关研究概述》,《外语教学与研究》第2期。
王瑛 2010 《法国本土化汉语师资培训模式的构建》,《云南师范大学学报(对外汉语教学与研究版)》第6期。
王玉英、邸焕双 2009 《应用多媒体技术 提高对外汉语教学质量》,《中国高等教育》第19期。
王珍 2007 《谈汉语教师的课堂教学意识》,《语言与翻译(汉文)》第3期。

王祖嫘　2011　《“实践共同体”理论下的教学人才培训模式——以〈长城汉语〉教师培训为例》,《中国人才》第7期。

王祖嫘　2012　《国际汉语教师话语能力研究》,《当代教育科学》第9期。

威廉·冯·洪堡特　1999　《论人类语言结构的差异及其对人类精神发展的影响》,姚小平译,北京:商务印书馆。

威廉姆斯、布登　2011　《语言教师心理学——社会建构主义模式》,张红、王新译,北京:外语教学与研究出版社。

韦书蕾　2012　《韩国留学生汉语学习风格与民族性格相关性研究》,山东师范大学硕士学位论文。

文秋芳　2001　《英语学习者动机、观念、策略的变化规律与特点》,《外语教学与研究》第2期。

文秋芳、王海啸　1996　《大学生英语学习观念与策略的分析》,《解放军外语学院学报》第4期。

文秋芳、王立非　2004　《中国英语学习策略实证研究20年》,《外国语言文学》第1期。

文秋芳编著　2010　《二语习得重点问题研究》,北京:外语教学与研究出版社。

吴坚　2014　《孔子学院本土汉语教师培养:现状、问题与对策》,《华南师范大学学报(社会科学版)》第5期。

吴平　1999　《从学习策略到对外汉语写作教学》,《汉语学习》第3期。

吴思娜　2008　《“场依存—场独立”型认知风格与对外汉语阅读教学》,《人文丛刊》第3辑。

吴思娜　2009　《匈牙利学生的学习风格及其对汉语课堂活动偏好的影响》,《国际汉语教育》第4期。

吴思娜　2013　《留学生认知风格与汉语学习成绩关系》,《云南师范大学学报(对外汉语教学与研究版)》第3期。

吴笑嫦　2014　《基于表情和行为特征的学习风格预测》,辽宁师范大学硕士学位论文。

吴一安等　1993　《中国英语本科学生素质调查报告》,《外语教学与研究》第1期。

吴应辉　2007　《加强研究,指导实践,让汉语又好又快地走向世界——汉语国际传播笔谈会前言》,《云南师范大学学报(对外汉语教学与研究版)》第5期。

吴应辉　2013　《汉语国际传播研究理论与方法》，北京：中央民族大学出版社。
吴应辉、郭骄阳　2007　《泰国汉语教学志愿者项目调查报告》，《云南师范大学学报（对外汉语教学与研究版）》第 1 期。
吴永泽、王文绢　2010　《不同应答等级对 likert 式量表特性的影响》，《中国慢性病预防与控制》第 2 期。
吴勇毅　2001　《汉语“学习策略”的描述性研究与介入性研究》，《世界汉语教学》第 4 期。
吴勇毅　2007a　《不同环境下的外国人汉语学习策略研究》，上海师范大学博士学位论文。
吴勇毅　2007b　《海外汉语教师来华培养及培训模式探讨》，《云南师范大学学报（对外汉语教学与研究版）》第 3 期。
吴勇毅、陈钰　2006　《善听者与不善听者听力学习策略对比研究》，《汉语学习》第 2 期。
武忠刚　2008　《当代越南人的人格特点的调查分析》，《经济研究导刊》第 13 期。
徐彩华　2009　《对外汉语教师教学效能感的特点》，《语言教学与研究》第 3 期。
徐彩华、程伟民　2007　《对外汉语教师自我教学效能感研究初探》，《汉语学习》第 2 期。
徐通锵、胡吉成主编　2001　《〈语言学纲要〉学习指导书》，北京：北京大学出版社。
徐子亮　1999　《外国学生汉语学习策略的认知心理分析》，《世界汉语教学》第 4 期。
徐子亮　2000　《汉语作为外语教学的认知理论研究》，北京：华语教学出版社。
徐子亮　2003　《中外学生二语学习策略的相异性研究》，《暨南大学华文学院学报》第 3 期。
徐子亮　2006　《不同认知风格汉语学习者在学习策略运用上的差异研究》，《国际汉语教学动态与研究》第 1 期。
许峰　2006　《如何在课堂上帮助学生克服外语学习焦虑的心理障碍》，《中国农业大学学报（社会科学版）》第 2 期。
许嘉璐　2008　《解放思想 交流经验 共探新路》，《国际汉语教育人才培养论丛》第 1 辑。
许嘉璐　2013　《第十一届国际汉语教学研讨会论文选 · 序》,北京:高等教育出版社。
亚伯拉罕 · 马斯洛　2007　《动机与人格(第 3 版)》,许金声等译,北京:中国人民大学出版社。
央青　2011　《浅议 5P 国际汉语师资培养模式的创新性》,《民族教育研究》第 2 期。
央青　2013　《案例教学法与国际汉语教师的职业教育》,《职教论坛》第 8 期。
杨德明、高慧臣　2009　《新疆高校汉语教师职业压力状况及成因的调查分析》,《新疆社会科学》第 5 期。
杨江、林春龄　2012　《论新形势下国际汉语教师综合技能的调查研究》,《当代教育理论与实践》第 9 期。
杨连瑞、李绍鹏　2009　《国外二语习得个体差异研究的新进展》,《外语学刊》第 5 期。
杨翼　1998　《高级汉语学习者的学习策略与学习效果的关系》,《世界汉语教学》第 1 期。
杨兆乐　2012　《成功汉语学习者的学习策略及学习风格研究》,山东大学硕士学位论文。
姚梦晔、李柏令　2012　《试论场独立认知风格在汉语二语习得中的优势——一项个案实证研究》,《现代语文(语言研究版)》第 11 下期。
叶景林、张东旭　1999　《对外汉语的情感教学》,《辽宁工学院学报(社会科学版)》第 1 期。
叶仁敏　1992　《成就动机的测量与分析》,《心理发展与教育》第 2 期。
易丹、邓杏华　2009　《对外汉语教师应强化的五种意识》,《中国成人教育》第 23 期。
于月明　2007　《了解学生、改进教学——浅析进入新世纪后美国大学生的特点及国际汉语教育面临的挑战》,《对美汉语教学论集》,北京:外语教学与研究出版社。
余志森　2002　《试论美国文化多元性的成因与特征》,《华东师范大学学报(哲学社会科学版)》第 5 期。
袁凤识、肖德法　2003　《课堂表现性别差异与四级成绩的关系研究》,《外语与外语教学》第 8 期。

袁恺临、徐海英　2012　《泰国学生汉语学习策略调查与教学启示》,《中国校外教育》第12期。

袁礼　2010　《多渠道培养和壮大海外汉语教师队伍》,《华文教学与研究》第2期。

原一川等　2008　《东南亚留学生汉语学习态度和动机实证研究》,《云南师范大学学报(对外汉语教学与研究版)》第3期。

原一川等　2011　《海外本土化汉语教师的教学动机实证研究》,《云南师范大学学报(对外汉语教学与研究版)》第2期。

约瑟夫·P.福加斯　2012　《社会交际心理学——人际行为研究》,张保生等译,北京:中国人民大学出版社。

岳刚德　2009　《教师职业意识和专业意识之比较》,《全球教育展望》第12期。

翟保军　2015　《海外本土汉语教师的培训需求分析——以秘鲁利马本土教师为例》,《云南师范大学学报(对外汉语教学与研究版)》第3期。

张蓓　2007　《试论第二语言教学教师作用的演变》,《陕西师范大学学报(哲学社会科学版)》专辑。

张和生　2006　《对外汉语教师素质与培训研究的回顾与展望》,《北京师范大学学报(社会科学版)》第3期。

张建强　2007　《试论对外汉语教师的职业角色转换》,《职业时空》第15期。

张杰　2008　《新加坡华文教师培养理念的反思》,《海外华文教育》第3期。

张洁　2007　《对外汉语教师的知识结构与能力结构研究》,北京语言大学博士学位论文。

张莉　2001　《留学生汉语学习焦虑感与口语流利性关系初探》,《语言文字应用》第3期。

张莉　2002　《留学生汉语阅读焦虑感研究》,《语言文字应用》第4期。

张莉、王飙　2002　《留学生汉语焦虑感与成绩相关分析及教学对策》,《语言教学与研究》第1期。

张庆宗　2004　《外语学习策略研究综述》,《湖北大学学报(哲学社会科学版)》第2期。

张淑慧、曲江川　2015　《国外中小学汉语教学发展趋势与国际汉语师资培养对策》,《云南师范大学学报(对外汉语教学与研究版)》第3期。

张素敏、王桂平　2006　《焦虑在歧义容忍度与英语学习成绩之间的中介作用分析》,《心理发展与教育》第4期。

张文莉、池会军　2006　《吹面不寒杨柳风——浅谈对外汉语教师的课堂评价语言》,《教学研究》第1期。

张晓路　2008　《留学生汉语使用焦虑与归因的相关性研究》,《语言教学与研究》第2期。

张杨　2012　《从汉语学习的跨文化性浅谈国际汉语教师的跨文化能力》,《语文建设》第4期。

张义萱　2011　《论对外汉语教师课堂教学礼仪》,《剑南文学(经典教苑)》第9期。

张译方、彭爽　2014　《对外汉语教师话语中的礼貌策略》,《汉语学习》第4期。

张治　2008　《汉语国际教育教师如何适应在美汉语教学——在美国东北部汉语教学感悟》,《长江学术》第3期。

章石芳　2005　《华语教学的内在动机诱导及教学策略》,《云南师范大学学报(对外汉语教学与研究版)》第6期。

赵冬梅　2003　《论信息化时代对外汉语教师的作用》,《云南师范大学学报(对外汉语教学与研究版)》第5期。

赵果、江新　2002　《什么样的汉字学习策略最有效?——对基础阶段留学生的一次调查研究》,《语言文字应用》第2期。

赵绩竹、李守石　2014　《大学生外语学习动机的实证分析及启示——以英语专业二外学习动机为例》,《外语研究》第2期。

赵金铭　2007　《汉语作为外语教学能力标准试说》,《语言教学与研究》第2期。

赵丽玲、舒路萍　2013　《论国际汉语教师应备文化推广能力的构成》,《湖北工业大学学报》第3期。

赵平　2001　《国外外语学习动机研究回顾》,《东南大学学报(哲学社会科学版)》第2A期。

赵萍萍　2012　《高级汉语学习者学习动机调查研究》,北京大学硕士学位论文。

赵燕华、韩明　2013　《泰国本土汉语教师培训现状及对策分析》,《广西师范大学学报(哲学社会科学版)》第4期。

郑通涛　2011　《"国外汉语教师教材培训"特色及启示》,《海外华文教育》第1期。

郑玉荣 2011 《中国英语学习策略研究综述:成就与不足——基于13种外语类核心期刊10年(2000—2009)的统计分析》,《外语界》第3期。

钟国荣 2014 《学习风格与教学风格:国际汉语教师培养新理念与方法探究》,《国际汉语教育》第1期。

周健 2004 《论汉语教学中的文化教学及教师的双文化意识》,《语言与翻译(汉文)》第1期。

周健、尉万传 2004 《研究学习策略 改进汉字教学》,《暨南大学华文学院学报》第1期。

周小兵 2007 《海外汉语师资的队伍建设》,《云南师范大学学报(对外汉语教学与研究版)》第5期。

周玉林 2005 《现代信息技术在大学英语教学及教师发展中的运用》,《外语界》第6期。

周正兴 1995 《试论对外汉语教师的必备素质》,《苏州大学学报(哲学社会科学版)》第4期。

朱华、曾昭聪 2010 《泰国汉语本土教师培训实证研究——以曼谷市教育局汉语教师培训为例》,《云南师范大学学报(对外汉语教学与研究版)》第3期。

朱勇 2009 《基于因特网的南美汉语教师培训与发展模式构建》,《世界汉语教学》第4期。

附　录

附录一　教师个性要素旋转成分矩阵

个性要素	成分						
	1	2	3	4	5	6	7
幽默	**0.761**	0.182	0.073	0.163	0.233	0.148	-0.011
风趣	**0.757**	0.196	0.303	0.133	0.073	0.024	0.027
微笑	**0.655**	0.189	0.215	0.070	-0.074	0.303	0.212
开朗	**0.607**	0.132	0.145	0.278	0.330	0.048	0.243
思想开放	0.216	**0.768**	0.025	0.160	-0.078	0.138	0.174
有创造力	0.174	**0.767**	0.063	0.105	0.240	0.095	-0.007
自信	0.100	**0.656**	0.031	0.285	0.335	-0.037	0.009
情绪可控	0.139	**0.619**	-0.131	0.063	0.188	0.198	0.359
易交流	0.210	**0.540**	-0.110	0.306	-0.041	0.286	0.371
年轻	0.119	-0.018	**0.848**	0.100	0.094	0.027	-0.080
可爱	0.179	0.006	**0.846**	0.144	0.053	-0.008	0.002
好看	0.178	-0.028	**0.825**	-0.047	0.004	-0.039	0.226
大方	0.134	0.108	**0.459**	0.370	0.440	0.212	0.018
善良	0.084	0.153	0.188	**0.759**	0.035	0.259	0.076
友好	0.381	0.180	0.041	**0.638**	0.024	0.073	0.361
热情	0.330	0.231	-0.126	**0.547**	0.431	-0.015	0.209
真诚	0.115	0.324	0.147	**0.519**	0.293	0.183	-0.053

续表

个性要素	成　　分						
	1	2	3	4	5	6	7
亲切	0.343	0.287	0.110	**0.518**	-0.080	0.241	0.399
坦率	0.121	0.186	0.070	-0.003	**0.777**	0.188	0.090
乐观	0.358	0.209	0.207	0.298	**0.428**	0.041	0.257
耐心	0.191	0.147	-0.240	0.199	0.068	**0.686**	0.252
灵活	0.107	0.201	0.145	0.191	0.397	**0.680**	0.053
温和	0.453	0.153	0.309	0.321	0.085	**0.498**	-0.088
聪明	0.096	0.222	0.126	0.183	0.189	0.120	**0.768**

提取方法:主成分。

旋转法:具有 Kaiser 标准化的正交旋转法。旋转在 7 次迭代后收敛。

附录二 教师教学要素旋转成分矩阵

教学要素	成分														
	1	2	3	4	5	6	7	8	9	10	11	12	13	14	15
不会放弃学习不好的学生	**0.794**	0.136	0.031	0.123	0.023	-0.099	-0.078	-0.143	-0.078	0.066	-0.067	0.196	0.068	-0.057	-0.006
不会看不起学习不好的学生	**0.793**	0.136	0.053	0.059	-0.039	0.019	-0.029	-0.135	-0.044	0.057	0.054	0.201	0.211	-0.099	0.037
听取、尊重学生意见	**0.739**	0.100	0.108	0.093	0.079	-0.017	0.073	0.038	-0.058	0.090	0.251	-0.127	0.127	0.167	-0.011
愿意回答学生问题	**0.725**	0.173	0.240	-0.051	0.099	0.127	0.045	0.100	0.168	0.011	0.124	-0.055	-0.011	0.074	0.134

续表

教学要素	成分														
	1	2	3	4	5	6	7	8	9	10	11	12	13	14	15
平等对待学生	**0.702**	0.008	0.111	-0.094	0.089	0.183	0.038	0.064	0.240	0.035	0.035	-0.013	0.062	0.120	0.200
愿意帮助学生	**0.702**	0.098	0.319	0.074	0.096	0.016	0.081	0.013	0.051	0.003	0.053	0.058	-0.039	0.077	0.260
师生关系很好	**0.680**	0.162	0.098	0.168	0.121	-0.031	0.174	0.222	-0.138	0.100	0.046	-0.011	0.071	0.183	-0.143
讲解清楚易懂	**0.674**	0.277	0.120	-0.028	0.154	0.011	-0.062	0.083	0.166	-0.004	0.069	0.141	0.080	-0.065	0.129
热爱汉语教学工作	**0.658**	0.232	0.231	-0.044	0.193	0.140	0.179	-0.067	0.090	-0.010	0.139	-0.011	-0.082	0.013	-0.091
常给好的学习建议	**0.657**	0.267	0.172	0.067	0.107	0.159	0.134	0.153	0.080	0.106	0.125	-0.007	0.089	0.136	-0.102
上课时和学生交流多	**0.596**	0.102	0.256	0.054	0.068	0.004	0.051	0.214	0.190	0.010	0.100	0.231	0.021	-0.037	0.214
了解学生情况	**0.570**	0.154	0.061	0.154	0.085	0.033	0.284	0.352	-0.040	0.210	0.125	0.094	-0.056	-0.046	-0.102
负责任	**0.567**	0.208	0.140	-0.104	0.173	0.346	0.077	0.164	0.096	-0.078	0.000	0.090	0.027	0.182	-0.049
有很多好的教学方法	**0.564**	0.308	0.176	0.232	0.182	0.087	0.066	0.113	0.231	0.093	-0.170	0.068	0.053	0.017	-0.103

续表

教学要素	成分														
	1	2	3	4	5	6	7	8	9	10	11	12	13	14	15
课堂内容丰富有趣	**0.545**	0.352	0.117	0.149	0.108	-0.048	0.018	0.404	0.190	-0.041	0.069	0.028	0.039	0.126	0.169
关心学生理解情况	**0.544**	0.187	0.336	0.124	0.151	-0.081	0.060	0.160	0.054	-0.061	-0.101	0.007	0.040	-0.031	0.308
用心	**0.541**	0.282	0.083	-0.019	0.175	0.452	0.095	0.193	0.068	-0.154	0.05[illegible]	0.066	-0.059	0.118	-0.160
常常鼓励、表扬学生	**0.511**	-0.019	0.337	0.289	0.061	-0.130	0.077	0.106	-0.011	0.126	0.182	-0.017	0.115	-0.037	0.188
常常纠正学生的错误	**0.500**	0.114	0.147	0.021	0.155	-0.039	0.173	0.154	0.369	-0.132	-0.065	0.159	0.231	-0.048	0.152
上课轻松快乐	**0.478**	0.175	0.473	0.242	0.050	-0.042	-0.007	-0.029	0.255	-0.059	0.222	-0.002	-0.025	0.013	-0.072
令学生很感兴趣	**0.454**	0.360	0.304	0.098	0.123	0.006	0.009	0.240	0.136	-0.054	-0.051	-0.051	-0.030	0.153	0.131
给学生问问题的时间	**0.45[illegible]**	0.162	0.409	0.039	0.087	0.072	0.191	0.285	0.124	0.181	-0.048	0.132	0.103	-0.122	0.077

续表

教学要素	成分														
	1	2	3	4	5	6	7	8	9	10	11	12	13	14	15
学期教学进度不快不慢	**0.447**	0.184	0.131	0.027	0.390	-0.079	0.295	0.211	0.015	0.049	-0.030	0.116	0.202	0.138	0.070
常常关心学生	**0.445**	0.174	0.268	0.178	0.198	-0.115	0.240	0.073	-0.046	0.108	-0.054	-0.027	-0.200	0.075	0.184
普通话标准	**0.435**	0.408	-0.003	0.053	0.233	0.043	0.083	-0.037	0.115	-0.077	-0.007	0.387	0.108	-0.093	-0.062
下课常跟学生聊天儿	**0.352**	0.100	0.244	0.334	0.153	0.107	0.089	0.244	-0.310	0.201	0.235	-0.035	0.189	0.120	0.002
熟悉中国文化	0.211	**0.754**	0.238	-0.020	0.081	-0.011	0.073	0.053	0.004	-0.064	-0.094	0.173	-0.018	0.083	0.148
语言学知识丰富	0.238	**0.752**	0.152	0.015	-0.053	0.121	-0.057	0.096	0.127	0.153	0.007	0.044	-0.054	0.106	0.043
汉语知识丰富	0.352	**0.703**	0.119	-0.051	0.022	0.010	0.166	0.072	0.135	-0.078	0.076	0.071	0.169	0.088	0.103
了解学生国家文化	0.217	**0.591**	0.150	0.198	0.038	-0.066	0.189	-0.011	0.006	0.151	0.195	0.027	-0.045	-0.122	-0.050
知识丰富	0.458	**0.551**	0.160	0.034	0.149	-0.079	0.136	0.061	0.176	-0.010	-0.012	0.051	-0.132	0.135	0.129
上课时精神饱满	0.403	**0.524**	0.203	0.094	0.152	0.243	0.152	0.227	-0.089	0.099	0.140	-0.024	0.100	-0.052	0.000

续表

教学要素	成分														
	1	2	3	4	5	6	7	8	9	10	11	12	13	14	15
上课时表情丰富	0.268	**0.458**	0.313	0.175	0.218	0.255	0.041	0.223	-0.072	0.134	0.234	-0.033	0.169	-0.080	-0.020
穿着打扮合适	-0.096	**0.423**	0.026	0.071	0.121	0.267	0.226	-0.027	-0.021	0.357	0.215	0.047	0.199	-0.042	-0.036
创造语境让学生练习	0.411	0.287	**0.640**	0.107	0.112	0.029	0.272	0.035	-0.003	0.052	-0.069	-0.021	0.013	0.091	0.128
多给学生练习的机会	0.383	0.234	**0.626**	0.104	0.129	0.130	0.251	0.129	0.100	-0.074	-0.016	0.005	0.087	0.010	0.040
给很多生活中的例子	0.330	0.250	**0.600**	0.173	0.119	0.125	0.034	0.060	0.038	-0.046	0.092	0.201	-0.041	0.049	0.100
用容易的词解释新内容	0.349	0.195	**0.569**	0.093	0.216	0.027	-0.092	0.178	0.122	0.103	0.281	0.104	0.170	-0.153	-0.088
让学生复述学习内容	0.375	0.313	**0.528**	0.093	0.137	-0.039	0.275	-0.215	0.119	-0.056	-0.068	0.074	0.167	0.072	0.071

续表

教学要素	成分														
	1	2	3	4	5	6	7	8	9	10	11	12	13	14	15
上课时保持目光接触	0.267	0.211	**0.475**	0.043	0.226	0.221	0.151	0.141	-0.190	0.280	-0.132	0.112	-0.016	0.132	0.086
常让学生看电影	-0.031	-0.028	0.013	**0.842**	0.113	-0.026	-0.145	-0.022	-0.010	0.033	0.135	0.032	0.039	0.056	0.020
常用图片教汉语	0.101	0.090	0.135	**0.747**	0.134	0.113	0.093	0.237	0.009	0.132	0.018	0.107	0.027	-0.104	0.006
常用实物教汉语	0.227	0.114	0.048	**0.686**	0.134	-0.123	0.127	0.160	0.042	0.239	-0.092	-0.035	-0.052	-0.012	0.197
常用 PPT 上课	-0.050	-0.090	-0.008	**0.648**	0.103	0.265	0.032	0.168	0.053	0.119	0.009	-0.014	0.237	-0.014	-0.202
通过玩游戏学习汉语	0.099	0.126	0.290	**0.608**	0.059	0.040	-0.004	-0.224	0.132	-0.016	0.054	0.125	0.059	0.112	-0.012
偶尔室外上课	0.087	0.218	0.041	**0.460**	0.091	0.088	0.183	-0.146	0.050	-0.068	0.304	0.448	-0.136	0.082	0.081
每周教学计划清楚	0.157	0.057	0.160	0.201	**0.818**	0.086	0.038	0.020	-0.003	-0.003	0.076	-0.079	0.022	-0.023	-0.008

续表

教学要素	成分														
	1	2	3	4	5	6	7	8	9	10	11	12	13	14	15
学期教学计划清楚	0.225	0.059	0.194	0.112	**0.804**	-0.018	0.022	-0.033	0.005	0.006	0.020	0.162	-0.018	0.039	-0.065
每课教学计划清楚	0.088	0.061	-0.012	0.149	**0.775**	0.137	0.044	0.066	0.195	0.108	0.075	0.054	0.117	-0.067	0.112
上课前准备得很好	0.451	0.153	0.131	0.055	**0.509**	0.004	0.235	0.121	0.114	0.089	-0.002	-0.098	0.143	0.016	0.248
严格	-0.056	0.059	0.099	0.029	0.055	**0.776**	0.096	-0.059	-0.032	0.143	-0.034	-0.006	0.043	0.045	0.155
认真	0.173	0.006	-0.022	0.171	0.040	**0.767**	0.082	0.002	0.208	-0.086	-0.019	0.125	-0.161	0.036	-0.141
常常给学生作业	0.007	0.144	0.257	0.021	0.001	0.264	**0.718**	-0.064	0.039	0.124	-0.142	0.108	-0.043	0.113	-0.015
按时上下课	0.304	0.216	0.065	-0.035	0.248	-0.012	**0.520**	0.195	0.104	0.114	0.327	0.028	-0.029	0.178	0.158
教学安排合理	0.425	0.228	0.175	-0.037	0.142	0.144	**0.463**	0.038	0.100	-0.145	0.321	0.018	0.021	0.112	0.126
详细批改学生作业	0.436	0.167	0.122	0.099	0.091	0.035	**0.453**	0.277	0.071	-0.068	0.074	0.122	0.025	0.148	-0.071

续表

教学要素	成分														
	1	2	3	4	5	6	7	8	9	10	11	12	13	14	15
不只讲课本上的	0.270	0.172	0.125	0.216	0.035	-0.014	0.043	**0.653**	0.028	-0.097	0.094	0.008	0.023	0.241	0.102
教学经验丰富	0.141	0.425	0.037	0.113	0.119	0.134	0.098	-0.054	**0.568**	0.204	0.149	-0.071	0.086	-0.015	0.041
教学方法科学有效	0.362	0.095	0.131	0.103	0.216	0.298	0.012	0.062	**0.561**	0.089	0.026	0.062	0.002	-0.022	0.013
板书清楚	0.391	0.248	0.280	0.069	0.026	-0.124	0.109	0.269	**0.424**	0.017	0.073	0.299	0.127	-0.150	-0.031
英语水平比较高	0.160	0.094	-0.006	0.263	0.064	-0.005	0.004	-0.044	0.115	**0.715**	0.132	0.040	-0.050	0.072	0.025
上课时说得慢	0.118	0.159	0.268	0.115	0.138	-0.059	-0.086	0.136	0.142	**0.449**	0.267	0.447	0.074	0.014	-0.119
上课时大家很紧张	-0.237	-0.039	-0.084	0.287	-0.034	0.183	0.160	-0.082	-0.071	**0.443**	-0.020	0.079	0.369	-0.103	-0.016
作业不太多	0.148	0.072	-0.014	0.168	0.057	-0.040	-0.006	0.070	0.046	0.146	**0.744**	0.129	0.101	0.082	0.007
上课有意思	0.302	0.131	0.191	-0.075	0.213	-0.006	0.105	0.300	0.049	0.178	**0.322**	0.007	-0.123	0.209	0.144
上课时声音有变化	0.113	0.022	0.184	0.320	-0.136	0.230	0.140	-0.020	-0.192	0.131	0.119	**0.520**	0.209	0.156	0.081

续表

教学要素	成分														
	1	2	3	4	5	6	7	8	9	10	11	12	13	14	15
上课时声音大一点儿	0.200	0.213	0.038	0.009	0.181	0.127	0.175	0.106	0.120	0.193	0.013	**0.472**	0.035	0.442	0.029
多问学生课文内容	0.290	0.067	0.175	0.225	0.145	0.187	0.084	0.137	0.226	0.260	0.049	**0.299**	0.091	-0.240	0.144
不跟别的班比成绩	0.280	0.063	0.054	0.055	0.128	-0.054	-0.057	0.072	0.003	-0.012	-0.002	0.065	**0.722**	0.093	0.137
不在班上批评学生	0.188	0.013	0.154	0.220	0.073	-0.113	0.031	-0.082	0.213	0.077	0.254	0.028	**0.523**	0.076	-0.216
不用或少用英语上课	0.106	0.048	0.012	0.050	-0.074	0.078	0.129	0.122	-0.077	-0.008	0.106	0.054	0.090	**0.782**	0.065
胜任对外汉语教学	0.375	0.297	0.221	-0.027	0.060	0.003	0.004	0.101	0.065	0.001	0.045	0.087	0.016	0.234	**0.548**
教学内容系统	0.365	0.164	-0.007	0.147	0.214	0.231	0.347	0.104	-0.159	-0.109	0.117	0.074	0.198	-0.185	**0.375**
课堂教学专业	0.344	0.313	0.232	0.077	0.120	0.029	0.152	0.040	0.268	0.172	0.028	-0.086	0.033	0.278	**0.349**

提取方法:主成分。

旋转法:具有 Kaiser 标准化的正交旋转法。旋转在 27 次迭代后收敛。